Environment 환경
Society 사회
Governance 지배구조

ESG Bus(iness)
에 올라타지 않으면
결코 살아남지
못할 것이다

세계최초
ESG경영
핸드북
실무

지속가능한 발전

돈/투자/기술
ESG 전략
생존전략
검증 평가
이행

유 영 준 저
경영학/철학/행정학/한의학/이학박사/기술사

㈜미래인증교육컨설팅

유영준 프로필(ESG분야)

▶(학력,자격)

o 서울대학교 농화학과 졸업, o (기후변화정책학전공)행정학박사,
o 경영학박사, o 철학박사, o 한의학박사, o 이학박사, o 식품기술사,
o ECOPROFITConsultant, o 대기,수질,소음진동관리기사 1급,
o ISO 14001(환경),26000(사회적책임),37001(반부패)선임심사원

▶(경력,활동)

o 현)미래인증교육컨설팅(고용노동부승인 사회적 기업)대표이사,
o 전)Ecobilan Korea대표, o 전)미원(현,대상,공장장/이사), o 환경친화기업지정심사원(환경부), o 한국전과정평가학회홍보이사(2004),o 전)KMA,KSA,KPC,KQA품질,환경강사(1995-98),o 한국ESG국민포럼(K-ESG포럼)원, o 일사회 회원

▶(수상)

o 대통령표창, o 중소기업청장상(2008중소기업 사회적책임경영 논문현상공모전 장려상), o ECOPROFIT Award(2007,UNIDO)

▶(논문)

o 환경정책이 환경 전과정 및 지속가능발전에 미치는 영향에 관한 연구(기후변화정책학 전공 행정학박사학위 논문), o 한국의 대기업과 중소기업간 CSR 상생협력방안(2008,중소기업청장장려상 수상논문), o그린파트너십을 활용한 탄소경영시스템 구축 사례(전과정평가학회,2009), oA Study on the Development of a Guideline for Sustainability of Human and World(GSHW),greening of industry network(GIN2010 Conference,Climate Change & Green Growth:Innovating for Sustainability(2010,Korea Env. Mgt. Ass.(KEMA),KNCPC), o 환경성

비교를 통한 정책결정에 있어서 일반 공개 비교 주장; LCA의 필요성과 조건(1999,한국전과정평가학회), o 통합환경관리에 관한 연구(2001,품질경영학회), o 금속가공산업의 청정생산기술적용(2001,한국전과정 평가학회)

▶(저서)
o ESG경영핸드북(2022), o 품질환경경영혁신(1997), o PL법 대응 품질, 환경,안전보건경영시스템 및 HACCP(2003)

▶(연수)
o Traing Course in Corporate Responsibility Stakeholder Engagement, Reporting and AA1000 Assurance Standard;CSR 및 지속가능성보고 국제표준 AA1000AS 검증 심사원 양성과정, o ECOPROFIT Academy/UNIDO, o 제7회 온실가스검증심사원 양성교육(96시간, 국립환경인력개발원장), o 친환경농산물 인증심사관과정 수료(35시간,농업연수원장), oISO 9001-14001 Integration Course(SGS Korea)

▶(실적 및 주요 고객)
o 경제성을 고려한 청정 생산 공정 평가기법에 대한 연구(1999-2000,산업자원부), o 제품 생산기술의 청정도 평가방법 개발(2001,생산기술평가원), o 현대자동차 부품협력사 환경경영 이전확산사업 전과정평가(LCA)교육(2004), o 현대자동차 대중소 그린파트너십(SCEP)컨설팅(2006), o 온실가스 명세서 및 온실가스 인벤토리보고서(2011,백광산업), o 자원순환 이행평가 기준 마련 연구(2012-2013,환경공단), o 현대자동차, o 대성전기, o 덴소풍성, o 동희산업, o 두원공조, o 인지콘트롤스, o 한국파워트레인, o 세종공업, o 일정실업, o 경신공업, o 삼아알미늄, o GE센싱코리아, o 영보화학, o 롯데알미늄, o 프레씨젼, o 동우열처리공업, o 한영공업, o 현우, o 청우, o 정우프라스틱, o 아이피엘, o 우주테크, o 유신산업, o 대원테크, o 서진정공, o 범양기업, o 선일산업, o YKK Korea, o 네슬레 외 다수.

머리말을 대신하여/ESG는 북극곰을 위한 것이 아닙니다

증가하는 온실가스가 기후변화를 초래해서 북극의 빙하가 녹는 등 여러 기상재해가 발생하고 이대로 가면 인류의 종말을 맞을 수도 있으니 온실가스 감축을 해야 하고 **E(환경)S(사회)G(지배구조)**를 잘하여야 한다는 것입니다.

필자가 단언컨대 ESG는 북극곰을 위한 것이 아닙니다. 은행을 위한 것이고 투자자들을 위한 것입니다. 투자하거나 대출해 준 기업들이 그 임원의 일탈 행위, 불량품, 시장 평판 등으로 한순간에 망해 투자한 돈이나 빌려준 돈을 못 받게 된 사례가 급격하게 늘어났기 때문에 비재무적 요소인 ESG를 고려하게 된 것입니다. 오래 된 이야기이지만 각종 법규/기준/규격 등이 엄격한 선진국이 그렇지 못한 후진국들에 대한 압박이라는 음모론은 아직도 유효합니다

어떻든 ESG를 하여야 하는 시국을 맞은 것은 틀림없습니다. 그러나 중소기업은 이에 대응할 만한 능력이 없다는데 문제가 심각한 것입니다. 어느 경우든 이번에도 중소기업이 독박을 쓰게 될 것입니다. 필자는 대다수를 차지하고 있는 중소기업 입장에서 ESG에 대한 접근 방안을 제시하고자 이 소책자를 구상하게 되었습니다.

이 책자의 특징은 다음과 같습니다
o ESG 관련 국내외의 국제기준 중에 필요한 것만 제시하였습니다
o ESG 관련 국내법령을 소개하고 있습니다
o ESG 사례를 소개하여 ESG 실체를 알기 쉽게 하였습니다

o 흘러넘치는 ESG 관련 인증제도들을 정리하여 참고하게 하였습니다
o 핵심은 "경영자/실무자들을 위한 실무 **ESG 경영 매뉴얼**"입니다.
o 실무자들이 이 ESG경영 매뉴얼대로 따라하면 됩니다.
o 책 구입 독자에게는 "ESG 경영매뉴얼"을 file로 제공합니다.

ESG는 북극곰이 아니고 우리 "**조직/기업/개인들의 생존전략**"입니다
ESG전략 수립 -> 이행 -> 검증/평가 -> 개선 -> 지속가능발전
으로의 선순환이 이어져야 살아남습니다
그러기 위해서는 **기술/지식**이 필요하고, **투자**가 있어야 합니다.
결국은 **돈**이 있어야 합니다.
 그렇다고 **무리수**를 두거나 하면 안 됩니다. **샛길**도 없습니다.
 < 그렇게 하면 안 된다는 것이 ESG의 핵심이기 때문입니다 >

아무쪼록 이 작은 책자가 기업/조직/개인들에게 ESG에 대한 부담을 덜고, ESG의 본래 취지대로 **더불어 함께 살아가는 지속가능한 세상**으로 가는 디딤돌이 되기를 간절히 바랍니다.

내용에 대한 부족한 점들에 대한 질책을 기대합니다 .

2022.02.22.

더함세(더불어 함께 사는 세상) **바라기 유영준**
010-5216-2577

ESG경영 핸드북 목차

머리말

1. 기후변화와 ESG 개요

가. 기후변화의 현상과 원인

나. IPCC의 기후변화 종합보고서의 끔찍한 내용

   1) "Clime Change 2007- Physical Science Basis".

   2) '기후변화 2014 종합보고서 정책결정자를 위한 요약보고서'

다. 기후변화 국제 대응

   1) 글로벌 ESG 관련 주요 이벤트

   2) 주요국의 탄소중립 목표

라. 기후변화 국내 동향

마. ESG에 대한 기존 연구들

바. ESG가 기업/조직에게 중요한 이유

   1) 투자자의 ESG 요구 증대

   2) 고객의 ESG 요구 증대

   3) 신용평가에 ESG 반영

   4) ESG에 대한 정부 규제 강화

   5) 의무적인 지배구조 정보 공시

   6) 지속가능경영보고서 공시 의무화

사. ESG 개요와 정보 공개

   1) ESG전략경영 개요

   2) ESG 정보공개

2. ESG 원칙, 표준, 가이드라인 및 평가기준

가. ESG 이니셔티브, 원칙, 표준, 가이드라인 및 평가 개요
나. 글로벌 ESG 이니셔티브 및 평가기관(ABC 순)
 1) AccountAbility
 2) Bloomberg ESG Score
 3) BSR(B.E.S.T Sustainability Rrporting Guideline)가이드라인
 4) CDP(Carbon Disclosure Project:탄소정보공개 프로젝트)[1]
 5) DJSI(다우존스 지속가능경영지수)
 6) Drive Sustainability
 7) EcoVadis
 8) Equator Principles(적도원칙:赤道原則)
 9) Fitch Ratings
 10) FTSE4 Good Index
 11) GHG Protocol
 12) GRI 가이드라인
 13) GSIA(글로벌지속가능투자연합)
 14) IFC(국제금융공사)
 15) IIRC(국제통합보고위원회)
 16) IR(International Reporting) Frmework
 17) ISO 26000
 18) ISS
 19) Morgan Stanley
 20) MSCI ESG Ratings

21) OECD 다국적기업 가이드라인
22) PDC(포트폴리오 탈탄소화 연합)
23) Resonsible Business Alliance
24) RE100
25) Renewable Energy 100, Science Based Targets
26) RepRisk
27) SASB(지속가능성 회계기준 위원회) Standards/금융위원회
28) 서스틴베스트(Sustainvest)
29) Sustainanalytics
30) TCFD Recomendations
31) Thomson Reuters
32) Truvaluelabs
33) UNEP FI(유엔 환경계획 금융 이니셔티브)
34) UN Global Compact
35) UN GRI
36) UN PRI(UN의 사회적책임 투자원칙)
37) UNRISD
38) UN SDGs(Sustainable Development Goals:지속가능발전 목표
39) UN 세계인권선언
40) Vigeo Eiris
41) WBA(월그린스 부츠 얼라이언스)
42) WBCSD(세계지속가능개발위원회)
43) WEF 에코시스템 맵(Ecosystem Map)

다. 국내 기준 등

1) 국가인권위원회 / 공공기관 인권경영 매뉴얼
2) 국민연금 ESG 평가기준
3) 기획재정부/공기업·준정부기관 경영실적 평가기준·방법
4) 사회적 가치 연구원
5) 산업통상자원부/K-ESG
6) 지속가능경영보고서 정보공시 구조
7) 한국거래소/ESG 정보공개가이던스
8) 한국기업지배구조원
9) 환경부 녹색기업지정평가

3. ESG 관련 법령

가. 국내외 ESG 관련 법령 목록
1. 저탄소녹색성장기본법
2. 온실가스에너지 목표관리 운영 등에 관한 지침
3. 온실가스 배출권의 할당 및 거래에 관한 법률
4. 지속가능발전 기본법
5. 대·중소기업 상생협력 촉진에 관한 법률 (상생협력법)
6. 산업발전법
7. 조달사업에 관한 법률 (조달사업법)
8. 채용절차의 공정화에 관한 법률 (채용절차법)
9. 주택법
10. 「장애인·노인·임산부 등의 편의증진 보장에 관한 법률」
11. 「교통약자의 이동편의 증진법」 (교통약자법)
12. 「장애물 없는 생활환경 인증에 관한 규칙」

13. 교육시설 등의 안전 및 유지관리 등에 관한 법률 시행규칙

4. 온실가스

가. 온실가스 개요
  1) 온실가스 정의
  2) 기타 온실가스 관련 용어의 정의
  3) 배출 활동의 구분에 따른 온실가스 배출
  4) 온실가스 산정과 데이터 품질관리

나. 온실가스 MRV
  1) 온실가스 인벤토리
  2) 온실가스 검증
  3) 온실가스 MRV
  4) 정도보증 및 정도관리
  5) 불확도 평가

다. 명세서의 작성 및 배출량 등의 산정·보고체계
  1) 명세서의 작성 및 배출량 등의 산정·보고체계 개요
  2) 온실가스 배출량 및 에너지 소비량의 검증

라. 온실가스 배출량 등의 검증 절차
  1) 검증 개요 파악
  2) 검증계획 수립
  3) 문서검토
  4) 현장검증

5) 검증결과의 정리 및 검증보고서 작성

　　6) 내부심의

　　7) 검증보고서 제출

마. 온실가스 감축

　　1) 온실가스 감축 개요

　　2) 온실가스·에너지 목표관리제도

　　3) 탄소배출권거래제도

　　4) 상쇄제도

　　5) 청정개발체제(CDM)

바. 온실가스 계산 실무 참고 자료

5. ESG 전략경영 모델, ESG경영 사례 및 ESG 매뉴얼

가. ESG 경영모델 개발 준비

나. 리더십

　　1) ESG 리더십의 6대 핵심요소

　　2) 커뮤니케이션과 조직 성과

　　3) ESG 리더십 시스템

다. ESG 전략

　　1) ESG 전략 개요

　　2) ESG 전략개발 프로세스

　　3) ESG 전략기획의 6대 핵심요소

　　4) ESG 전략 핵심 용어

5) ESG 비전의 설정과 전개

　6) 내외 환경분석

　7) ESG 목표

　8) 실행계획 개발과 전개

라. ESG 경영 모델의 평가

마. ESG 분야별 전략

　1) 환경경영전략

　2) 사회경영전략

　3) 지배구조경영전략

　4) 위기경영전략

　5) 윤리경영전략

　6) 지속가능경영전략

바. ESG 경 영 사례(가나다 순)

　KB국민은행, 농수산식품유통공사, LG그룹, 삼성전자, SK하이닉스, CJ제일제당, 신한금융그룹, 현대자동차

6. ESG 관련 인증제도

가. ESG_경영·평가_대응을_위한_ISO·IEC_국제표준_100選

나. 「정부혁신 종합추진계획(2018)」에 의한 사회적 가치 실현을 위한 전략과 체계

다. 표준화, ISO와 인증제도

　1) 표준화

2) ISO ISO(International Organization for Standardization)

3) 경영시스템 국제 표준의 역사

라. ESG 관련 인증제도

o ESG 관련 인증제도들의 구조/요구사항 비교

1) ISO 14001(환경경영시스템)

2) 녹색경영시스템(GMS:Green Management System)

3) OHSAS 18001 (안전보건경영시스템)

4) ISO 22301(비즈니스연속성 경영시스템)

5) ISO 26000(사회적책임경영시스템)

6) ISO/IEC 27001(정보보안경영시스템)

7) ISO 31000(리스크경영시스템)

8) ISO 37001(부패방지경영시스템:Anti-bribery mgt. system)

9) ISO 37301(준법경영시스템)

10) ISO 44001(상생경영시스템)

11) ISO 45001(안전보건경영시스템)

12) ISO 45003(심리사회적위험관리시스템)

13) ISO 50001(에너지 경영시스템)

14) SA 8000(사회적 책임)

15) SR 10(Social Responsibilty 10; 사회적책임 경영시스템)

마. ESG 관련 국내 인증

1) 인권경영 인증

2) 가족친화 인증

3.1) 바른채용 경영시스템

3.2) 공정채용 인증제도
4) 노사관계 우수기업 인증
5) 재해경감 우수기업 인증
6) 실내 공기질 인증(Indoor Air Quality Certification)
7) 라돈 안전 인증
8) 로하스 인증

마. 에너지, 건축, 국내 인증제도
1) 녹색건축 인증
2) 건축물 에너지 효율등급 인증
3) 에너지 절약 계획서
4) 자동차 배출가스 등급제
5) 장수명주택 인증
6) 장애물 없는 생활환경 인증
7) 교육시설안전 인증

바. 공급망 CSR 평가
1) RBA평가(공급망 평가)
2) EcoVadis(ESG 평가서비스 기관)
3) 공급망 ESG 평가

사. 품질, 위생안전, 서비스 인증제도
1) ISO 9001(품질경영시스템)인증 제도
2) ISO 10002(고객만족경영)
3) IATF 16949(자동차품질경영시스템)

4) ISO 22001(식품안전경영시스템)

5) FSSC 22000(Food Safety System Certification)

권말 부록 1: ESG경영 매뉴얼
권말 부록 2: ESG경영 관련 규정 사례

1. 환경경영규정,
2. 지속가능경영규정,
3. 인권경영규정,
4. 윤리경영규정,
5. 리스크경영규정,
6. 반부패경영규정,
7. 안전보건경영규정,
8. 협력사 행동규범,
9. 품질경영규정,
10. 고객만족경영규정.

(권말 부록) ESG 경영 매뉴얼(목차)

표지

제 개정 현황

목차

Ⅰ. 총칙편

1. 전문: ESG 경영의 의의, 필요성, 목적, 법규, 국제기준, 적용범위
2. 용어의 정의: 경영용어, 환경용어, 사회용어, 지배구조용어

3. 리더십: 리더십과 의지, 방침, ESG 경영 책임과 권한
4. ESG 위험관리: ESG 위험과 기회의 식별, 평가 및 관리, ESG 위험관리 체계
5. ESG 지원: ESG 지원, ESG 적격성, ESG 인식, ESG 의사소통, ESG 문서화된 정보
6. ESG 운용 기획과 관리
7. ESG 성과 평가: 모니터링, 측정, 분석, 평가, 내부 심사 및 경영 검토, 외부 검증, 개선
8. ESG 이해관계자와의 소통 및 정보공시

Ⅱ. 환경 편

1. 전문: 환경경영의 의의, 필요성, 목적, 법규, 국제기준, 적용범위
2. 용어의 정의: 경영용어, 환경용어
3. 환경경영 리더십과 거버넌스: 리더십, 환경방침, 전략, 목표, 추진 계획, 거버넌스

범주	목표/검증평가 항목
환경경영 목표	환경경영 목표 수립, 환경경영 추진체계
원부자재	원부자재 사용량, 재생 원부자재 비율
온실가스	온실가스 배출량 (Scope1& Scope2, Scope3), 온실가스 배출량 검증
에너지	에너지 사용량, 에너지 효율, 재생에너지 사용 비율
용수	용수 사용량, 재사용 용수 비율
폐기물	폐기물 배출량, 폐기물 재활용 비율
오염물질	대기오염물질 배출량, 수질오염물질 배출량
환경 라벨링	친환경 인증 제품 및 서비스 비율
기후변화 대응	산림탄소흡수량
환경법규제	환경 법/규제 위반

4. 위험관리: 환경 위험과 기회의 식별, 평가 및 관리, 환경 위험 관리 체계
5. 운영 및 성과: 친환경 제품, 서비스, 공급망, 사업장, 성과관리, 환경 회계, 생태계 보전
6. 이해관계자와의 소통 및 정보공시: 이해관계자와의 소통, 정보공시
7. 부록: 환경관련 법규, 국제기준, 인증제도, 규정

Ⅲ. 사회 편

1. 전문: 사회적책임경영 의의, 필요성, 목적, 법규, 국제 기준, 적용 범위
2. 용어의 정의: 경영 용어, 사회적책임경영 용어
3. 리더십과 거버넌스: 리더십, 의지 표명, 방침, 전략, 목표, 추진 계획, 거버넌스

범주	목표/검증평가 항목
목표	목표 수립 및 공시
노동	신규채용 및 고용유지, 정규직비율, 자발적이직률, 교육훈련비, 복리후생비, 결사의 자유보장, 정규직 중 고졸자 비율, 여가친화 경영, 50세 이상 비자발적 이직 예정자 중 재취업지원 제공 비율
다양성 및 양성평등	여성구성원 비율, 여성급여 비율(평균급여액 대비), 장애인 고용율
산업안전	안전보건 추진체계, 산업재해율
인권	인권정책 수립, 인권 리스크 평가
동반성장	협력사 ESG 경영, 지원, 협약사항, 동반성장
지역사회	전략적 사회공헌, 구성원 봉사참여, 농어촌지역 상생협력 및 ESG 활동(균형발전), 산학협력 활성화 기여, 미래 세대 성장 및 교육 기여
정보보호	개인정보보호를 위한 자율적 노력 및 활동, 정보 보호 시스템 구축, 개인 정보 침해 및 구제.

소비자	소비자 정보 제공, 소비자 안전, 고객만족 대응체계 운영
사회법/규제	사회법/규제 위반

4. 사회적 책임 위험 관리: 위험과 기회 인식, 대응, 사회적 책임 위험관리체계
5. 운영 및 성과: 인권, 노동관행, 공정운영관행, 지속가능한 소비, 정보보호, 지역사회 참여 및 개발, 분쟁광물
6. 이해관계자와의 소통 및 정보공시: 이해관계자와의 소통, 정보공시
7. 부록: 법규, 국제기준, 인증제도, 규정

IV. 지배구조 편

1. 전문: 지배구조 경영의 의의, 필요성, 목적, 법규,제기준 , 적용 범위
2. 용어의정의: 경영 용어, 지배구조 용어
3. 지배구조 경영 리더십과 거버넌스: 리더십, 방침, 전략, 목표, 추진 계획, 거버넌스

범주	목표/검증평가 항목
목표	목표 수립 및 공시
이사회 구성	이사회 내 ESG 안건 상정, 사외이사 비율, 대표이사 이사회 의장 분리, 이사회 성별 다양성, 사외이사 전문성
이사회 활동	이사 출석률, 사내이사 출석률, 이사회 산하 위원회, 이사회 안건 처리
주주권리	주주총회 소집공고, 주주총회 개최일, 집중/전자/서면 투표제, 배당정책 및 이행
윤리경영	윤리 규범 위반사항 공시, 윤리경영/반부패 관련 법규/행동강령 등 준수
감사기구	감사부서 설치, 감사기구 전문성(감사기구 내 회계/재무 전문가)

경영진	경영진 성과평가 및 보상
법/규제	지배구조 법/규제 위반

4. 위험관리: 사회적 책임 위험과 기회의 인식, 지배구조 위험관리 체계
5. 운영 및 성과: 이사회 리더십, 주주권, 감사, 주주 및 이해관계자와의 소통
6. 이해관계자와의 소통 및 정보공시
7. 부록: 법규, 국제기준, 인증제도, 규정

글을 마치면서/ESG는 장난이 아니다

1. 기후변화와 ESG 개요

가. 기후변화의 현상과 원인

기후변화로 인한 현상은 상상을 초월한다. 그 원인은 매우 불확실하다. 자연계에 주는 영향으로는 북극의 해빙, 해수면 상승, 생태계 변화, 수자원 영향 및 피해, 식량자원 공급에 영향, 이상기후 및 환경 보전에 영향 등이고, 산업계 영향으로는 기상 이변에 따른 재해, 질병 및 전염병 발생, 환경 규제 강화, 소비자 및 시민단체들의 동향, 신사업의 기회, 산업 구도에 영향을 주고 있다.

자연적인 원인으로는 대기, 육지, 눈, 얼음, 바다, 기타 수원, 생물체가 복잡하게 상호작용하는 기후시스템 내에 대기가 해양, 빙하, 육지, 얼음, 물 수지들과 상호작용하여 온난화 현상이 일어난다. 기타 천문학적 요인, 화산 폭발에 의한 태양 에너지의 변화등도 원인이다. 인위적 원인으로는 인위적인 온실가스의 배출 증가, 에어로졸의 배출 증가, 산림 벌채 등이 영향을 미친다

나. IPCC[2])의 기후변화 종합보고서 내용 일부

1) "Clime Change 2007- Physical Science Basis".

기후변화의 인위적·자연적 요인에서 '지구의 이산화탄소, 메탄 및 이산화질소이 대기 농도는 1750년 이래로 인간 활동의 결과로써 현저하게 증가하였다'. 지구적인 이산화 농도의 증가는 주로 화석 연료의 사용과 토지 이용의 변화에 기인하는 한편, 메탄과 이산화질소 농도 증가는 농업에 의한 배출이 주된 요인이다'.

최근 기후변화의 직접 관측에서는 기후시스템의 온난화는 의심할 여지가 없을 정도로 명백하며, 이것은 대기와 해양의 지구 평균 온도의 상

---
2) 기후변화에 관한 정부 간 협의체

승, 눈과 얼음의 광범위한 융해, 지구평균 해수면 상승 등의 관측 자료에서 확실하다.

　기후의 다양한 장기적 변화는 대륙과 지역 및 대양규모에서 관측되었다. 이는 북극 기온과 얼음의 변화, 강수량, 해양 염분, 바람 패턴의 광범위한 변화, 가뭄, 집중호우, 열파 및 강력한 열대저기압 등의 극한 기후를 포함한다

　20세기 중반 이후 지구 평균 기온 상승의 대부분은 인위적인 온실가스 농도 증가에 기인했을 가능성이 매우 높다(very likely). 이것은 "과거 50년에 걸쳐 관측된 온난화의 대부분은 온실가스 농도의 증가에 의한 것일 가능성이 높다는 종전의 결론에서 진보한 것이다. 식별 가능한 인간의 영향은 기후의 다른 양상인 해양의 온난화, 대륙 평균 온도, 극한 기온과 바람 패턴에도 나타난다. 기후 과정과 피드백과 관련된 시간 규모 때문에, 온실가스 농도가 안전화 되더라도 인위적인 온난화와 해수면 상승은 수세기 동안 계속될 것이다.

2) '기후변화 2014 종합보고서 정책 결정자를 위한 요약보고서'
　Clime Change 2007- Physical Science Basis" IPCC 제1실무그룹보고서 발간 7년 후인 2014년에 IPCC(기후변화에 관한 정부간 협의체)의 기후변화 2014 종합보고서가 발간되었다. IPCC 제5차 평가 종합보고서 중 '정책결정자를 위한 요약보고서'[3] 를 통해 기후변화의 현상과 대응 방안에 대해 알아본다.

---

3) IPCC 제5차평가보고서 제3실무그룹 "기후변화 2014 : 기후변화의 완화" 정책결정자를 위한 요약문 /한글 번역본/2014/이 보고서는 독일 베를린에서 개최된 IPCC 제3 실무그룹 제12차 회의(2014.4.7.~11)에서 승인된 정책결정자를 위한 요약문을 한국에너지기술연구원에서 번역한 것입니다.

SPM 1. 관측된 변화와 그 원인

인간은 기후 시스템에 명백한 영향을 미치고 있다. 최근 배출된 인위적 온실가스의 양은 관측 이래 최고수준이며, 기후변화는 최근 인간계와 자연계에 광범위한 영향을 주고 있다.

SPM 1.1 기후 시스템의 관측된 변화

기후 시스템이 온난해지고 있다는 것은 자명한 사실이며, 1950년대 이후 관측된 변화의 대부분은 수십 년에서 수천 년 내 전례 없던 것이다. 대기와 해양의 온도 및 해수면은 상승하고 있는 반면 눈과 빙하의 양은 감소하고 있다.

SPM 1.2 기후변화의 원인

경제 및 인구 성장이 주 원인이 되어 나타난 산업화 시대 이전부터 인위적 온실가스 배출량은 계속 증가해왔고, 현재 가장 높은 수준을 보이고 있다. 현재 이산화탄소, 메탄, 아산화질소의 대기 중 농도는 인위적 배출로 인해 지난 80만 년 내 최고 수준이다. 기타 인위적 동인과 함께 전례 없던 수준의 온실가스 배출이 전체 기후 시스템에 영향을 주는 것은 계속해서 탐지되어 왔고, 이는 20세기 중반 이후 관측된 온난화의 주 원인일 가능성이 대단히 높다.

SPM 1.4. 극한 현상

1950년 이래로 다수의 극한 기상 및 기후 현상에서 변화가 관측되었다. 이러한 변화들 중 일부는 인간 활동과 관련된 것으로 극한 저온 현상 감소, 극한 고온 현상과 극한 해수면 증가 및 많은 지역에서의 호우 빈도 증가가 있다.

SPM 2. 미래의 기후변화와 위험, 영향

온실가스 배출이 계속됨에 따라 온난화 현상이 더욱 심화되고 기후 시스템을 이루는 모든 구성요소들은 장기적으로 변화하여, 결과적으로 인간계 및 생태계에 심각하고 광범위하며 돌이킬 수 없는 영향을 미칠 것이다. 기후변화를 제한하기 위해서는 온실가스 배출량을 큰 폭으로 줄이려는 지속적인 노력이 필요하며, 감축과 적응을 통해 기후변화 위험을 예방할 수 있을 것이다.

SPM 2.3 기후변화에 의한 미래 위험 및 영향

기후변화는 기존의 위험을 증폭시킬 뿐만 아니라 자연과 인간계에 새로운 위험을 가져올 것이다. 위험은 균일하게 분포하지 않으며, 개발 수준을 막론하고 모든 국가에서 취약 계층 및 지역사회가 상대적으로 더 큰 위험에 노출된다.

SPM 3. 적응, 완화 및 지속 가능한 발전을 위한 미래 경로
SPM 3.1 기후변화 정책 결정의 기반

기후변화와 그 영향을 제한하기 위한 효과적인 정책 결정은 거버넌스, 윤리적 측면, 형평성, 가치판단, 경제평가, 위험 및 불확실성에 대한 다양한 인식과 대응 등의 중요성에 대해 인지하고, 예상되는 위험 및 편익을 평가하기 위한 광범위한 분석적인 방법을 통해 마련될 수 있다.

SPM 4. 적응 및 완화
SPM 4.1 적응 및 완화 대응의 공동 장려 요인 혹은 공동 제약 요인

적응과 완화 대응을 모두 강화시킬 수 있는 요인을 공동 장려 요인이라고 하며, 이에는 효율적인 제도 및 거버넌스, 환경 친화적인 기술, 기반

시설 혁신과 투자, 지속 가능한 생활 및 행동양식과 라이프스타일의 선택 등이 있다.

범주	예시
인류 발전	교육, 영양섭취, 의료 시설, 에너지, 안전한 거주지 및 정착지, 사회 지원 시설에의 접근 개선; 다양한 형태의 성불평등 및 사회소외 저감
빈곤 퇴치	지역 자원의 접근 및 이용 확대; 토지 소유권; 재해 위험 감소; 사회 안전망 및 사회적 보호; 보험 제도
생계 안보	소득, 자산, 생계 수단 다양화; 기반시설 개선; 기술 및 의사결정에 대한 접근성; 의사결정 권한 강화; 작물 재배, 가축 사양 & 수중 생태계 관리 변화; 사회적 네트워크 신뢰 제고
재해 위험 관리	조기경보체계; 위해 & 수자원 다양화; 배수 체계 개선; 홍수 및 태풍 대피소 마련; 대응 매뉴얼 작성 및 실행; 태풍 & 운송 & 도로 시설 개선
생태계 관리	습지 및 도시 녹지 공간 보전; 연안 지역 조림; 수로 및 호수 관리; 생태계 위협 요인 및 서식지 분절화 방지; 유전자 다양성 보전; 생태계 교란 체계 조정; 공동체 기반의 자연 자원 관리
공간/ 토지사 용계획	적절한 주거, 기반시설 그리고 서비스 제공; 홍수 지역 및 이외 위험 지역의 개발 지양; 도시 계획 및 프로그램 개선; 토지 이용제한법; 지역권; 보호 구역
구조적 /물리적	***공학적 방법 및 시설 구축***: 방조제 및 연안 보호 시설; 홍수 대비 제방; 수조; 배수 개선; 홍수 및 태풍 피난처; 대응 매뉴얼 작성 및 실행; 태풍 & 운송 & 수상 가옥; 발전소 및 전력망 조정 ***기술적 방법***: 신규 작물 및 동물의 다양성; 토착, 전통 및 지역 지식/기술/방법; 효율적인 관개; 용수절약 기술; 담수화; 농업 보호; 식량 저장 및 보존 시설; 위해(hazard) 및 취약성 지도 그리고 모니터링; 조기경보체계; 건물 절연성; 기계 및 수동 냉각; 기술 개발, 기술 이전 그리고 기술 확산 ***생태계 기반 적응***: 생태학적 복원; 토양 보전; 신규조림 및 재조림; 맹그로브 산림 보전 및 재식림; 녹색 시설(예: 녹음수, 옥상 녹화); 어류 남획 규제; 어장 공동 관리; 종의 이동 및 확산; 생태이동통로; 종자 은행, 유전자 은행 그리고 현지 외 보전; 공동체 기반 자연 자원 관리

범주	예시
	서비스: 사회적 안전망 및 사회적 보호; 식량 은행 및 식량 잉여분 분배; 물과 위생을 포함한 도시서비스; 예방접종 프로그램; 기본적인 공중보건 서비스; 강화된 응급 치료 서비스
제도적	***경제적 방법***: 재정 혜택; 보험; 재해 채권(캣본드); 생태계 서비스에 대한 경제적 지불; 공급 확대와 안전한 사용을 위해 물의 가격화; 소액 재정; 재해대비펀드; 현금 지원; 민관 협력
	법 및 제도: 토지 이용 제한법; 건설 표준 및 시행; 지역권; 수자원 규제 및 협약; 재해 위험 감소지원법; 보험 구입 장려 제도; 재산권 확인 및 토지소유권 보장; 보호 구역; 어획량 할당; 특허풀(pool) 및 기술 이전
	국가, 정부 정책, 프로그램: 주류화를 포함하는 국가적 그리고 지역적 수준의 적응 계획; 하위 국가 및 지자체 적응 계획; 경제적 다양성; 도시 개선 프로그램; 도시 수자원 관리 프로그램; 재해 계획 및 예방; 통합수자원관리; 통합연안지역관리; 생태계 기반 관리; 공동체 기반 적응
사회적	***교육적 대안***: 인식 증진 및 교육 통합; 교육의 성 평등화; 서비스 확대; 토착, 전통 지자체 및 지역지식 공유; 참여 활동 연구 및 사회적 교육; 지식 공유 및 교육의 장 제공
	정보적 대안: 위해(hazard) 및 취약성 도식화; 조기경보 및 대응체계; 체계적 모니터링 및 원격 조정; 기후 서비스; 토착 지역의 기후 관측 자료 사용; 참여 시나리오 개발; 통합 평가
	행동적 대안: 가계 측면에서의 대비 및 철수 계획; 이주; 토양 및 수자원 보전; 빗물 배수관 소거; 생계 수단 다양화; 작물 재배, 가축 사양 그리고 해양 생태계 관리의 변화; 사회적 네트워크 신뢰 제고
변화 영역	***현실적***: 사회적 그리고 기술적 혁신, 행동 변화, 또는 결과의 상당한 변화를 야기시킬 수 있는 제도적 그리고 관리상의 변화
	정치적: 정치적, 사회적, 문화적 그리고 생태학적 의사 결정과 활동은 기후변화에 대한 취약성 및 위험을 감소시키며 적응, 완화 및 지속 가능한 발전을 지원
	개인적: 개인적 및 집단적 추측, 신념, 가치 및 세계관은 기후변화 대응에 영향을 미침

SPM 4.4 적응 및 완화, 기술 그리고 재정에 대한 정책 접근법

적응 및 완화 대응의 효율성을 높이기 위해서는 세계, 지역, 국가 및 하위-국가 등 다양한 수준에 걸쳐 관련 정책 및 대책이 뒷받침되어야 한다. 기후변화 대응을 위한 재정뿐만 아니라 기술 개발, 확산 및 이전을 지원하는 모든 수준의 정책은 적응 및 완화를 직접적으로 추진하는 정책을 보완하고 그 효율성을 높일 수 있다.

SPM 4.5 지속 가능한 발전과의 트레이드오프, 시너지 및 상호작용

기후변화로 인해 지속 가능한 발전이 위협받을 수 있지만, 통합적 대응을 통해 완화, 적응 및 기타 사회적 목표를 연계할 수 있는 기회가 다수 존재한다(높은 신뢰도). 이러한 통합 대응의 성공 여부는 관련 도구, 거버넌스 구조의 적합성 및 대응 역량 강화 정도에 따라 크게 달라진다(중간 신뢰도).

다. 기후변화 국제 대응

1).글로벌 ESG 관련 주요 이벤트

기후변화에 대한 그동안의 국제적인 논의의 흐름을 알아 본다
(1972) 스톡홀름회의 기후변화 논의
(1978) 미국, 정부윤리법 제정
(1987) UNEP·WCED,브룬트란트 보고서 발간: ESG의 개념을 포함하는 지속가능성에 대한 논의는 1987년 UNEP(유엔환경계획)와 WCED(세계환경개발위원회)가 공동으로 채택한 '우리 공동의 미래(Our Common Future)'(일명 브룬트란트 보고서) 에서 제시되었다. 보고서에서는 인류가 빈곤과 인구증가, 지구온난화와 기후변화, 환경 파괴등의 위기에서 경제를 발전시키기 위해서는 지속가능발전으로 패러다임 전환이 필

요하다는 의견이 제시되었다.

(1989) 미국 알래스카에서 엑슨 발데즈호의 원유 유출사고 발생을 계기로 미 환경단체(Ceres)가 기업의 환경, 사회영향을 파악,공개,관리,개선하여야 한다는 원칙 발표

(1992) UNEP 리우선언 채택: ESG 환경 영역의 기반인 기후변화 협약, 생물다양성 협약,사막화방지협약

(1997) 교토의정서

(1999) 미국, 부패방지라운드 등 윤리 관련 법률 활성화

(2000) UN Global Compact는 기업의 사회적책임(CSR) 4대 분야 10대 원칙 발표

(2000) Global Reporting Initiave는 지속가능성보고를 위한 글로벌 프레임워크 GRI 가이드라인 발표

(2003) (EU) 2003년 회계현대화지침(EU Account Modernization Directive 2003/51/EC)에서 연차보고서 상 비재무적 요소(ESG)의 공시를 권고하며, 이후 정보공개 지침*에 따라 2018년 의무화 함

(2004) 일본, 온실가스/에너지('04, '06), 유해물질('11), 환경보고('12) 추진

(2006) UN PRI(책임투자원칙)발표:ESG를 투자 결정과 자산 운용에 고려한다는 원칙 발표. '06년 UN PRI의 지속가능성장 관련 6대 원칙이 발표된 이후 세계 주요국들은 ESG 정보 공개에 대한 의무화, 공급망 실사 등 ESG 관련 규율 강화 추세

(2008) 중국, 국영기업 보고서 발간 권고,

(2009) 기업 CSR 보고지침 개발

(2010)
- ISO는 기업의 사회적 책임에 대한 실행 지침 및 권고사항을 ISO 26000으로 정함
- 분쟁광물 규제(도드-프랭크법)

(2012) California Transparency in Supply Chains Act('12)

(2014) EU 집행위원회 비재무 정보공개 지침(Directive 2014/95/EU) 제정

(2015)
- 파리기후변화협약. 2016년부터 포괄적 국제법 효력 발생
- Business Supply Chain Transparency on Trafficking and Slavery Act

(2016)
- GRI(Global Reporting Initiative, 기업의 지속가능보고서에 대한 가이드라인을 제시하는 국제기구) 표준 발표,기업 및 기관의 지속가능성평가 지표 설정.
- (영국) 연차보고서 내 ESG 정보공개 의무화(Company Act, 2016)

(2017)
- TCFD: 기후변화 관련 재무정보공개 TF, 세계 금융시장 모니터링 국제기구인 금융안전위원회 설립 협의체, 기후변화와 관련된 리스크와 기회요인을 분석하고, 거버넌스,전략,리스크 관리, 지표와 목표의 4가지 측면에서 재무정보 공개 권고안 제시
- (프랑스, 독일) 일정규모 이상 사업장 보유 기업 ESG 정보공개 의무화(Code de commerce L&R, 2017, CSR Directive Implementation Act law, 2017

(2018)
- o (한국) 2030년까지 단계별 ESG 정보공시 의무화 추진(상장기업)*하고 있으며, ESG 관련 규제 법안 등 추진: 대형 상장사 기업 지배구조 핵심정보 의무공개('18) → 지속가능경영 보고서 공시 활성화 단계적 의무화 추진('20) → 거래소 자율공시('21) → 일정규모 이상(자산 규모 2조원 이상) 기업 ESG 정보공시 의무화('25) → 전 코스피 상장사 ESG 정보공시 의무화('30)
- o 탄소중립('20), 인권기본법('21), 공공조달('22) 등 관련 법안 추진 중

(2019) BRT(Business Roundtable): 애플, 아마존, 월마트, 블랙록 같은 미국에서 가장 영향력있는 기업들 CEO가 참여하는 연례회의. 2019년 연례회의에서 기존의 전통적 기업의 목적인 주주이익 극대화의 원칙을 폐지하고 모든 이해관계자의 가치가 통합된 새로운 기업의 목적(Purpose of a Corporation)을 선언함:
- ① 우리의 고객에게 가치를 전달한다.
- ② 우리의 직원에게 투자한다.
- ③ 협력사를 공정하게 윤리적으로 대한다.
- ④ 우리가 속한 지역사회를 지원한다.
- ⑤ 주주를 위한 장기적 가치를 창출한다

(2020) 세계 경제 포럼, 지속가능성 의제 논의, 지속가능가치를 측정할 수 있는 백서 발간

(2021)
- o (EU) 산업 공급망 대상 인권 환경 실사 의무화 추진,
- o (독일) 공급망 실사에 관한 법안 도입 발표
- o 한국의 증권거래소(KRX)는 ESG 정보공개 가이던스를 배포

2) 주요국의 탄소중립 목표

EU	'50년 중립 목표	•'30년 온실가스 감축 목표 상향 조정(40%→55%) - 탄소국경세 '21년 상반기 도입 검토 中 •'21년 7월 탄소국경세 법안 초안 발표 계획 •향후 10년간 최소 1조 유로 조성 계획 -연평균 130조 원 투자
미국	'50년 Net Zero 달성목표	•바이든 행정부 친환경 드라이브 가속화 - 에너지 전환, 기후변화 대응 인프라에 4년간 2조 달러 투자 - 전력부문 2035 탄소배출 제로 달성 - 친환경차 산업 육성 및 캘리포니아식 연비 규제 강화 - 기후변화 국제 공조 주도 (파리협정 재가입)
중국	'60년 탄소 중립	•제14차 5개년 계획 ('21-'25년) 內 이행 계획 포함 - 기존 친환경 산업 정책 추진력 강화 - 주요 산업 녹색 전환 등 녹생성장 가속화, 탄소 감축 방안 구체화, 전국 탄소배출권 거래시장 도입 - '37년 전기차 비중 화석연료 차량 추월 전망 등
한국	'50년 탄소중립 선언	•적응적(Adaptive) 감축 → 능동적(Proactive)로 전환 •3대 정책 방향(10대 과제) 선정 - '25년 內 2030 국가온실가스 감축목표 상향조정 추진 - 경제구조의 저탄소화, 新유망 저탄소산업 생태계 조성, 탄소중립사회로의 공정전환

라. 기후변화 국내 동향

우리나라 기획재정부에서 보도한 무디스의 환경·사회·지배구조 (ESG) 국가별 평가 결과를 참고로 우리나라의 수준을 알아 본다[4]

- 한국, 최고등급(1등급) 평가 (전세계 상위 11개국에 포함) -

☐ 1.18일(뉴욕시간) 국제 신용평가사 Moody's(무디스)는 최근 국제적으로 환경·사회·지배구조(ESG*)가 강조되는 추세에 따라 전 세계 144개국에 대한 ESG 평가 보고서를 발표하였다.

---
4) 기획재정부 보도 참고 자료, 2021.1.19

* ESG: 환경(Environment), 사회(Society), 지배구조(Governance)

───────────── 〈 원문 링크 〉 ─────────────
https://www.moodys.com/researchdocumentcontentpage.aspx?docid=PBC_1254748
※ 보도 편의를 위해서 무디스 보고서 주요내용을 일부 요약·정리하였으므로,
전체 내용이나 정확한 표현 등은 **링크된 원문을 참조**해 주시기 바랍니다.

□ 무디스는 同 보고서에서 각 국의 E(환경), S(사회), G(지배구조) 및 국가신용등급에 대한 ESG의 종합적인 영향을 평가하였다.

ㅇ 우선, 무디스는 E·S·G 각 분야별 세부항목에 대한 평가에 기초하여 국가별로 E·S·G 각각의 점수(IPS)*를 5개 등급**척도로 평가한다.

  * Issuer Profile Score: 한 국가가 환경, 사회, 지배구조 관련 위험에 노출된 정도
  ** 1등급(긍정적)>2등급(중립적)>3등급(다소 부정적)>4등급(부정적)>5등급(매우 부정적)

각 분야별 세부항목

분야	환 경(E)	사 회(S)	지배구조(G)
세부항목	■ 탄소 전환 ■ 기후 변화 ■ 수자원 관리 ■ 폐기물 및 공해 ■ 자연 자본 (토지, 숲, 생태다양성 등)	■ 인구 ■ 노동 및 소득 ■ 교육 ■ 주거 ■ 보건 및 안전 ■ 기본 서비스 접근성	■ 제도적 구조 ■ 정책 신뢰성 및 효과성 ■ 투명성 및 정보공개 ■ 예산 관리

ㅇ 각 국의 E·S·G 요인들이 국가신용등급에 미치는 영향을 종합적으로 고려하여 ESG 신용영향 점수(CIS)*를 5개 등급척도**로 평가

  * Credit Impact Score: ESG 관련 위험이 국가신용등급 결정에 영향을 미치는 정도
  ** 1등급(긍정적) > 2등급(중립적) > 3등급(다소 부정적) > 4등급(부정적) > 5등급(매우 부정적),

○ 금번 평가는 전 세계 144개국을 대상으로 이루어졌으며, 이중 한국, 독일, 스위스 등 11개국*이 ESG 신용 영향 점수(CIS)에서 최고등급인 1등급을 부여 받았다.

* 한국, 독일, 스위스, 뉴질랜드, 덴마크, 룩셈부르크, 스웨덴, 싱가포르, 아일랜드, 오스트리아, 맨섬(Isle of Man)

□ 우리나라는 세부 분야별 평가(IPS)에서 '환경' 2등급(중립적), '사회' 2등급(중립적), '지배구조' 1등급(긍정적)을 획득하여, 종합적으로 'ESG 신용영향 점수(CIS)'에서 최고등급인 1등급(긍정적)으로 평가 받았다.

○ 환경은 '탄소 전환', '기후 변화', '수자원 관리', '폐기물 및 공해', '자연 자본' 등 5가지 세부항목에서 모두 2등급을 부여받아 종합적으로 2등급*을 획득하였다.

* 원칙적으로 관련 기술혁신 등 명확한 비교우위가 인정될 경우 "1등급(긍정적)" 평가도 가능하나, 금번 평가에서 "환경" 분야에서 종합적으로 1등급을 받은 국가는 없음

○ 사회는 '교육', '보건 및 안전', '기본 서비스 접근성'에서 1등급을 받았으나, 여타 선진국과 같이 빠른 고령화 등으로 '인구' 등 분야에서 낮은 평가를 받으면서 종합적으로 2등급을 받았다.

○ 지배구조는 '제도', '정책 신뢰성 및 효과성', '투명성 및 정보공개', '예산 관리' 등 4가지 세부 항목에서 모두 1등급을 받아 종합적으로 최고등급인 1등급을 획득하였다.

○ 종합적으로 'ESG 신용영향 점수(CIS)'에서 최고등급인 1등급으로 평가받아 현재 한국의 ESG 관련 요소들이 국가신용등급을 결정하는

과정에서 긍정적인 영향을 미치는 것으로 평가되었다*.

* 무디스는 금번 ESG 평가와 '국가신용등급' 평가는 높은 관련성(strong correlation)이 있으나, 정확하게 일치하는 것은 아니라고(do not match fully) 언급

☐ 정부는 전 세계적으로 ESG에 대한 관심이 고조되고, 향후 국가신용등급 평가 시 ESG가 주요 요소로 부각될 가능성이 높은 만큼, 한국판 뉴딜 등 친환경, 사회적 책임, 지배구조 개선 등을 위한 정책적 노력을 지속할 예정이다.

마. ESG에 대한 기존 연구들

ESG는 환경(Environment)·사회(Social)·지배구조(Governance)를 지칭하는 것으로 UN PRI(UN 사회책임투자원칙)에서 투자의사 결정시 고려하도록 하는 핵심요소이다. ESG 등급이 재무성과에 미치는 영향을 분석한 결과 ESG 통합지수가 우수한 기업이 재무성과도 우수하다는 결과를 확인하였다(손호철 외, 2015). 하지만 기업의 환경, 사회, 지배구조 관련 활동이 비용으로 인식되어 기업 가치를 떨어뜨릴 수 있다는 연구결과도 혼재하였다(Barnea, 2005).

장기 경영성과에 미치는 영향은 ESG 통합등급과 각 부문별 등급 모두 유의적인 정(+)의 값으로 나타나 ESG 평가가 기업의 장기 경영성과에 긍정적인 영향을 미치는 것으로 확인 되었다. 기업의 ESG 등급은 기업의 단기 경영 성과에 대체적으로 유의한 정(+)의 관계를 보였다. 환경(E) 등급의 경우 단기 경영성과와 유의적이지 않았으며, ESG 통합 등급과 S(사회), G(지배구조)등급과는 유의한 정(+)의 값으로 나타났다. 이는 환

경적 성과를 수행하기 위해 초기 투자 비용이 발생하기 때문에 단기적으로는 재무성과에 부정적인 영향을 미칠 수 있다는 선행연구와 일치하는 결과이다. 따라서 기업은 눈앞에 놓인 초기 투자 비용 문제에 초점을 맞추지 말고 기업이 환경에 대하여 가져야 하는 관심, 사회적 책임, 기업 지배구조의 투명성 제고 등 장기적으로 지속가능경영을 이루기 위해 노력해야 한다(손지연)

조직이 재무적 성과를 달성하기 위해 자산 운용 전략을 수립할 때, 비재무적 요소인 환경개선(E), 사회책무 이행(S), 건전한 지배구조(G) 요인[5]을 종합적으로 고려한 사회책임투자(social responsibility investment, SRI)는 선택이 아닌 필수적인 고려사항이 되고 있다. 사회적, 환경적으로 좋은 영향을 미치는 기업에 대한 시장의 평가가 우수하고 이에 따라 경영전략과 경쟁력 및 기업 신용에도 중요한 비중을 차지하기 때문이다. 이를 반영하여 SRI 규모는 전 세계적으로 꾸준히 증가하여 2018년 기준 30조 6,830억 달러로 2016년 대비 34%의 성장률[6]을 기록했다. 또한 여러 경영학 분야에서 SRI와 사회적책임활동(CSR활동)[7]의 경제적 성과 및 학문적 의의에 대해 다양한 연구들이 이루어져 왔다. 국내에서 SRI가 필수 자산운용 전략이 되어야 하는 배경은 크게 3가지이다[8].

첫째, 기업경영 패러다임의 변화이다. 기업가치 제고를 통한 지속가능경영을 위해 기업은 경영의 최우선 목표를 주주 가치 증대에서 기업 내·

---

[5] ESG는 UN 책임투자원칙(PRI)에서 투자의사결정 시 기업의 지속가능한 발전성을 판단하기 위해 환경(Environment), 사회(Social), 지배구조(Governance)를 기준으로 만든 투자지표이다.
[6] 출처 : 2018 Global Sustainable Investment Review, GSIA
[7] 기업의 사회적책임 활동이란 기업경영 시 경제적 성장뿐만 아니라 사회 및 환경적 가치를 반영하고 지배구조를 개선하여 기업가치를 극대화하는 경영행위로서 지속가능경영을 가능하게 한다
[8] 이경수,ESG 요인 자산운용 전략 제언 :기업특성을 고려한 ESG 포트폴리오 구성 전략별 위험조정 투자성과 실증분석.2020.

외부 이해 관계자 기대에 부응하는 것으로 전환하여야 하며, 이는 ESG 개선 활동으로 대표되는 CSR 활동을 적극적으로 수행할 경우 달성할 수 있다.

둘째, 소비자의 인식 변화이다. 전 세계 소비의 중심이자 구매력 1위인 밀레니얼 세대는 과거 세대와 달리 진정성, 진실성, 도덕성을 기업 상품의 구매기준으로 삼고 있다. 이러한 소비자의 인식 변화는 기업이 생존을 위해 진정성 있는 CSR 활동을 수행하도록 한다.

셋째, 연기금의 책임투자 강화이다. 2019년 11월 공표한 '국민연금기금 책임투자 활성화 방안'에서 책임투자 대상 자산군을 기금 전체 자산군으로 확대하고 책임투자 전략 수립 시 ESG 통합전략, 기업과 대화(Engagement), 네거티브 스크리닝 전략을 반영하고 국내 위탁운용사 선정 및 평가 시 책임투자 요소를 포함하기로 하였다(이경수,2020).

바. ESG가 기업에게 중요한 이유

1) 투자자의 ESG 요구가 증대되고 있다.

　가) 스튜어드십 코드(Stewardship Code) : 기관투자자가 의결권 행사 등으로 기업 경영에 관여함을 의미한다.

　나) 기관투자자의 투자 배제 사례 증가하고 있다
　　① 네델란드 연기금(APG)
　　② 노르웨이은행 투자운영회
　　③ 뱅가드(세계 3대 자산운용사)

2) 고객의 ESG 요구가 증대되고 있다

　(1) 글로벌기업의 ESG 공급망 관리 사례 : 테슬라, BASF, 구글, 애플, 마이크로소프트 등

(2) ESG 경영에 대한 국민인식조사(대한상의): 구매시 기업의 ESG 고려

3) 신용평가에 ESG 성과를 반영하고 있다.
글로벌 신용평가기관인 무디스, 피치, S&P Global 등의 경우, 환경오염, 탄소배출량, 안전보건, 내부통제, 리스크 관리 등으로 분류하여 해당하는 경우 신용 등급을 조정하고 있다.

4) ESG에 관하여 정부 규제가 강화되고 있다.
(1) 유럽의 경우, 본격적으로 기업의 비재무적 요소 공시 강화 추진,
(2) 국내기업의 지속가능경영보고서 공시 단계적 의무화
  ① 금감원과 금융위는 기업의 ESG 공시 강화 방안 발표 (2021.1.14.)
  ② 한국거래소 'ESG 정보공개 가이던스' 공개
  ③ ESG 책임투자 활성화를 위한 제도적 기반 조성

5) 의무적인 지배구조 정보 공시[9]
금융위원회는 코스피 상장법인 대상으로 다음과 같은 일정으로 지배구조 공시를 하도록 했다.

일정	대상기업
2017년3월 ~	코스피 상장법인 자율공시
2019년 ~	연결재무제표 기준자산총액 2조원 이상(대규모 법인)
2022년 ~	연결재무제표 기준자산총액 1조원 이상
2024년 ~	연결재무제표 기준자산총액 5,000억원 이상
2026년 ~	전체 코스피 상장법인

---
9) 유가증권시장 공시규정

6) 지속가능경영보고서 공시 의무화

한국거래소는 ESG 정보를 담은 지속가능경영보고서도 다음과 같은 일정으로 의무화하도록 하고 있다.

일정	대상기업
~ 2025년	자율공시
2025년 ~ 2030년	일정규모 이상(예: 자산 2조원 이상) 코스피 상장 법인
2030년 ~	전체 코스피 상장법인

사. ESG 개요와 정보 공개

1) ESG 전략 경영 개요

재무적, 비재무적 성과가 함께 고려되는 기업 경영 활동을 말한다.

기업가치의 뉴 패러다임	
재무적 관점의 경영전략	비재무적(ESG) 관점의 경영전략
재무 성과 창출 +	비재무 성과 창출
재무제표 공시	지속가능경영 보고서 공시(ESG 콘텐츠 강화)

ESG체계와 추진과제는 ESG 경영전략 추진과 ESG 정보 공개로 이루어진다.[10)]

ESG 경영체계는 다음과 같이 요약될 수 있다.

ESG 기반 전략 이행	①ESG Vision & Target(ESG 경영 내재화)	기업 가치 제고
	②Strategy	
	③Magement Infra	
	④Shakeholder Communication(이해관계자 신뢰 확보)	

---

10) 대한상공회의소 <중소·중견기업 CEO를 위한 알기 쉬운 ESG>에서 발췌한 것임

전략 과제는 다음과 같이 세가지로 나뉜다.

Environmental	Social	Governmence
·기후변화 및 탄소배출 ·환경오염,환경규제 ·생태계 및 생물다양성 ·자원 및 폐기물관리 ·에너지 효율 ·책임있는 구매,조달 등	·고객만족 ·데이터 보호,프라이버시 ·인권,성별평등 및 다양성 ·지역사회 관계 ·공급망 관리 ·근로자 안전 등	·이사회,감사위원회 설치 ·뇌물 및 반부패 ·로비 및 정치 기부 ·기업윤리 ·컴플라이언스 ·공정경쟁 등

ESG 주요 관리 이슈 및 기대 효과는 다음과 같다.

고객 신뢰와 성장 ->	리스크와 규제 대응 ->	운영 우수성
•고객신뢰강화(동반성장/ESG프로그램 참여), Loyalty 증대 •브랜드명성 관리(경영환경/소비자 인식변화에 맞는 경영의사결정) •투자자 신뢰(대출금리, ESG 자금조달 용이성) 증대 등 •품질개선(친환경,지속가능제품 시장 기회	•환경영향 저감 •노동, 인권 관리 개선 •제품 안전, 정보보호 •국내외 규제 및 사회적 요구 대응 등	•에너지 절감/폐기물 저감 •재고관리 최적화 •Recall 비용 감소 등

2) ESG 정보공개

1.주제 선정	•경영 기초자료 수집 및 검토, •국내외 ESG 동향 분석 •이해관계자 의견 수렴, •내·외부 중요성 평가를 통한 주요 주제 선정
2.보고, 기획	•이해관계자의 관심 사항, 기업의 사업 전략, 주요 보고 주제 등을 고려하여 적절한 보고서 구조 설계 •글로벌 표준/이니셔티브를 참고하여 ESG 이슈의 일반적인 분류 및 구성을 적용
3.내용 작성	•ESG 활동에 대한 단순 나열이 아닌, ESG 요소를 조직의 전략, 조직 구조, 운영 체계, 활동 및 성과목표와 연계하여 작성, •정보공개원칙에서 제시된 요건을 고려

4.내용 검증	•작성된 내용에 대한 검증을 통해 신뢰성 확보. •검증의 방법, 범위 및 검증기관 고려 •제3자를 통한 독립적인 검증과 공인된 검증 표준을 준용하여 객관성 확보
5.대외 공개	•홈페이지 및 전자공시시스템 등 다양한 채널을 활용하여 연 1회 이상 공개 •공개 시기는 ESG와 재무 정보를 연계하여 평가할 수 있도록 사업보고서 발간 시기와 지나치게 차이가 나지 않도록 주의

2. ESG 원칙, 표준, 가이드라인 및 평가기준

가. ESG 이니셔티브, 원칙, 표준, 가이드라인 및 평가 개요

ESG 관련 이니셔티브, 원칙, 표준, 가이드라인 및 평가기관, 평가기준은 전 세계적으로 매우 많다.

국내·외 600여개 평가지표가 운용되는 등 평가기관이 난립하고 있어 평가대상인 기업의 혼란이 가중되고 있고 평가기관 마다 세부 항목 및 내용이 다르다 보니 동일한 기업에 대한 상이한 평가가 발생하고 있으며 지표마다 다른 평가 결과가 기업의 ESG 경영 확산을 방해하는 장애물로 작용하고 있다[11]).

ESG를 추진하거나 평가를 할 때 관련 표준이나 평기기준을 정확히 파악하여야 한다

DJSI[12]), FTSE[13]) 등 평가기관별 정보 분석 등에서 서로 다른 방법론·기준을 적용함으로 동일한 대상이라고 할지라도 ESG 평가가 기관별로 상이하여 주의를 요한다.

나. 글로벌 ESG 이니셔티브 및 평가기관

1) AccountAbility[14])

가) 개요

AccountAbility의 AA1000 일련의 표준은 글로벌 기업, 민간 기업, 정부 및 기타 공공 및 민간 조직이 책임, 책임 및 지속 가능성에서 리더십과 성과를 입증하는 데 사용하는 원칙 기반 프레임워크이다.

AccountAbility(ISEA)의 AA1000 시리즈는 조직이 책임이 있고, 지속가

---

11) 산업통상자원부
12) Dow Jones Sustainablity Index
13) Financial Times Stock Exchange Group ESG ratings
14) https://www.accountability.org/licensing

능하도록 해주는 원칙-중심의 표준이다.

ISEA(Instituve for Social and Ethical Accountability)는 설명의무, 지속가능한 사업, 사회적 책임을 증진시키고자 1995년 설립되었다. AA1000APS(설명의무원칙 표준), AA1000AS(검증 표준), AA1000SES(이해관계자참여 표준)의 3개 표준이 있다.

이는 요구사항이 아닌 원칙이기 때문에 자사만의 비전에 연계된 중요한 사안에만 초점을 맞출 수 았다. 비재무적인 리스크와 법규 준수의 관리, 기회 파악과 이를 실행할 수 있는 틀로 활용할 수 있다. 기업 뿐만 아니라 공공기관, 시민단체 등 모든 조직(산업체, 정부, 소비자, 노동계, 비정부기구 등)에 적용가능하다.

나) AA1000 계정 원칙/AA1000AP, 2018

AA1000AP(2018)는 장기적인 성과를 개선하기 위해 지속가능성 과제를 식별, 우선순위 지정 및 대응하는 과정을 통해 조직을 안내하는 국제적으로 인정되는 원칙 기반 프레임워크이다.

다) AA1000 이해 관계자 참여 표준/AA1000SES, 2015

AA1000 이해 관계자 참여 표준(AA1000SES)은 글로벌 이해 관계자 참여 표준으로, 이해 관계자 참여에 대한 통합된 접근 방식을 평가, 설계 및 구현하고 이해관계자 및 대중과 공정하고 정확하게 의사 소통을 하기 위한 노력을 지원한다.

라) AA1000 보증 표준/AA1000AS v3

AA1000 Assurance 표준(AA1000AS v3)은 지속가능성 관련 보증 계약을 위해 전 세계 지속 가능성 전문가가 사용하는 선도적인 방법론으

로, 조직이 책임 가능성 원칙을 준수하는 특성과 정도를 평가한다

2) Bloomberg ESG Score

에너지 & 배출, 폐기물, 여성 임원, 이사회 독립성, 임직원 사고, ESG 정보의 투명성 등을 기준으로 평가한다. 120 indicators가 있다. 정보 누락은 감점 적용한다. 평점은 0 ~ 100 이다. 지표수는 700가지이며, 신뢰성 확보 방안으로 데이터 산출 근거 확인 절차(2016), 데이터 Quality -Control 강화(2019)하였다

3) BSR(B.E.S.T Sustainability Rrporting Guideline)가이드라인

지속경제부의 후원으로 다자간 포럼인 윤경포럼(B.E.S.T Forum)과 산업정책연구원(IPS)이 개발한 지속경영보고 가이드라인이다.
경제, 사회, 지배구조, 리스크관리, 종업원, 협력업체, 소비자, 지역사회, 환경을 성과지표로 제시하고 있다. 난이도에 따라 단계별(5단계)로 나뉘어져 있어 각각 수준에 맞는 보고서를 발간할 수 있다.
BSR(Business for Social Responsibility)은 인권경영과 지속가능성 등을 컨설팅하는 비영리기관으로 미국, 유럽, 아시아에 지사를 두고 있다. 세계에서 손꼽히는 인권 경영 전문기관으로 인정받고 있다. 사업장 및 공급망 인권 실사, 전사적 인권정책 수립, 글로벌 인권 경영 프랙티스 분석, 임직원 인권 교육 등을 한다. 현재 구글, 나이키, 다농, 마이크로소프트(MS), 페이스북, BNP파리바 등 글로벌 기업 300여곳이 BSR로부터 자문을 받고 있다.

4) CDP(Carbon Disclosure Project: 탄소정보공개 프로젝트)[15]

---

15) URL: https://www.msci.com/our-solutions/esg-investing/esg-ratings

탄소 공개 프로젝트(CDP)는 전 세계 주요 상장 기업(상위 500대 FT500 글로벌 인덱스 기업)의 이산화탄소(CO2) 또는 온실가스(green house gases) 배출 정보와 쟁점에 관하여 장·단기적인 관점의 경영 전략을 요구·수집하여 연구·분석·평가하는 범 세계적 비영리 기구이다. 기업 환경 영향 공개를 지원하는 글로벌 비영리기관 CDP(Carbon Disclosure Project)에서 투자자, 기업, 도시 및 지역의 온실가스 배출 등 환경 데이터 보고 및 리스크 관리를 표준으로 만들어 관리하고 개선 의견을 제공한다. 본사는 영국에 위치하고 있으며, 2000년 35개 유럽 권역 투자가들의 후원으로 출범했다. 우리나라는 탄소 공개 프로젝트(CDP) 한국위원회에서 시가 총액 상위 200대 기업의 온실가스 배출량과 기후변화에 대한 환경 전략 및 탄소 경영 전략을 조사하고 있으며, 투자자들의 신뢰도를 증진하기 위하여 2017년부터 CDP 보고서에 대한 검증 제도를 도입하였다.

탄소공개 프로젝트가 지향하는 모든 행동 양식은 지속가능경영(corporate sustainability management, CSM) 방식이다. 환경 관련 (기후변화)온실가스 배출량 등, (산림)산림훼손 원자재, 원자재 의존도, (물)수자원 사업상 중요도 등을 평가한다. 지표수는 2750가지이며, 신뢰성 확보 방안으로 데이터 검증시 가점을 부여하였다(2013)

5) DJSI(다우존스 지속가능경영지수)[16]

1995년 설립된 평가기관으로, 다우존스 지속가능경영지수(DJSI) 글로벌 금융정보사 S&P Dow Jones(미국)와 지속가능경영 평가기관 RobecoSAM(스위스)이 개발한 평가지표로 1999년부터 전세계 2,500개 시가총액 상위 기업을 대상으로 지속가능성 평가를 시행하고 있다. 평

---

[16] URL: https://www.spglobal.com/esg/csa/

가 항목은 경제적 측면(지배구조, 리스크관리, 윤리강령), 환경적 측면(환경보고서), 사회적 측면(인적자원개발, 인적자원 보유, 노동지표, 기업시민 의식, 사회보고서)로 이루어져 있다. 국내는 2009년부터 한국생산성본부(KPC)와 S&P가 함께 국내 시가 총액 상위 200대 기업을 대상으로 DJSI Korea를 개발하였다.

책임투자 활성화를 위해 기업 ESG 설문 제출 평가방식을 통해 자본시장에 필요한 정보 제공(2,500개 대상으로 산업별 최고 기업 선정 발표)한다. 지표수는 120가지이며, 신뢰성 확보 방안은 ESG 데이터 대외공시 강화(2018), 평가항목별 평가점 제공(2020)이다

6) Drive Sustainability

BMW, Volvo, Daimler, Toyota 등 완성차 산업의 조달/생산/유통 단계에 잠재된 환경, 사회 이슈 해결을 목적으로 하고 있으며, 완성차가 운행하는 과정에서 발생하는 환경, 사회 문제에 공동으로 하고 있다.

7) EcoVadis[17]

EcoVadis는 글로벌 클라우드 기반 SaaS 플랫폼을 통해 ESG 평가 서비스를 제공하는 기관으로 주로 다국적 기업들이 거래업체의 평가를 의뢰하고, 거래업체의 퍼포먼스를 관리하며, 지속적인 개선을 추진하는 목적으로 활용하고 있다.

2007년 서비스 시작 이후로 전 세계적으로 150개국, 75,000개 이상의 협력사 평가를 수행하는 수준으로 성장하였다. 글로벌 공급 업체의 사회적 책임(CSR) 지수를 평가하는 협업 플랫폼 (On Line 평가 프로그램)이다. 평가항목: 일반(3개 문항), 환경(14개 문항), 노동 및 인권(9개 문항),

---

17) URL: https://support.ecovadis.com/hc/ko

윤리 (공정한 비즈니스 관행) (7개 문항), 지속가능 조달 (6개 문항)이며, 평가방법은 증거 (제출 문서) 기반으로 하며, 평가대상은 정책 (Policy), 조치 (Action), 결과 (KPI)로 평가결과는 Scorecard (0 ~ 100 점)이며, 평가등급 메달은 bronze, silver, gold와 Platinum 4종이다.그러나 총점수 45점 미만 이거나 분야별 과락일 경우 No Medal이다.

8) Equator Principles(적도원칙:赤道原則)

프로젝트 파이낸싱에 있어서의 원칙으로, 대형 개발사업이 환경파괴 또는 인권침해의 문제가 있을 경우 대출을 하지 않겠다는 금융회사들의 자발적 행동협약이다.

2003년 6월 국제금융공사(IFC)와 세계 10개 금융회사(미국의 시티그룹, 네덜란드의 ABN 암로은행, 영국의 스코틀랜드왕립은행, 독일 HVB그룹 등) 대표가 미국 워싱턴에 모여 발표한 프로젝트 파이낸싱(PF; 대규모 자본이 필요한 석유개발·탄광채굴, 조선소·발전소 건설, 사회간접자본 건설 등에 금융회사가 자금을 지원하는 금융기법으로, 사업주의 신용이나 물적 담보가 아니라 사업 자체의 수익성을 담보로 장기간 대출해준다)에 있어서의 원칙이다. 대규모 개발프로젝트가 환경파괴를 일으키거나 지역주민 또는 사회적 약자들의 인권을 침해할 경우 자금 지원을 하지 않겠다는 금융회사들의 자발적 행동협약이다. 적도원칙 서문에는 '우리의 환경조항이나 사회정책에 호응하지 않는 사업주에게는 대출할 수 없다'라는 문구가 명시되어 있다. 적도원칙에 동참하는 금융회사들에게 대출을 받으려면 엄격한 조건의 대출심사를 통과해야 한다.

9) Fitch Ratings

Fitch는 2019년 1월, ESG 통합점수 시스템을 발표하였으며, 전 세계

1,500개사를 대상으로 실시한 ESG 자체 평가결과를 공개(ESG Relevance Scores for Corporates Report, 2019)하였다.

10) FTSE4 Good Index[18]

영국의 주가 지수 및 데이터 서비스 제공업체인 FTSE 그룹이 개발한 윤리적 투자 주식 시장 지수로 환경 보호, 인권 보장, 협력업체 노동 규범 준수, 반부패 수준, 기후변화 대응 등 5가지 항목을 평가한다. 기업의 공시 자료를 기반으로 ESG 성과를 평가하는 기관으로 자체 평가결과와 기업의 설명자료를 수렴하여 최종 평가 결과를 시장에 제공한다. FTSE는 Financial Times Stock Exchange의 준말로 FTSE 인터내셔널 리미티드(FTSE International Limited)는 영국의 주가 지수 및 관련 데이터 서비스 제공자이다.

11) GHG Protocol

GHG 프로토콜은 1990년대 후반 WRI와 WBCSD가 기업 GHG 회계 및 보고에 대한 국제 표준의 필요성을 인식하면서 생겨났다. 1998년 WRI는 BP, 제너럴 모터스 등 대기업 파트너들과 함께 '안전한 기후, 건전한 비즈니스'라는 보고서를 발간했다. 그것은 온실가스 배출에 대한 표준화된 측정의 필요성을 포함하는 기후변화를 다루기 위한 실천 의제를 식별하였다.

2001년에 발행된 기업 표준의 초판은 기업이 전기 및 기타 에너지 구매로 인한 배출량을 측정할 수 있는 방법을 명확히 하고 가치사슬 전체에서 배출된 배출물을 설명하는 추가 지침으로 업데이트되었다. GHG 프로토콜은 또한 기업의 온실가스 배출량 계산을 돕고 기후 변화 완화 프

---

[18] URL: https://www.ftserussell.com/products/indices/ftse4good

로젝트의 편익을 측정하기 위한 계산 도구 세트를 개발했다.

12) GRI 가이드라인[19]

GRI(Global Reporting Initiative)는 1997년 유엔환경계획(UNEP)과 미국 환경단체인 CERES가 중심이 되어 설립한 국제기구이다. 지속가능보고서에 대한 가이드라인을 제정하는 국제기구 Global Reporting Initiative(GRI)에서 제공하는 경제, 사회, 환경 측면에서의 가이드라인을 2000년 최초 제정하여 제공하고 있다.

GRI G3.1(Update)는 모든 조직(기업,정부,노동계,시민단체 등)이 사용할 수 있게 작성된 기업이 경제, 환경, 사회에 미치는 영향을 보고하는 지속가능 보고서 지침이다. 제시하고 있는 성과지표들은 환경(30), 노동여건 및 관행(14), 사회(10), 인권(11), 제조물책임(9) 및 경제(9)이다

13) GSIA(Global Sustainable Investment Alliance: 글로벌 지속가능 투자연합)[20]

유럽 등의 지속가능투자연합 투자가들이 2014년 설립한 조직이다. 제시한 투자방법론은 네거티브/포지티브 스크리닝, 규범 기반, ESG통합, 지속가능 테마 투자, 임팩트/지역사회 투자, 기업 관여 활동 및 주주행동이다. 2012년부터 2년 마다 글로벌 지속가능투자 규모를 발표하고 있는 GSIR을 발간하고 있다.

14) IFC(국제금융공사)

개발도상국 및 저개발국 민간기업 투자 유엔 산하 금융기관으로 ESG

---

19) URL: https://www.globalreporting.org/
20) www.gsi-alliance.org/

용어를 처음 사용하였다.

국제금융공사(International Finance Corporation(IFC))는 세계은행 그룹(World Bank Group)을 형성하고 있는 금융기관으로서 개발도상국의 민간부문 투자를 전문적으로 다루는 세계 최대의 개발 금융기관이다.

IFC의 투자요건(기본요건) 6가지 중 하나는 환경적/사회적 문제가 없는 기업이며 이는 해당 국가의 환경적 사회적 규정에 부합하는 사업 또는 IFC의 국제기준에 부합하는 사업을 투자대상으로 한다는 뜻이다.

IFC 환경/사회 요건 (Environmental & Social, "E&S" Review)
- IFC의 자체 규정 (E&S Performance Standards, 2012 edition)을 만족.
- IFC 규정 뿐만 아닌, 현지 사업대상국의 국가에서 별도로 정하는 사항 준수.
- IFC 규정과 현지국가 규정이 다른 경우, 둘 중 더 높은 Guideline 준수 요구.

15) IIRC(국제통합보고위원회)

IIRC는 기업의 재무 성과와 일자리 창출, 윤리경영, 환경경영 등 사회적 책임 관련 정보를 통합해 공개하기 위한 기준을 제정하는 국제기관이다.

최근에 세계적으로 재무적 정보와 비재무적 정보를 함께 다루는 통합보고(IR·Ingtegrated Reporting)에 대한 관심이 높아지고 있다. 통합보고 이니셔티브를 확장하고 있는 단체는 영국 국제통합보고위원회(IIRC)다. 비영리기관이고, 회계 및 지속가능경영 관련 표준 기관, 다국적기업들과 다자간 협력체계를 구축하고 있다. IIRC는 8년 전 기업의 정보공개 시스템을 바꾸고 통합보고를 새로운 세계 기준으로 만들기 위해 출범했다.

IR(International Reporting)Frmework는 국제통합보고위원회(IIRC)의

재무/비재무 정보 통합 공시(IR Framework)에 따른 외부 환경, Business Model, 전략, Resource Allocation 등)를 지향한다. 지난 2010년 발족한 뒤 국제회계기준협회(IFRS), 국제회계사연맹(IFAC), 각국 연기금 및 투자기관, 기업 등 다양한 단체와 협력체계를 구축해 기업 정보공개 제도를 개선했다.

IIRC는 바스프, 네슬레, 다농 등 83개 글로벌 기업이 통합보고 도입과 사례 공유를 위한 네트워크를 운영하고 있으며, 연기금, 은행 및 투자운용사 등 35개 기관이 유엔사회책임투자원칙(UN PRI)과 협력하여 통합보고 채택 및 적용 방안에 대한 별도 논의를 진행하고 있다

16) IR(International Reporting)Frmework

국제통합보고위원회(IIRC)는 재무/비재무 정보 통합 공시(IR Framework)에 따른 외부 환경, Business Model, 전략, Resource Allocation 등을 다룬다.

17) ISO 26000

국제표준화기구(ISO)에서 기업이 사회적 책임을 이행하고 커뮤니케이션을 제고하는 방법에 대한 지침을 제공하였다. 핵심 주제 및 평가항목은 지배구조(2), 인권(8), 노동관행(5), 환경(4), 공정거래(5), 소비자이슈(7), 공동체 참여 및 개발(8) 이다

18) ISS

ISS(Institutional Shareholder Services)는 세계 최대의 의결권 자문사로, 기업의 주주총회 안건을 분석해 대형 기관 투자가에게 의견을 제시하는 역할을 한다. 글로벌 기관 투자가들이 해외 사정을 보다 자세히

파악하기 위하여 이 보고서를 활용하고 있다.

ESG 평가지수는 Quality Score라고 하며 이사회, 보수, 주주권리, 감사 및 리스크관리 4개 영역에 230개 항목을 평가하여 1~100 사이의 평점을 준다..

19) Morganstanley

모건스탠리는 미국에 본사를 둔 투자은행으로 20세기 이후 미국 금융계에서 가장 큰 영향력을 행사하고 있는 모건 가문의 금융기관 가운데 하나다. 전 세계 42개국에 진출해 있다. 조직은 기관증권, 자산관리, 투자관리 3개 사업 부문으로 운영되며, 사업 분야는 주식 트레이딩, 채권, 통화, 원자재, 자산/투자관리, 헤지펀드에 금융 서비스를 제공하는 '프라임 브로커리지(Prime brokerage)'이다. MSCI ESG Ratings의 평점 부여는 AAA - CCC 사이엣 이루어 진다

37개 ESG issues를 평가하는데 (E)탄소배출, 전자 폐기물, 친환경 기술기회 등, (S)인적자원 개발 등, (G)이사회,급여,소유권 통계 등이다.

20) MSCI ESG Ratings[21]

주식 포트폴리오 분석 도구를 제공하는 글로벌 주가지수 산출기관 MSCI에서 투자자 활용을 위해 제공하는 ESG 평가 방법론으로 ESG 공시자료 및 관련 리스크를 바탕으로 우수(Leader), 평균(Average), 미흡(Laggard) 수준 모델을 적용하여 평가한다.

기업 환경 영향 공개를 지원하는 글로벌 비영리기관 CDP(Carbon Disclosure Project)에서 투자자, 기업, 도시 및 지역의 온실가스 배출 등 환경 데이터 보고 및 리스크 관리를 표준으로 만들어 관리하고 개선

---

21) URL: https://www.msci.com/our-solutions/esg-investing/esg-ratings

의견을 제공한다.

산업별 ESG 평가기준에 따라 외부에 공시된 ESG Data를 기반으로 평가, 평가 결과 및 평가대상의 이슈 종합하여 MSCI 편입 기업 선정 및 평가지표 차등 적용한다.

지표수는 1,000가지이며, 신뢰성 확보 방안으로 Post-Feedback 시스템 오픈(2020), 기업별 등급/백분위 공시(2020)를 하였다.

1909년 존 무디(John Moody)에 의해 설립되었다. 뉴욕 증권거래소 상장기업이다. 무디스어낼리틱스와 무디스인베스터스서비스의 지주회사이다. 무디스인베스터스서비스는 스탠더드앤푸어스, 피치레이팅스와 함께 세계 3대 신용평가회사에 속한다.

< 각 분야별 세부 항목 >

환 경(E)	제도적 구조	탄소 전환, 기후 변화, 수자원 관리, 폐기물 및 공해, 자연 자본 (토지, 숲, 생태 다양성 등
사 회(S)	정책 신뢰성 및 효과성	인구, 노동 및 소득, 교육, 주거, 보건 및 안전, 기본 서비스 접근성
지배구조(G)	투명성 및 정보공개	제도적 구조

21) OECD 다국적기업 가이드라인[22]

OECD는 다국적기업이 경제·사회·환경적 측면에서 긍정적 영향력을 높이고, 부정적 영향을 최소화하도록 돕기 위하여 모범적인 행동 규범인 'OECD 다국적기업 가이드라인을 제정하였다. '가이드라인'은 수락국 공동의 명의로 다국적기업에게 사회적 책임을 부여하는 국제규범이다. '가이드라인'은 법적 구속력이 없으나, 각자 연락사무소(NCP: National Contact Point)[23]를 통해 홍보 및 '가이드라인' 이행력을 확보하고 있

---
22) 산업통상자원부 홈페이지

다.

가이드라인은 1)개념 및 원칙, 2)일반정책, 3)정보공개, 4)인권, 5)고용 및 노사관계, 6)환경, 7)뇌물공여, 뇌물청탁 및 강요 방지, 8)소비자 보호, 9)과학 및 기술, 10)경쟁, 11)조세의 모두11개 장에서 광범위한 기업 윤리 분야를 포괄하고 있다.

22) PDC(포트폴리오 탈탄소화 연합)

참여 투자자들은 탄소발자국을 몬트리올 탄소 서약서를 통해 측정, 공개해야 한다.

피루브산 탈탄산효소(pyruvate decarboxylase) 또는 피루브산 탈카복실화효소 또는 피루브산 디카복실레이스는 에탄올 발효에서 알코올 탈수소효소와 함께 사용되는 효소이다. 이 효소는 해당 과정에서 나온 3탄소 화합물인 피루브산에서 카복시기를 이산화 탄소(CO_2)의 형태로 제거하여 2탄소 화합물인 아세트알데하이드(acetaldehyde)를 생성한다.

젖산 탈수소효소(-酸脫水素酵素,lactate dehydrogenase 또는 LDH)는 젖산 발효(lactic acid fermentation)에서 탄소 3개인 피루브산 1분자를 역시 탄소 3개인 젖산 1분자로 바꾸면서 NADH를 NAD+ 1분자로 바꾸는 효소이다. 이렇게 NAD+를 재생해서 해당과정에 2 NAD+를 기질로 투입하여 해당과정에서 1 포도당(탄소 6개)에서 2 ATP를 생산하게 한다.

이 효소의 이름이 젖산 탈수소효소인 이유는 젖산에서 수소를 떼어 NAD+에 붙여주는 역반응도 가능하기 때문이다. 젖산 탈수소효소는 알코올 발효의 알코올 탈수소효소와 같은 작용을 하는 효소이다.

---

23) 한국 NCP : www.ncp.or.kr

23) Responsible Business Alliance

Apple, HP, Dell 등 전자제품 산업의 가치사슬(생산~소비)에서 발생하는 이슈를 해결하기 위한 이니셔티브로 등장하였으며, 최근 이니셔티브 가입 대상을 자동차, 항공, ICT 등의 산업으로 확장하고 있다

24) RE100

RE100이란, Renewable Energy 100%를 의미하는 것으로, 기업 등 전기 소비 주체가 필요한 전력량의 100%를 친환경 재생에너지원을 사용하여 조달하겠다고 선언함으로써, 태양광·풍력 등 재생에너지의 수요와 공급 확대를 위해 자발적으로 협력하는 글로벌 이니셔티브이다.

한국형 RE100(K-RE100)은 전기소비자가 재생에너지 전기를 선택적으로 구매해 사용할 수 있게 하는 제도로, 기업은 재생에너지로 생산한 전력을 조달하기 위하여 녹색 프리미엄, REC 거래 등의 K-RE100 이행수단을 활용할 수 있다.

25) Renewable Energy 100, Science Based Targets

재생에너지 사용 확대를 요구하고 있으며, 온실가스 감축 목표 설정, 배출량 관리 방법론을 개발 및 확산하는데 집중하고 있다.

26) RepRisk[24]

RepRisk는 ESG 데이터 평가기관(ESG Ratings)이다.

RepRisk는 민간 기업(170,000+)과 신흥 및 개척 시장을 체계적으로 다루는 유일한 ESG 데이터 제공업체이다. 2006년부터 UBS(스위스 바젤과 취리히에 본사를 둔 글로벌 금융기업)의 신뢰할 수 있는 비즈니스 인텔

---

[24] www.reprisk.com/news-research

리전스 파트너인 RepRisk는 RepRisk 데이터를 기존 규정 준수 및 위험 프로세스에 통합하는 것은 UBS의 환경 및 사회적 위험 표준을 체계적으로 구현하는 핵심 요소이며 실사 프로세스가 글로벌 수준에서 포괄적이고 표준화되도록 하고 있다.

27) SASB(지속가능성 회계기준위원회) Standards/금융위원회

o (국제회계기준(IFRS)재단) 국제재무보고기준을 제정하는 비영리조직으로 회계기준을 제정하는 국제회계기준위원회(IASB), 지속가능성 공시기준을 제정하는 국제지속가능성기준위원회(ISSB) 등으로 구성되어 있다.

o (IFRS 지속가능성 공시) 기업가치에 단기, 중기, 장기적인 영향을 미치는 기후, 환경 등 지속가능성 관련 사안들에 대한 정보를 공시한다.

< SASB 지속가능성 사안 유니버스(Universe) >

환경	온실가스 배출, 대기질, 에너지 관리, 연료 관리, 물 및 폐수 관리, 폐기물 및 유해물질 관리, 생물다양성영향
사회적 자본	인권 및 지역사회관계, 접근성 및 적정가격, 고객 편익, 데이터 보안 및 고객 프라이버시, 공정한 공개및 라벨링, 공정한 마케팅및 광고
인적자본	노사관계, 공정 노사관행, 다양성 및 포용성, 직원 건강, 안전, 복지, 보상 및 복리후생, 직원 채용, 계발, 유지
리더십 지배구조	체계적 위험 관리, 사고 및 안전성 관리, 사업윤리 및 지급 투명성, 경쟁적 행위, 규제 포획 및 정치적 영향력, 자재 조달, 공급망 관리
사업 모형 및 혁신	재화와 용역의 수명주기에 걸친 영향, 자산 및 영업에 미치는 환경적·사회적 영향, 제품 포장, 제품 품질 및 안전성

(참고) SASB 기준[25] 개요

① 제정주체 : Value Reporting Foundation(가치보고 재단)

---

[25] 금융위원회/기업들이 지속가능성 공시 표준화에 대비할 수 있도록, SASB 기준 국문번역을 공개한다.

② 발표년도 : 2018년
③ 기준서 구성 : 개념체계 및 적용 지침과 총 77개 산업별 기준으로 구성
④ 공시 내용 : 재무 정보에는 포함되지 않으나, 기업가치(주가)에 영향을 미치는 정보
⑤ 특징 : E(환경), S(사회), G(지배구조)를 포괄적으로 다루는 동시에, 산업별로 공시기준 제공

< 공개대상 10개의 산업 기준별 주요 공시 주제 >

① 가정 및 개인용품 : 물 관리, 제품 환경·보건·안전 성과, 포장재 수명주기 관리 등
② 산업용기계 : 에너지 관리, 작업자 보건 및 안전, 연비 및 사용단계 배출량 등
③ 상업은행 : 데이터 보안, 금융포용 및 역량구축, 시스템적 위험관리 등
④ 전력발전 : 온실가스 배출 및 에너지 자원 계획, 대기질, 물관리 등
⑤ 주택건설 : 토지이용 및 생태학적 영향, 작업자 보건 및 안전 등
⑥ 철강제조 : 온실가스 배출량, 대기 배출량, 에너지 관리, 물 관리, 폐기물 관리 등
⑦ 전기및 전자장비 : 에너지관리, 유해폐기물 관리, 제품안전, 제품수명주기 관리 등
⑧ 투자은행 및 중개 : 기업윤리, 전문가적 진실성, 종업원 인센티브 및 위험 감수 등
⑨ 하드웨어 : 제품 보안, 종업원 다양성 및 포용, 제품수명주기 관리 등
⑩ 화학 : 온실가스 배출량, 에너지 관리, 물 관리, 유해 폐기물 관리 등

금융위원회에서 SASB 기준 국문 번역을 공개하였다.

28) 서스틴베스트(Sustainvest)[26]

ESG 경영 전략 통합, 펀드 운용 전략, 수탁자 책임 활동 등을 위한 종합 리서치 및 자문 서비스 제공업체 서스틴베스트에서는 국내 기업의 ESG 리스크 관리 수준을 등급으로 평가하며 공개한다.

E,S,G 각 영역에 대해 Category, KPI, Data Point순의 단계별 하부 체계로 구분한다

ESG Value™ 모델	
ESGValue™ 모델은 상장사 ESG 평가 체계 및 로직을 포함한, ESG 리서치 워크플로우 및 데이터 시스템을 통칭	
데이터 커버리지	데이터 수집 자동화
연 1,000개 이상 상장사에 대한 기업 보고서, 공시, 뉴스, 공공 부문 데이터를 커버함	대규모 데이터 수집 과정에 대한 알고리즘화 수준을 지속적으로 높여 휴먼 에러를 최소화함
밸류 체인 중심 접근	데이터 웨어하우징
밸류 체인 기반 평가 지표 구성으로, 산업별 가치 창출 부문 마다의 ESG 성과를 측정함	데이터 웨어하우징을 통해 ESG 빅데이터 분석 환경으로 직접 데이터 파이프라인 제공이 가능함
국내외 특성 균형	사용자 경험(UX) 중심
지표 선정 및 산업별 중요도 조정에서부터 글로벌 기준과 국내적 특수성이 균형있게 반영됨	데이터 분석으로부터 산출된 컨텐츠를 사용자 친화적인 인터페이스를 통해 제공함

ESG 평가지표

Total ESG Analytics & Advisory

환경 E	사회 S	지배구조 G
혁신활동, 생산공정, 공급망관리, 고객관리	인적자원관리, 공급망관리, 고객관리, 사회공헌 및 지역사회	주주의 권리, 정보의 투명성, 이사회의 구성과 활동, 이사의 보수, 관계사 위험, 지속가능경영 인프라

---

[26] URL: https://sustinvest.com/

29) Sustainanalytics[27]

Sustainalytics는 ESG Ratings는 0-100으로 평점한다.
- 70개 indicators,
- 3 dimensions: preparedness, disclosure, performance

30) TCFD Recomendations

TCFD(Task Force on Climate-related Financial Disclosures :기후변화 관련 재무정보 공개 태스크 포스)는 2015년 주요 20개국의 요청에 의해 국제결제은행(BIS)/금융안정위원회(FSB)에서 설립한 국제 협의체다. TCFD는 기업이 기후변화와 관련해 직면한 리스크 및 기회 요소를 파악하고 이를 리스크 관리체계와 전략에 반영한 후, 예상되는 재무적 영향을 수치화해 외부에 공개하도록 권고하고 있다.

기후변화 관련 지배구조, 전략, 리스크 관리, 위험과 기회를 평가하는 지표와 목표 등

< TCFD에서 권장하는 정보 공개 영역 >

지배구조	기후변화와 관련된 위험과 기회에 대한 이사회의 관리 감독 역할, 기후변화 위험과 기회를 평가/관리하는 경영진의 역할.
전략	조직이 파악하고 있는 중장기적 기후변화 위험과 기회, 조직의 사업 전략과 재무 계획에 미치는 영향, 2도 이하의 기후변화 시나리오를 포함한 조직 전략의 회복 탄력성
위험관리	기후변화와 관련된 위험을 식별/평가/관리하기 위한 조직의 프로세스, 프로세스가 조직의 전체 위험 관리에 통합
지표와 감축 목표	기후변화 위험과 기회를 평가하기 위한 지표 공개, Scope 1·2·3 온실가스 배출량 및 관련 위험, 기후변화의 위험, 기회, 그리고 목표 대비 성과를 관리하는 조직

---

[27] www.sustainanalytics.com

기후변화와 관련된 위험기회 및 재무적 영향

전환위험	물리적 위험	기회
정책 및 법률,기술,시장,평판	급성,만성	자원 효율성, 에너지원, 제품·
전략적 계획 위험관리		
재무적 영향		
손익	손익계산서	현금흐름표	재무상태표	자산·부채
비용				자본·자본 조달

31) Thomson Reuters[28]

글로벌 투자정보 기관인 톰슨 로이터에서는 기존 금융 정보 외에 ESG 정보를 제공하며 투자자의 ESG 결정을 더욱 원활히 하기 위해 ESG 데이터 프로세스를 갖추고 자체 스코어(ESG Scores) 시스템을 운영하고 있다. 톰슨 로이터 금융 리스크 관리 파트가 분사해 만들어진 플랫폼 회사 레피니티브(Refinitiv)는 전세계 150 여개 국가, 4만 여개 기관에 시장 정보를 공급하며 ESG 데이터 서비스 및 컨설팅을 제공한다. Thomson Reuters금융, 법률, 세무회계, 지적재산, 과학, 미디어 등에 관한 전문지식 정보를 제공하는 캐나다의 다국적 미디어 그룹이다.

ESG Score와 ESG Controversy Score로 구성되어 있으며 2주 마다 업데이트되고, 10개 카테고리로 되어 있고 이슈가 많을수록 가중치를 부여한다.

32) Truvaluelabs[29]

AI 기반 팩트셋 회사인 트루밸랩스가 다루는 기업의 환경, 사회 및 거버넌스(ESG) 문제에 대한 글로벌 전염병의 영향뿐만 아니라 새로운 코

---
28) URL: https://solutions.refinitiv.com/esg-data/
29) www.truvaluelabs.com

로나바이러스에 대한 논의에 대한 높은 수준의 동향과 메타데이터를 제시한다.

팩트셋 회사인 Truvalue Labs는 AI를 적용하여 뉴스, 무역 저널, NGO 및 업계 보고서를 포함한 비정형 텍스트 소스에서 발견되는 환경, 사회 및 거버넌스(ESG) 데이터를 정량화하여 투자 전문가에게 투명하고 일관된 ESG 데이터를 제공한다. FactSet은 전 세계 투자 전문가를 위한 데이터 및 기술 솔루션을 만들어 투자자가 중요한 결정을 내리는 데 사용하는 금융 데이터 및 분석에 즉시 액세스할 수 있도록 한다.

33) UNEP FI(유엔환경계획 금융 이니셔티브)

유엔 환경 계획 금융 이니셔티브(United Nations Environment Programme Finance Initiative, 이하 UNEP FI)는 유엔환경계획(UNEP)과 금융부문 간의 공공-민간 파트너십이다. 전 세계 대표적인 은행, 투자펀드사, 보험사 등 200여 금융기관들이 회원으로 등록되어 있다.

UNEP FI는 금융기관의 전반적인 경영활동이 지속가능성을 바탕으로 이루어지는 것을 목표로 한다. UNEP FI는 리서치와 가이드라인을 통하여 금융기관에게 지속가능금융에 관한 가장 최신 동향과 정보를 제공하고 공유한다. 또 UNEP FI는 2006년 책임투자원칙(Principles for Responsible Investment, 약칭 PRI)을 작성하여 현재까지 900개 이상의 서명기관이 참여하게 하였다.
o 금융권 재무적 요소, 비재무적 요소 고려를 고려한 경영과 투자, 리스크관리 및 정보공개 추구,
o 3개 분야 19개 항목

34) UN Global Compact

유엔글로벌콤팩트는 기업이 유엔글로벌콤팩트의 핵심 가치인 인권, 노동, 환경, 반부패 분야의 10대 원칙을 기업의 운영과 경영전략에 내재화 시켜 지속가능성과 기업시민 의식 향상에 동참할 수 있도록 권장하고, 이를 위한 실질적 방안을 제시하는 세계 최대의 자발적 기업시민 이니셔티브이다.

UN글로벌 콤팩트는 2000년부터 가동된 기업의 사회적 책임 강화와 관련한 UN의 정책 플랫폼이자 운영기구이다. COP는 글로벌콤팩트의 10대 원칙을 어떻게 이행하는가를 알리기 위한 목적으로 작성하는 보고서로 현재 UN글로벌 콤팩트에서 운영 및 지원하고 있다. 조직의 운영에 있어 최소한의 기초적인 책임을 강조하고 있으며, 조직이 준수해야 할 인권, 노동, 환경, 반부패 분야의 10대 원칙 즉, 인권(2개), 노동(4개), 환경(3, 반부패(1개) 4가지 틀 내에서 10대 원칙을 정하였다.

유엔 글로벌콤팩트 이행보고서(COP:Communication on Progress, 성과이행보고서)[30]는 영리 회원의 유엔 글로벌콤팩트 10대 원칙 이행을 위한 노력을 이해관계자들에게 매년 공개하는 보고서이다. COP는 이해관계자와의 소통이나 우수 사례 공유를 위한 효과적인 도구가 될 수 있다.

최소 요건은 다음과 같다

1. 계속적인 지지 선언: COP는 유엔글로벌콤팩트에 대한 계속적인 지지를 표명하는 CEO의 선언문을 포함해야 한다.
2. 실질적인 활동의 서술: 유엔 글로벌 콤팩트 원칙을 이행하고, 포괄적인 개발 목표를 지지하기 위해 기업이 행한 실질적인 활동의 서술이 있

---

[30] 비영리회원은 UN Global Compact Communication of Engagement(COE)

인권 (Human Rights)	원칙 1: 기업은 국제적으로 선포된 인권의 보호를 지지하고 존중한다.
	원칙 2: 기업은 인권 학대에 공모하지 않을 것을 확신해야 한다.
노동규칙 (Labour Standards)	원칙 3: 기업은 단체교섭에 있어서 조합의 자유와 권리의 효과적인 인식을 지지해야 한다.
	원칙 4: 기업은 모든 형태의 강요되거나 강제된 노동을 배제해야 한다.
	원칙 5: 기업은 아동 노동을 효과적으로 폐지해야 한다.
	원칙 6: 기업은 고용 및 업무에서 차별을 배제해야 한다.
환경 (Environment)	원칙 7: 기업은 환경도전에 대해 예방적 접근을 지지해야 한다.
	원칙 8: 기업은 환경에 대한 책임 증진에 솔선해야 한다.
	원칙 9: 기업은 환경친화적기술의 개발 및 보급을 지원해야 한다.
반부패(Anti-Corruption)	원칙 10: 기업은 부당가격 청구 및 뇌물을 포함하여 모든 형태의 부패에 대응해야 한다.

어야 한다.

3. 결과의 측정: 모든 COP는 목표를 설정하고 성과 지수를 표시하며 결과를 측정해야 한다.

COP 제출 관련 정책은 다음과 같다.

1. 제출: 회원은 가입일로부터 1년 이내에 첫 COP를 제출하고, 이후 매년 COP를 제출해야 한다.

2. 미제출: 해당 일 까지 미제출 시, 미보고(Non-communicating) 기업으로 분류되며, 이후 1년 후에도 COP를 제출하지 않을 경우, 유엔 글로벌콤팩트 회원리스트에서 제명(De-listing)된다.

3. 회복: 제명된 회원은 재가입 신청서에 COP를 첨부하여 제출하면 다시 가입할 수 있다.

4. 유예기간 신청: 기한 내에 COP 제출이 불가능할 것으로 예상할 경우, 회원은 유예기간 신청서(Grace Period Letter)를 제출하여 최대 90일까지 마감일을 연장할 수 있다.

35) UN GRI

1997년에 설립된 유엔환경계획(UNEP) 산하 자문기구인 GRI(Global Reporting Initiative)는 지속가능성 보고서의 국제적 가이드 라인을 제정했다. GRI는 지속가능성 보고서에 비전과 전략, 기업과 지속가능성 보고서에 대한 개관, 지배 구조와 경영시스템, 색인, 성과 지표의 다섯 가지 영역을 포함하도록 권고하고 있다.

2030년까지 유엔지속가능발전목표(SDGs)를 달성하기 위한 조직의 수요가 크게 증가하는 가운데 목표의 효과적인 실현을 위해 '임팩트 관리'가 핵심으로 떠오른 가운데, 지속가능성 표준 및 지침을 이끄는 국제기관 및 국제기구들이 임팩트 관리 방법을 지원하는 사이트 '임팩트 매니지먼트 플랫폼((Impact Management Platform)을 런칭 하였다. '플랫폼(The Platform)'은 유엔과 국제기구 등이 모여 만든 것으로, 임팩트 관리의 핵심 방법들을 요약하고 기업 등 조직과 투자자가 이를 실행할 수 있는 자원으로 연결해주는 웹 기반의 도구이다.

'플랫폼'의 파트너로는 비랩(B Lab)을 포함해 캐피탈 연합(Capitals coalition), 탄소정보공개프로젝트(CDP), 기후공개표준위원회(CDSB), 글로벌리포팅이니셔티브(GRI), 글로벌임팩트투자운영 그룹(GSG), 세계은행/국제금융공사(IFC), 하버드경영대학원 임팩트 가중 회계 이니셔티브(Impact-Weighted Accounts Initiative, IWAI), 경제협력개발기구(OECD), 유엔 책임투자원칙(PRI), 가치보고재단(Value Reporting Foundation), 소셜밸류인터내셔널(Social Value International), 유엔경제사회처(UN DESA), 유엔개발계획(UNDP), 유엔환경계획 - 금융이니셔티브(UNEP FI), 유엔글로벌콤팩트(UNGC), 그리고 월드벤치마킹얼라이언스(WBA)가 함께 하고 있다.

36) UN PRI(UN의 사회적책임 투자원칙)

UNEP/FI와 글로벌 콤팩트의 주도 하에 2005년 4월부터 2006년 1월에 걸쳐 금융기관을 위한 "책임투자원칙(PRI: The Principles for Responsible Investment)"가 제정되었다. UN PRI는 6개 원칙, 33개 세부 실천프로그램으로 구성되어 있으며, 투자 의사 결정시 ESG이슈 반영, 투자 대상 기업의 ESG이슈 정보 공개 요구, PRI의 충실한 이행 및 이에 대한 세부 활동과 진행 사항 보고, PRI 원칙의 이행에 있어서 효과 증진을 위한 상호 협력, 투자자를 위한 수탁자 책무와 투자를 통한 바람직한 사회 발전 추구 등을 주요한 내용으로 세계 20대 연기금 중 50% 이상이 UN PRI(Principle of Responsible Investment)에 서명을 했다. 이 서명의 의미는 연기금을 투자함에 있어서 사회책임투자 방식의 운용 규모를 점진적으로 확대하겠다는 뜻이다.

37) UNRISD

유엔 사회개발연구소는 네덜란드가 제공한 특별기금으로 1963년(스위스 제네바 소재)에 설립되었으며, 기능 및 임무는 발전 및 사회계획에 있어서 경제·사회적 요인의 상관관계를 연구하는 것이다

유엔 사회개발연구소의 조직은 사무총장이 임명하는 소장과, 당연직 위원 8명, 사회개발위원회(Commission forSocial Development)가 추천하고 ECOSOC에 의해 인준된 10명의 위원으로 구성된다.

UN 경제사회위원회 직속 연구소로 주요 사업은 UN이 추구하는 사회개

발 관련 연구조사 수행이다.

○ 2021-2025 전략: 불평등 극복 ; 새로운 생태-사회적 협정을 향하여
① 변혁적 사회 정책(Transformative Social Policy)
② 젠더 정의와 발전(Gender Justice and Development)
③ 변화를 위한 대안 경제(Alternative Economies for Transformation)
④ 환경 및 기후 정의(Environmental and Climate Justice)
⑤ 연구를 정책과 실행으로 구현(Translating Research into Policy and Practice-Bonn Programme)

38) UN SDGs(Sustainable Development Goals : 지속가능발전목표)

지속가능발전목표(Sustainable Development Goals, SDGs)는 전세계의 빈곤 문제를 해결하고 지속가능발전을 실현하기 위해 2016년부터 2030년까지 유엔과 국제사회가 달성해야 할 목표이다.

SDGs는 2000년부터 2015년까지 중요한 발전 프레임워크를 제공한 새천년개발목표(Millennium Development Goals, MDGs)의 후속 의제로 2015년 9월 채택되었다. 17개 목표와 169개 세부목표로 구성된 SDGs는 사회적 포용, 경제 성장, 지속가능한 환경의 3대 분야를 유기적으로 아우르며 '인간 중심'의 가치 지향을 최우선시 한다.

유엔글로벌콤팩트는 세계 곳곳의 기업이 SDGs를 기반으로 투자, 솔루션 개발, 기업 활동을 통해 지속가능발전을 증진할 것을 촉구한다. 기업은 SDGs를 기업 전략 및 활동에 연계함으로써 부정적인 영향을 최소화하고, SDGs의 성공적인 달성에 기여할 수 있다.

UN은 전 세계적으로 지속가능한 사회를 건설하기 위한 목적을 2015년

9월 UN 총회에서 지속가능발전목표를 채택하였다. 지속가능발전목표는 저개발 국가에 초점을 두었던 새천년개발목표(MDGs, Millennium Development Goals)에서 더 나아가 선진국을 포함한 모든 국가에 해당하는 보편적인 목표로, 목표 달성을 위해 정부와 전문가 뿐 아니라 시민사회와 민간 기업의 적극적인 참여가 필요하다.

01	NO POVERTY: 모든 곳에서 모든 형태의 빈곤 해소
02	NO HUNGER: 기아 근절, 식량안보 개선, 지속가능한 농업의 발전 증진
03	GOOD HEALTH: 건강한 삶 보장, 전 연령 인구의 복지 증진
04	QUALITY EDUCATION: 양질의 교육 보장, 모두를 위한 평생학습 기회 증진
05	GENDER EQUALITY: 양성평등 달성, 모든 여성과 여아의 역량 강화
06	CLEAN WATER AND SANITATION: 모두를 위한 지속가능한 식수 및 위생관리
07	RENEWABLE ENERGY: 모두를 위한 지속가능한 에너지 보급
08	GOOD JOBS AND ECONOMIC GROWTH: 지속가능한 경제성장, 완전고용, 양질의 일자리 증진
09	INNOVATION AND INFRASTRUCTURE: 복원력 높은 사회기반시설 구축, 지속가능한 산업화 증진
10	REDUCED INEQUALITIES: 국가 내, 국가 간 불평등 완화
11	SUSTAINABLE CITIES AND COMMUNITIES: 포괄적이고 안전하며 지속가능한 도시 및 거주지 조성
12	RESPONSIBLE CONSUMPTION AND PRODUCTION: 지속가능한 생산 및 소비문화 구축
13	CLIMATE ACTION: 기후변화 및 기후변화의 영향에 대한 긴급조치시행
14	LIFE BELOW WATER: 해양, 바다, 해양자원 보존 및 지속가능 이용
15	LIFE ON LAND: 생태계보호 및 생물다양성 보존(산림, 사막, 토지 등)
16	PEACE AND JUSTICE: 모두를 위한 정의로운 사법제도 확립
17	PARTNERSHIPS FOR THE GOALS: 이행목표 강화, 글로벌 파트너십 활성화

39) UN 세계인권선언

세계 대전에서의 인권 침해에 대한 반성과 인간의 기본적인 권리 존중을 위해 1948년 제3회 국제 연합(UN) 총회에서 채택된 선언이다.
세계 인권 선언의 내용에는 다음과 같은 내용들이 포함되어 있다.
제1조 우리는 모두 형제자매이다.
제2조 누구든지 차별 받지 않아야 한다.
제7조 법은 누구에게나 평등하게 적용된다.
제8조 억울할 때에는 법에 도움을 청해야 한다.
제19조 생각하고 표현하는 것은 자유이다.
제22조 사회보장제도를 누릴 수 있다.
제23조 내가 원하는 일을 자유롭게 할 수 있다.
제24조 휴식과 여가의 권리가 있다.
제28조 인권이 실현되는 세상에서 살 권리가 있다.
제29조 인권이 보장되는 사회를 만들 의무가 있다.
제30조 나의 권리를 보장받기 위해 타인의 권리를 짓밟을 권리는 없다.

40) Vigeo Eiris

비지오 아이리스(V.E)는 2019년 무디스 코퍼레이션에 인수되어 2020년 무디스의 ESG 솔루션 그룹의 일원이 되었다. V.E 브랜드는 무디스의 ESG 솔루션으로 대체되고 있다. 2021년 12월 1일부터 V.E 웹사이트의 콘텐츠 페이지는 더 이상 업데이트되지 않으나 웹사이트의 콘텐츠는 아카이브 목적으로만 활성 상태로 유지됨으로 유의하여야 한다. ESG 데이터 및 평가, 제2자 의견, 지속 가능성 등급, ESG 연구 및 통찰력에 대한 최신 제품 정보를 찾기 위해 www.moodys.com/esg-solutions 방문하여야 한다.

o ISO 26000 지침 기준,

o 환경, 인적자원, 인권, 지역사회 참여, 비즈니스 행동 및 기업 거버넌스 6개 영역

41) WBA (월그린스 부츠 얼라이언스)

월그린스 부츠 얼라이언스는 미국 메이저 약국 체인, 의약품 도소매, 대형편의점, 유통 선도기업이다. 다우존스 산업평균지수(미국을 대표하는 3대 주가지수 중 하나이며, 뉴욕 증권 시장에 상장된 우량 기업 30개 종목을 기준으로 산출하는 주가 지수)에 월그린스 부츠 얼라이언스가 포함되어 있다

42) WBCSD (세계지속가능개발위원회)

200개 이상의 국제 기업을 대상으로 CEO 주도 조직이며 위원회는 60개의 국가 및 지역 비즈니스 협의회 및 파트너 단체와 연결되어 있다.

기원은 1992년 리우데자네이루 지구 정상 회의로 거슬러 올라가며, 스위스의 비즈니스 기업인 스테판 슈미드하이니(Stephan Schmidheiny)가 유엔 환경개발회의(UNCED) 사무총장의 비즈니스 및 산업 수석고문으로 임명되었을 때 그는 "지속 가능한 개발을 위한 비즈니스 위원회"라는 포럼을 만들었는데, 이는 에코 효율의 개념을 만들어낸 책인 '변화하는 과정'으로 이어졌다.

WBCSD는 1995년 지속가능한 개발을 위한 비즈니스 위원회와 세계환경산업 위원회의 합병으로 만들어졌으며, 스위스 제네바의 메종 드 라 파이스(Maison de la paix)에 본사를 두고 있으며, 뉴욕과 뉴델리에 지사를 두고 있다.

43) WEF 에코시스템 맵(Ecosystem Map)[31]

세계 경제 포럼(WEF)은 4대 주요 회계법인과 함께 기업의 ESG 수준을 비교할 수 있는 핵심지표가 담긴 보고서를 발표한다. 이해관계자 자본주의에 입각한 ESG 측정 지표(21가지 핵심지표, 34가지 확장지표)를 제공하고 있다. WEF는 1971년 1월 독일 출신의 제네바대학 경영학교수 클라우스 슈바브(Klaus Schwab)에 의해 창설된 유럽경영포럼(European Management Forum)으로 출발했다. 경제발전 없이 사회발전은 불가능하고, 사회발전 없이 경제발전이 지속되지 못한다는 원칙의 포럼으로, 스위스 다보스에서 열린 첫 회의에 400명의 유럽 경영인들이 참가하였다.

WEF는 글로벌 위험 보고서, 글로벌 경쟁력 보고서, 글로벌 성별격차 보고서를 공식 발표하고 있으며, 연차총회 외에도 지역별 회의·산업별 회의를 운영함으로써, 세계무역기구(WTO)나 선진국 정상회담(G7)에도 많은 영향을 미치고 있다.

세계경제포럼(WEF) 산하 국제 비지니스위원회(IBC)는 거버넌스의 원칙, 지구, 사람, 번영의 4개 영역으로 구분하고 ESG 관련 21개 핵심지표, 34개 확장 지표를 제시하고 있다.

다. 국내 규정

1) 국가인권위원회 / 공공기관 인권경영 매뉴얼

가) 추진체계도

1단계: 인권경영 체계 구축
1. 인권경영 추진 시스템 구축
2. 인권경영 선언 및 공표

---

[31] URL: https://www.weforum.org/

	3. 기관(기업) 내 각 부서 확산
	4. 기관(기업)의 영향권 내에 있는 모든 협력사에 확산
2단계: 인권영향평가의 실시	
2-1단계 기관(기업)운영 인권영향평가 실시	
	1. 기관(기업)운영 인권영향평가 실시 계획 수립
	2. 인권경영 가이드라인 및 체크리스트 교육
	3. 인권경영위원회 평가 자료 제출
	4. 인권경영위원회 평가 및 결과 보고서 작성
	5. 최고경영진에 보고 및 공개
2-2단계 주요사업 인권영향평가 실시	
	1. 주요사업 인권영향평가 실시 계획 수립
	2. 주요사업 인권영향평가 체크리스트 지표 마련
	3. 주요사업 인권영향평가 체크리스트 교육
	4. 인권경영위원회 평가 자료 제출
	5. 인권경영위원회 평가 및 결과 보고서 작성
	6. 최고경영진에 보고 및 공개
3단계: 인권경영(사업) 실행, 공개	
	1. 인권경영(사업) 실행
	2. 인권경영 전 과정 공개
4단계: 구제절차의 제공	
	1. 구제절차 연구와 준비
	2. 구제절차 수립
	3. 구제절차 시행
	4. 구제절차 시행에 대한 평가와 개선

나) 기관(기업)운영 인권영향평가 체크리스트

(1) 종합통계표

	이 슈	답변 결과				
		예	보완필요	아니요	정보없음	해당없음
1	인권경영 체제의 구축					

2	고용상의 비차별					
3	결사 및 단체교섭의 자유 보장					
4	강제 노동의 금지					
5	아동노동의 금지					
6	산업안전 보장					
7	책임 있는 공급망 관리					
8	현지주민의 인권 보호					
9	환경권 보장					
10	소비자인권 보호					
	합 계					

(2) 세부평가지표32)

분야	항목	지표	답변결과33)				
			①	②	③	④	⑤
1. 인권경영체제의 구축 (30)	인권존중정책 선언(6지표)	회사는 인권존중의 책무를 다하려고 한다는 취지의 정책선언을 했다. 등					
	인권영향평가 정기적실시(6)	회사는 인권영향평가를 정기적으로 실시했다. 등					
	인권경영제도를 위한 필요 조치(5)	회사는 인권경영을 제도화하기 위하여 필요한 조치를 이행하였다. 등					
	인권경영성과 (7)	회사는 인권경영 성과를 정량적 지표 또는 정성적 평가를 통해서 확인한다. 등					
	구제 절차 마련(6)	회사의 활동으로 인해 인권에 부정적인 영향을 받은 사람에 대해 구제절차를 제공한다.					
2. 고용상의 비차별 (17)	고용상 비차별(5)	회사는 고용과 관련하여 성별, 종교, 장애, 나이, 사회적 신분, 출신 지역 등을 이유로 차별하지 않는다. 등					
	고용상 남녀 비차별(6)	회사는 여성노동자를 모집·채용할 때 그 직무의 수행에 필요하지 않					

32) 별도 표시가 되지 않은 경우, 국가인권위원회(2014), "인권경영 가이드라인 및 체크리스트"에 제시 된 지표를 활용하여 작성된 것임

분야	항목	지표	답변결과[33]				
			①	②	③	④	⑤
		은 용모·키·체중 등의 신체적 조건, 미혼 조건 등을 요구하지 않는다. 등					
	비정규직 근로자 비차별(3)	회사는 비정규직 노동자임을 이유로 사업장내의 동종 또는 유사한 업무를 하는 노동자에 비하여 차별적 처우를 하지 않는다.					
	외국인 근로자 비차별(3)	회사는 외국인 노동자라는 이유로 부당하게 차별하여 처우하지 않는다.					
3. 결사 및 단체 교섭 의 자유 보장 (16)	결사·단체 교섭의자유(4)	회사는 노동조합의 설립을 허용한다. 등					
	노동조합 활동 불이익 처우금지(5)	노동자가 노동조합에 가입 또는 가입하려고 하였거나 노동조합 활동을 하였다는 이유로 노동자를 해고하거나 불이익한 처우를 하지 않는다. 등					
	단체 교섭 보장 및 성실한 이행(5)	회사는 노동조합의 대표자 또는 노동조합으로부터 위임을 받은 자와 성실하게 협의한다. 등					
	노동조합 부재시 대안적조치(2)	회사에 노동조합이 없는 경우 회사는 직원들이 독립적으로 노동관련 문제를 토론할수 있도록 하는 대안적인 조치를 제공한다. 등					
4. 강제 노동 의 금지 (11)	강제노동 금지(8)	회사는 모든 종류의 강제노동을 금지하고 있다. 등					
	자회사·협력회사에 의한 강제노동 예방(3)	회사는 외국에서 활동하는 자회사나 협력회사에서 강제노동이 일어나지 않도록 별도의 조치를 취한다. 등					
5. 아동 노동 의 금지 (14)	연소자 고용금지(6)	회사는 15세 미만의 연소자를 고용하지 않는다. 등					
	연소자 고용을 알게된 경우의 조치(8)	연소자를 고용한 것을 알게 된 경우, 즉시 고용을 중지시키기보다는 교육기회를 제공하거나 다른 구제조치를 취한다. 등					
6. 산업 안전	작업장 안전(5)	회사는 작업장의 안전장구와 시설이 늘 안전하고 위생적이도록 유지한다. 등					

분야	항목	지표	답변결과[33]				
			①	②	③	④	⑤
보장 (17)	임산부 및 장애인 등 보호(4)	임산부, 장애인 기타 취약 노동자에 대한 별도의 안전 및 위생조치가 실시 되고 있다. 등					
	필수 장비제공 및 교육실시 등(5)	회사는 노동자들이 직무수행에 필수적인 보호장비를 제공하며 산업안전에 관한 교육을 정기적으로 실시한다. 등					
	산업재해 피해 근로자 지원(3)	회사는 노동자가 업무상 부상을 당하거나 질병에 걸리면 요양비 등을 지원한다. 등					
7. 책임있는 공급망 관리 (10)	협력회사 등의 인권침해 예방(4)	회사는 공급업자, 하청업자, 자회사 기타 주요 협력회사의 인권보호에 대한 의무 이행을 요구한다. 등					
	모니터링 실시(2)	회사는 설문이나 현장방문 등의 방법을 통해 공급업자, 하청업자, 자회사 기타 주요 협력회사의 인권보호 준수여부를 모니터링한다. 등					
	보안담당 직원에 의한 인권침해 방지(4)	회사는 보안담당 직원에 의한 인권침해가 발생하지 않도록 각별히 유의한다. 등					
8. 현지 주민의 인권 보호 (10)	지역주민인권의 존중·보호(7)	회사는 토지 소유주를 비롯하여 토지의 소유권 이전에 영향을 받는 당사자와 협의한다. 등					
	지역주민의 지적재산권 보호(3)	회사는 타인의 지식을 이용할 때 그것이 지적재산권에 의해서 보호되는 대상이 아닌지 사전에 조사한다. 등					
9. 환경권 보장 (18)	환경경영체제 수립및유지(5)	회사는 환경경영체제를 수립 및 유지하고 있다. 등					
	환경정보의 공개(3)	회사는 환경과 관련한 정보를 일반대중 과 노동자에게 제공한다. 등					
	환경문제에 대한 예방적 접근의 원칙(5)	환경문제에 대해서 예방적 접근의 원칙을 견지한다. 등					
	비상계획 수립(5)	환경훼손과 환경재해를 방지하거나 완화하고 통제하기 위한 비상계획을 수립한다. 등					
10. 소비 자인	소비자 보호를 위한 법령 준수(6)	회사는 제품의 결함으로 인해 소비자의 생명, 건강, 안전을 해치지 않도록 하기 위해, 제품의 설계, 제					

분야	항목	지표	답변결과[33]				
			①	②	③	④	⑤
권보호 (15)		조, 표시를 함에 있어서 법령의 기준에 따라 필요한 주의를 기울이고 있다. 등					
	제품 결함시 조치(3)	회사는 제품의 결함으로 인하여 소비자에게 피해가 발생한 경우 소비자들에게 제품의 위험성을 알리고 해당상품을 조속히 회수(리콜)한다. 등					
	소비자 사생활 보호(6)	회사는 소비자의 사생활을 존중하고, 회사가 수집, 저장하는 개인정보의 보안을 위해 필요한 조치를 취한다. 등					

2) 국민연금 ESG 평가기준

가) 국민연금 책임투자 확대[34]

o 국민연금은 지난 10여년 간 책임투자 관련 국제원칙인 'UN PRI'가 가입(09)하였고 기업 ESG 평가기준 마련 및 평가(15) 등을 지속적으로 추진하고 있다

o 리스크 관리 및 수익 제고 차원에서 비재무적 요소(환경,사회,지배구조 등)를 고려하여야 하는 필요성이 대두되고 있다.

나) 수익자 책임 활동의 추진 근거와 국민연금기금 운용지침에 ESG 요소 포함

운용원칙	
국민연금은 기금의 운용 및 관리 사업이 목적에 따라 합리적이고 효과적으로 수행될 수 있도록 기금운용지침에 기금운용원칙을 명시하고 있다. 이에 기금운용본부는 수익성·안정성·공공성·유동성·지속 가능성 그리고 운용독립성의 기금운용 원칙에 따라 기금을 성실하게 관리·운용하고 있다.	
지속 가능성	국민연금기금은 투자자산의 지속 가능성 제고를 위하여 환경, 사회, 지배구조 등의 요소를 고려하여 신의를 지켜 성실하게 운

---

33) ①예, ②보완 필요,③아니요, ④정보 없음, ⑤해당 없음
34) 국민연금의 ESG 투자 OVERVIEW(신왕건,국민연금기금 상근 전문위원,투자정책전문위원장)

구분	이슈	평가지표
	영하여야 한다.	
E (환경)	기후변화(탄소중립)	온실가스 관리시스템, 에너지소비량 등
	청정생산	청정생산 관리시스템, 대기 오염물질 배출량 등
	친환경 제품개발	친환경제품 개발, 제품환경성 개선 등
S (사회)	인적자원관리 및 인권	급여, 복리후생비, 인권, 노동관행 등
	산업안전	보건안전시스템, 인증, 산재 다발사업장 지정 등
	하도급 거래	거래대상 선정 프로세스, 하도급법 위반 등
	제품 안전	제품안전시스템, 인증, 제품관련 안전사고 발생 등
	공정경쟁 및 사회발전	내부 거래위원회 설치, 정보보호 시스템 등
G (지배구조)	주주의 권리	경영권 보호 장치, 주주의견 수렴 장치 등
	이사회 구성과 활동	이사회 구조의 독립성, 사외이사 구성 현황 등
	감사제도	감사 위원회 사외이사 비율 등
	관계사 위험	순 자산 대비 관계사 우발채무 비중 등
	배당	배당 근거, 과소 배당 등

다) 국민연금기금 책임투자 활성화 방안

o 국내외 주식 및 채권에 ESG 통합 전략 확대 적용

o 책임투자형 위탁펀드를 위한 ESG요소 중심의 신규 벤치마크 지수 개발 적용

o 기업의 ESG 공시제도 개선 추진

o 국내 주식 직접 액티브 ESG 통합전략 강화

o 국내채권 ESG 통합 전략 적용

o 기업과의 대화 전략 확대/ 국내주식 환경, 사회 관련 중점관리 사안 선정
o ESG 평가체계 개선
o 신규종목 편입시 ESG 보고서 첨부 등

3) 기획재정부/공기업·준정부기관 경영실적 평가기준·방법
가) ESG와 공기업 평가제도

「공공기관의 운영에 관한 법률」 제48조에 따른 '경영실적 평가제도'는 공기업·준정부기관의 자율·책임경영체계 확립을 위해, 매년도 경영 노력과 성과를 공정하고 객관적으로 평가하는 제도이다. 이 제도는 공기업·준정부기관의 공공성 및 경영효율성을 높이고, 경영개선이 필요한 사항에 대해 전문적인 컨설팅을 제공함으로써 궁극적으로 대국민서비스 개선을 목적으로 한다. 공기업·준정부기관은 법률 제47조에 따라 2022년 3월 20일까지 전년도의 경영실적에 대한 보고서를 작성하여 기획재정부장관과 주무기관의 장에게 제출하여야 한다.

기획재정부장관은 2022년 6월 20일까지 공기업·준정부기관의 경영실적 평가를 마치고, 공공기관운영위원회의 심의·의결을 거쳐 그 결과를 확정한다

이 제도의 평가항목 많은 부분들이 ESG와 일맥상통함으로 ESG와 연계하여 계획, 실행하는 것이 바람직하다

나) 평가유형 구분기준과 유형별 기관

공기업·준정부기관의 2021년도 경영실적은 법률 제4조 내지 제6조의 공공기관 유형 구분 기준에 따라 평가유형을 구분하여 평가한다.

유형		유형구분 기준
공기업	공기업 I	법률 제4조 내지 제6조에 따라 지정된 공기업 중 사회기반시설(SOC)에 대한 계획과 건설, 관리 등을 주요업무로 하는 대규모기관
	공기업 II	법률 제4조 내지 제6조에 따라 지정된 공기업 중 특정 분야의 산업에 대한 진흥을 주요업무로 하는 기관, 중소형 SOC기관, 자회사 등
준정부기관	기금관리형	법률 제4조 내지 제6조에 따라 직원정원이 50인 이상이고, 「국가재정법」에 따라 기금을 관리하거나 기금의 관리를 위탁받은 기관 중에서 기금관리형 준정부기관으로 지정된 기관 (강소형기관은 제외)
	위탁집행형	법률 제4조 내지 제6조에 따라 직원정원이 50인 이상이고, 기금관리형 준정부기관이 아닌 기관 중에서 위탁집행형 준정부기관으로 지정된 기관 (강소형기관은 제외)
	강소형	법률 제4조 내지 제6조에 따라 위탁집행형 준정부기관으로 지정된 기관 중에서 정원이 300인 미만인 기관과 기금관리형 준정부기관으로 지정된 기관 중에서 자산규모(위탁관리하는 기금자산 포함)가 1조원 미만이고 정원이 300인 미만인 기관(2020년말 기준)

<공기업, 준정부기관>

유형		기관명
공기업	공기업 I (10개)	인천국제공항공사, 한국가스공사, 한국공항공사, 한국도로공사, 한국석유공사,한국수자원공사, 한국전력공사, 한국지역난방공사, 한국철도공사, 한국토지주택공사
	공기업 II (26개)	강원랜드(주), 그랜드코리아레저(주), 대한석탄공사, 부산항만공사, 여수광양항만공사,울산항만공사, 인천항만공사, 제주국제자유도시개발센터, 주식회사 에스알,주택도시보증공사, ㈜한국가스기술공사, 한국광물자원공사, 한국남동발전(주), 한국남부발전(주),한국동서발전(주), 한국마사회, 한국방송광고진흥공사, 한국부동산원, 한국서부발전(주),한국수력원자력(주), 한국전력기술(주), 한국조폐공사, 한국중부발전(주), 한전KDN(주),한전KPS(주), 해양환경공단
준정	기금관리형	공무원연금공단, 국민연금공단, 국민체육진흥공단, 근로복지공단, 기술보증기금,사립학교교직원연금공단, 신용보증기금,

유형		기관명
부기관	(12개)	예금보험공사, 중소벤처기업진흥공단,한국무역보험공사, 한국자산관리공사, 한국주택금융공사
	위탁 집행형 (42개)	건강보험심사평가원, 국가철도공단, 국립공원공단, 국립생태원, 국민건강보험공단,국토안전관리원, 대한무역투자진흥공사, 도로교통공단, 소상공인시장진흥공단, 우체국금융개발원, 우체국물류지원단, 축산물품질평가원, 한국가스안전공사,한국고용정보원, 한국관광공사, 한국교통안전공단, 한국국제협력단, 한국국토정보공사,한국농수산식품유통공사, 한국농어촌공사, 한국방송통신전파진흥원,한국보훈복지의료공단, 한국사회보장정보원, 한국산업기술진흥원,한국산업단지공단, 한국산업안전보건공단, 한국산업인력공단, 한국석유관리원,한국소비자원, 한국승강기안전공단, 한국에너지공단, 한국연구재단,한국원자력환경공단, 한국인터넷진흥원, 한국장애인고용공단, 한국장학재단,한국전기안전공사, 한국전력거래소, 한국지능정보사회진흥원,한국해양교통안전공단, 한국환경공단, 한국환경산업기술원
	강소형 (41개)	국제방송교류재단, 국토교통과학기술진흥원, 농림수산식품교육문화정보원,농림식품기술기획평가원, 농업기술실용화재단, 독립기념관, 시청자미디어재단,아시아문화원, 연구개발특구진흥재단, 재단법인 대한건설기계안전관리원,정보통신산업진흥원, 중소기업기술정보진흥원, 창업진흥원, 한국건강가정진흥원,한국건강증진개발원, 한국과학창의재단, 한국광해관리공단, 한국교육학술정보원,한국기상산업기술원, 한국노인인력개발원, 한국디자인진흥원, 한국보건복지인력개발원,한국보건산업진흥원, 한국보육진흥원, 한국산림복지진흥원, 한국산업기술평가관리원,한국소방산업기술원, 한국수목원관리원, 한국수산자원공단, 한국식품안전관리인증원,한국언론진흥재단, 한국에너지기술평가원, 한국우편사업진흥원, 한국임업진흥원,한국재정정보원, 한국청소년상담복지개발원, 한국청소년활동진흥원,한국콘텐츠진흥원, 한국특허전략개발원, 한국해양수산연수원, 해양수산과학기술진흥원

다) 평가지표 체계

평가지표는 평가 대상 공공기관의 경영실적을 체계적이고 종합적으로 평가할 수 있도록 경영관리-주요사업 의 2개 범주로 구성한다. 각 범주별 주요 평가내용은 다음과 같다.

평가범주	주요 평가내용
경영관리	경영전략 및 리더십, 사회적 가치 구현, 업무효율, 조직·인사·재무관리, 보수 및 복리후생 관리, 혁신과 소통
주요사업	공공기관의 주요 사업별 계획, 활동, 성과 및 계량지표의 적정성을 종합적으로 평가

각 평가범주는 단위 평가지표로 구분하여 평가한다. 단위 평가지표는 복수의 세부평가지표로 구성할 수 있다. 평가지표는 평가목적과 대상범위를 규정하는 지표정의와 세부평가내용으로 구성한다

<유형별 평가지표 구성 및 가중치>
가) 공기업의 지표 및 가중치 기준

범주	평가지표	계	비계량	계량
경영관리 (55)	1. 경영전략 및 리더십	6	6	
	- 전략기획		2	
	- 경영개선		2	
	- 리더십		2	
	2. 사회적 가치 구현	24	17	7
	- 일자리 창출	7	4	3
	- 균등한 기회와 사회통합	4	3	
	- 안전 및 환경	5	5	
	- 상생·협력 및 지역발전	5	2	3
	- 윤리경영	3	3	
	3. 업무효율	5		5
	4. 조직·인사·재무관리	7	4	3
	- 조직·인사 일반 (삶의 질 제고)	2	2	
	- 재무예산운영·성과(중장기재무관리계획)	5	2	3(1)
	5. 보수 및 복리후생관리	8.5	5.5	3
	- 보수 및 복리후생	3.5	3.5	
	- 총인건비관리	3		3
	- 노사관계	2	2	

	6. 혁신과 소통	4.5	3	1.5
	- 혁신노력 및 성과	3	3	
	- 국민소통	1.5		1.5
	소 계	55	35.5	19.5
주요사업(45)	주요사업 계획·활동·성과를 종합평가	45	21	24
	소 계	45	21	24
	합 계	100	56.5	43.5

준정부기관(위탁집행형)의 지표 및 가중치 기준 : 생략

준정부기관(기금관리형)의 지표 및 가중치 기준 : 생략

라) 평가지표별 세부평가내용:

① 경영관리 범주/경영전략 및 리더십

평가지표		세부평가내용
(1) 전략기획	지표 정의	• 기관의 설립목적에 부합하는 비전, 경영목표, 경영전략의 수립과 이를 실행하기 위한 노력과 성과를 평가
	적용 대상	• 공기업 및 준 정부기관 : 비계량 2점
	세부평가내용	① 기관의 설립목적에 부합하는 비전과 국민·근로자 생명 안전 등 핵심가치 설정을 위한 노력과 성과 ② 경영목표 설정과 경영전략 수립 및 이를 실행하기 위한 노력과 성과 - 효율성과 사회적 가치의 균형, 핵심 업무와의 연계성, 국정과제 반영 여부 등 확인
(2) 경영개선	지표 정의	• 기관의 설립목적에 부합하는 비전, 경영목표, 경영전략의 수립과 이를 실행하기 위한 노력과 성과를 평가한다.
	적용 대상	• 공기업 및 준정부기관 : 비계량 2점
	세부평가내용	① 기관의 설립목적에 부합하는 비전과 국민·근로자 생명 안전 등 핵심가치 설정을 위한 노력과 성과 ② 경영목표 설정과 경영전략 수립 및 이를 실행하기 위한 노력과 성과 - 효율성과 사회적 가치의 균형, 핵심 업무와의 연계성, 국정과제 반영 여부 등 확

평가 지표	세부평가내용	
(3) 리더십	지표 정의	• 경영계약 이행 노력·성과, 구성원 동기부여, 이사회 운영 등 기관장의 리더십을 평가
	적용 대상	• 공기업 및 준정부기관 : 비계량 2점
	세부 평가 내용	① 기관장 경영계약 과제선정 및 중장기·연도별 목표수준의 적정성, 경영계약과 성과지표 간의 연계성 제고 등 경영계약 상 목표를 이행하기 위한 노력과 성과 * (예) 사회적 책임 반영 및 이행 노력 등 ② 핵심가치 공유, 업무혁신 등 조직 구성원의 동기부여, 주요 현안과제 해결 및 경영성과 달성을 위한 기관장의 노력과 성과 ③ 이사회의 활성화와 실질적인 역할 강화를 위한 기관장의 노력과 성과

② **평가지표별 세부평가내용: 경영관리 범주/사회적 가치 구현**

평가 지표	세부평가내용	
(1) 일자리 창출	지표 정의	• 비정규직의 정규직 전환 실적, 청년 미취업자 실적을 평가
	적용 대상	• 공기업 및 준정부기관 : 계량 2점
	세부 평가 내용	① 비정규직,간접고용의 정규직 전환 실적(0.5점) *「공공부문 비정규직 연차별 전환계획(17.10.25.)」上 연도별 계획(누적) 대비 실적, ② 청년미취업자 고용 실적(1.5점)
	지표 정의	• 일자리 창출(민간부문의 일자리 창출 포함)과 고용의 질 개선을 위한 노력과 성과를 평가
	적용 대상	• 공기업 : 비계량 4점, 준정부기관 : 비계량 3점
	세부 평가 내용	① 일자리 창출과 고용의 질 개선을 위한 추진 전략 및 계획의 수립 및 이를 달성하기 위한 노력과 성과 ② 퇴직자로 인한 신규채용 여력 이외에 정현원차 관리, 일하는 방식 개선 등 다양한 근로형태의 도입을 통한 일자리 창출 노력 및 성과 ③ 비정규직의 운용 및 정규직 전환 과정에서의 노력과

평가 지표		세부평가내용
		성과 ④ 핵심사업 및 조달 위탁사업을 통한 민간부문의 일자리 창출 노력과 성과 ⑤ 지속가능한 일자리 창출과 이를 위한 혁신적 노력, 협력·공유를 위한 노력과 성과
(2) 균등한 기회와 사회 통합	지표 정의	• 사회적 약자에 대한 고용과 보호 등 사회통합 노력과 성과를 평가
	적용 대상	• 공기업 및 준정부기관 : 계량 1점
	세부 평가 내용	① 균등한 기회와 사회통합을 위한 아래 항목은 각 가중치 범위 내에서 기관이 설정(총 합계 1점) - 장애인 의무고용(0.3~0.5), 국가유공자 우선 채용(0.3~0.5), 용역근로자 보호지침 준수(0.2~0.4)
	지표 정의	• 사회형평적 인력 활용과 균등한 기회보장을 위한 노력과 성과를 평가
	적용 대상	• 공기업 : 비계량 3점, 준정부기관 : 비계량 2점
	세부 평가 내용	① 차별적 요인 배제 등 채용과정 전반의 공정성·투명성 제고를 위한 노력과 성과 ② 청년·고졸자, 지역인재 등 사회형평적 인력 채용을 위한 노력과 성과 ③ 여성관리자 및 여성채용 확대, 여성인력양성 및 경력단절여성 고용 등 여성인력활용을 위한 노력과 성과 ④ 고졸자, 무기계약직, 별도직군, 여성 등에 대한 불합리한 차별 해소, 적절한 처우개선 등을 위한 노력과 성과 ⑤ 임원임명에 있어 양성평등 실현을 위한 노력과 성과
(3) 안전 및 환경	<환경보전>	
	지표 정의	• 환경보전 및 환경의 지속가능성을 위한 노력과 성과를 평가
	적용 대상	• 공기업 및 준정부기관 : 비계량 1점
	세부 평가 내용	① 온실가스 감축 및 에너지 절약 실적(0.2~0.3) * 환경부, 산업부 평가결과 반영 ② 녹색제품 구매실적(0.2~0.3),* 환경부 평가결과 반영 ③ 기관별 여건.특성을 고려한 환경보전 노력 및 성과 (0.5)

평가지표		세부평가내용
	<재난 및 안전관리>	
	지표정의	• 재난* 사고로부터 안전한 근로 생활환경을 유지하기 위한 노력과 성과를 평가
	적용대상	• 공기업 및 준정부기관 : 비계량 4점
	세부평가내용	① 재난관리시스템(예방·대응·복구) 구축·운영을 위한 노력과 성과 ② 국민의 생명·재산을 보호하기 위한 노력과 성과 ③ 산업재해 등 근로자(간접고용, 하청업체 근로자 포함) 피해 방지 및 사업장(발주현장 포함) 안전관리 등 근로환경 개선을 위한 노력과 성과 ④ 국가기반시설, 다중이용시설, 청사 등 시설물 관리 및 건설과정에서의 안전확보 노력과 성과 ⑤ 개인정보 보호 및 사이버 안전을 위한 정보보안 관리체계 구축·운영 등을 위한 노력과 성과
(4) 상생·협력 및 지역발전	지표정의	• 지역경제 활성화와 중소기업·사회적 경제 기업과의 상생·협력을 위한 실적을 평가
	적용대상	• 공기업 및 준정부기관 : 계량 3점
	세부평가내용	① 상생과 협력을 위한 아래 항목은 각 가중치 범위 내에서 기관이 설정(총 합계 3점)
	지표정의	• 지역사회발전 및 지역경제 활성화와 중소기업·소상공인 등과의 상생·협력을 위한 노력과 성과를 평가
	적용대상	• 공기업 및 준정부기관 : 비계량 2점
	세부평가내용	① 지역사회 참여, 지역경제 활성화를 위한 프로그램의 개발 및 실행을 위한 노력과 성과 ② 협력·위탁업체 적기 자금결제 등 공정한 경제질서 확립을 위한 노력과 성과 ③ 중소기업·소상공인의 경쟁력 강화를 위한 기술 제도적 지원 ④ 사회적 경제 기업(사회적 기업, 협동조합, 마을기업, 자활기업 등)에 대한 지원과 구매확대 노력 및 성과
(5) 윤리경영	지표정의	• 경영활동시 경제적·법적 책임과 더불어 사회적 통념으로 기대되는 윤리적 책임을 준수하려는 노력과 성과를 평가

평가 지표		세부평가내용
	적용 대상	• 공기업 및 준정부기관 : 비계량 5점
	세부 평가 내용	① 준법·윤리경영체계의 구축·운영 및 준법·윤리경영실현을 위한 노력과성과 ② 사업추진, 조직·인사관리 등 기관 운영 전반의 투명성 제고 노력 ③ 윤리경영 지원을 위한 내부견제시스템 구축 및 운영 성과 ④ 인권교육, 인권침해 구제절차 등 인권존중을 위한 노력과 활동 ⑤ 이해충돌방지법 제2조 제4호에 따른 이해충돌 방지를 위한 노력과 성과

③ 평가지표별 세부평가내용: 경영관리 범주/업부효율

평가 지표		세부평가내용
업무 효율	지표 정의	• 업무효율 향상 실적을 평가
	적용 대상	• 공기업 : 계량 5점
	세부 평가 내용	① 세부평가지표는 업무효율성을 측정할 수 있는 노동생산성, 자본생산성 등의 지표 중에서 각 기관의 업무특성을 고려하여 실정 ② 세부평가지표 예시 - 노동생산성 =부가가치/평균인원 - 자본생산성 =부가가치/총자산

④ 평가지표별 세부평가내용: 경영관리 범주/조직·인사·재무관리

평가지표		세부평가내용
(1) 조직· 인사 일반 (삶의 질 제고)	지표 정의	• 조직 및 인적자원 관리와 성과관리 체계의 구축·운영 노력과 성과를 평가
	적용 대상	• 공기업 및 준정부기관 : 비계량 2점
	세부 평가 내용	① 경영전략과 연계된 조직 및 인적자원 운용계획 수립을 위한 노력과 성과 ② 핵심 업무를 고려한 단위조직의 역할과 책임 설정 및 적절한 인력 배분을 위한 노력과 성과 ③ 출연 출자기관의 설립목적 달성과 경영성과 확보를 위한 노력과 성과 ④ 구성원의 역량을 지속적으로 개발 향상시키기 위한 노력과 성과 ⑤ 합리적인 조직 개인 성과평가시스템 구축을 위한 노력과 성과 ⑥ 인력운영의 전문성 제고 노력과 성과 ⑦ 육아휴직 활용, 장시간 근로 해소 등 일 가정 양립을 위한 다양한 노력과 성과
(2) 재무 예산 운영· 성과	지표 정의	• 기관의 경영상황을 고려하여 재무(예산) 안정성, 투자 및 집행 효율성 등을 평가
	적용 대상	• 공기업 : 계량 2점
	세부 평가 내용	① 세부평가지표는 재무예산 성과를 측정할 수 있는 부채 비율,이자 보상 비율 등의 지표 중에서 각 기관의 경영상황을 고려하여 설정 ② 세부평가지표의 예시 - 부 채 비 율 =부채/자본 - 이자보상비율=영업이익/금융비용
재무 예산 운영· 성과	지표 정의	• 공공기관의 운영에 관한 법률 제39조의 2에 따른 중장기재무 관리계획 이행실적을 평가
	적용 대상	• 공기업·준 정부기관 중 중장기 재무 관리 계획 수립 대상 : 계량 1점
	세부 평가	① 중장기 재무관리 계획에 포함된 목표 부채 비율 등의 달성 여부
	지표 정의	• 건전한 재무구조 및 합리적 예산운용을 위한 재무예산 관리 시스템 구축 및 운영 성과를 평가

평가지표	세부평가내용	
	적용 대상	• 공기업 : 비계량 2점, 준 정부기관 중 중장기재무관리 계획 수립 대상 : 비계량 1점
	세부 평가 내용	① 중장기 재무관리 계획의 적정성과 이를 실행하기 위한 노력과 성과 ② 재무구조의 안정성 및 건전성 유지를 위한 기관의 노력과 성과 ③ 사업선정의 타당성 확보(예비타당성 조사 등)를 통한 합리적인 예산편성 및 집행을 위한 노력과 성과 ④ 재무중점관리기관의 부채감축을 위한 노력과 성과 ⑤ 원가 및 경비 절감 등 예산절감을 위한 노력 및 성과

⑤ 평가지표별 세부평가내용: 경영관리 범주/보수 및 복리후생 관리

평가지표		세부평가내용
(1) 보수·복리후생	지표 정의	• 직무 중심의 합리적보수체계로의 전환을 위한 기관의 노력과 성과
	적용 대상	• 공기업 및 준정부기관 : 비계량 2점
	세부 평가 내용	① 직무 중심 보수체계 마련을 위한 직무분석 등 사전절차 이행 ② 도입내용의 질적수준, 노사합의 여부, 직무급 적용 보수 항목의 비중 등 직무중심 보수체계 개편결과
	지표 정의	합리적인 보수 및 복리후생 제도 구축을 위한 노력과 성과를 평가
	적용 대상	•공기업 및 준정부기관 : 비계량 1.5점
	세부 평가 내용	① 예산편성지침, 예산집행지침, 혁신지침 등 관련 규정에 따른 편성 및 집행여부 ② 공공기관 임금피크제 권고안 에 따라 임금피크제를 운영하기 위한 노력과 성과
(2) 총인건비 관리	지표 정의	• 공기업·준정부기관 예산편성 지침의 총인건비 인상률 준수 여부를 평가
	적용 대상	• 공기업 및 준정부기관 : 계량 3점
	세부 평가	① 총인건비 인상률은 다음과 같이 산출 - 총인건비 인상률 =(평가년도 총인건비-전년도 총인건

평가 지표		세부평가내용
		비)/전년도 총인건비 ② 총인건비의 정의는 공기업·준정부기관 예산편성지침에 따름
(3) 노사관 계	지표 정의	• 협력적 노사관계를 위한 노력과 성과를 평가
	적용 대상	• 공기업 및 준정부기관 : 비계량 2점
	세부 평가 내용	① 노사간 협의체계 구축과 실질적 운영 등이 상호 협력과 참여에 기반하여 합리적이고 적법하게 이루어지고 있는지 여부 ② 노사간의 공감대 형성을 위한 의사소통과 노사관계 관리 역량 강화를 위한 노력과 성과 ③ 노사협의를 통한 근로조건의 실질적 향상과 구체적 성과

⑥ 평가지표별 세부평가내용: 경영관리 범주/혁신과 소통

평가 지표		세부평가내용
(1) 혁신노 력 및 성과	지표 정의	• 혁신계획의 적정성, 기관장의 혁신리더십, 혁신추진체계 구축,혁신 문화 조성 등을 위한 노력과 성과를 평가
	적용대상	• 공기업 및 준정부기관 : 비계량 1점
	세부 평가 내용	① 혁신 목표가 기관의 비전·전략체계와 잘 부합하고 혁신 전략과 과제가 혁신목표 달성에 기여할 수 있도록 구성되어 있는지 여부 ② 기관의 혁신을 촉발하기 위한 기관장의 노력과 성과 ③ 혁신추진조직 구축, 혁신활동에 대한 적절한 보상체계 마련,구성원의 혁신역량강화를 위한 노력과 성과 ④ 대내외 혁신네트워크 구축, 혁신 아이디어나 우수과제를 구성원과 공유하고 활용할 수 있는 시스템 마련을 위한 노력과 성과
	지표 정의	• 국민 등 대내외 이해관계자와의 소통·참여, 투명성 제고를 위한 노력과 성과를 평가
	적용대상	• 공기업 및 준정부기관 : 비계량 1점
	세부 평가	① 이해관계자 및 대국민 소통 채널을 제도적으로 구축 운영하기 위한 노력과 성과

평가 지표			세부평가내용
(2) 국민소통		내용	② 국민 참여와 소통이 기관의 운영에 실질적으로 반영되는지 여부 등 소통의 성과와 환류를 위한 노력과 성과 ③ 대국민 정보공개 확대 등 투명성 제고를 위한 노력과 성과 ④ 규제혁신(포괄적 네거티브 규제 등) 및 적극행정 등을 통한 공공서비스 혁신 노력과 성과
		지표 정의	• 경영투명성 제고를 위해 경영정보 공개시스템(알리오)에 공시하는 자료의 정확성 및 적시성 등을 평가
		적용대상	• 공기업 및 준정부기관 : 계량 1점
		세부 평가	① 경영정보공시 점검 평가대상은 다음과 같음 ② 세부평점은 기획재정부가 제출한 점검자료를 활용하여 산출
		지표 정의	• 고객만족도, 사회적 가치 기여도 조사결과에 나타난 고객만족도, 사회적 가치 기여도의 수준을 평가
		적용대상	• 공기업 및 준정부기관 : 계량 0.5점
		세부 평가 내용	① 평점은 고객만족도 지수, 사회적 가치 기여도 지수를 8:2의 비율로 합산하여 산출(강소형 기관은 고객만족도 점수로만 산출) ② 고객만족도 지수, 사회적 가치 기여도 지수는 기획재정부가 제출한 실적자료를 활용하여 산출

⑦ 주요사업 범주/주요사업 계량지표 구성의 적정성 및 목표의 도전성

평가 지표		세부평가내용
주요사업 지표구성의 적정성	지표 정의	• 주요사업 계량지표 구성의 적정성 및 목표의 도전성을 평가
	적용 대상	• 공기업 : 비계량 4점, 준정부기관 : 비계량 5점
	세부평 가내용	① 주요사업 계량지표 구성의 적정성 ② 주요사업 계량지표 목표의 도전성
주요사업	지표 정의	• 추진계획 수립·집행·성과·환류 및 사회적 가치 실현 등 주요사업의 전반적인 추진 성과를 평가

성과관리의 적정성	적용 대상	• 공기업 : 비계량 17점, 준정부기관 : 비계량 19점
	세부 평가 내용	① 주요사업별 추진계획은 구체적이고 적정하게 수립되었는가? ② 주요사업별 추진계획이 적절하게 집행되었는가? ③ 주요사업별 성과는 적정한 수준인가? ④ 주요사업별 환류 활동은 적절하게 수행되었는가?

⑧ 3.혁신성장 가점

평가 지표		세부평가내용
혁신 성장	지표 정의	• 혁신성장 수요 창출, 혁신 기술 융합, 혁신성장 인프라 구축, 혁신지향 공공조달 등을 위한 노력과 성과를 평가한다.
	적용 대상	• 공기업 : 2점, 준정부기관 : 1점
	세부 평가 내용	① 혁신성장 수요 창출을 위한 노력과 성과 (예시) * 8대 선도사업 등에 대한 투자 확대, 혁신기술·제품 구매, 우수 소프트웨어(우수조달제품 등) 구매 실적, 혁신성장산업에 대한 자금지원 노력 등 ** 신성장 동력 확충 등을 위한 새로운 비즈니스 모델창출 등 ② 공공서비스·혁신기술 융합 활성화를 위한 노력과 성과 (예시) * 혁신기술 융합을 통한 대국민서비스 질 제고 및 공공기관 생산성·업무효율 향상(혁신기술: IoT 기술, 드론, 센싱기술, 인공지능, 빅데이터, 클라우드 컴퓨팅, 블록체인 등) ③ 데이터 경제 활성화를 위한 노력과 성과 (예시) * 기관이 보유한 데이터의 공유·개방 및 품질관리 기관 보유 데이터를 활용한 민간 사업 기회 제공 등 ④ 혁신성장 인프라 확대 및 민간기업 지원을 위한 노력과 성과 (예시) * 인력양성, 소재·부품·장비 및 신산업분야 R&D 활성화 및 사업화, 테스트베드 제공, 마케팅·해외진출 지원, 자금지원 등 스타트업 지원, 사내벤처 운영 등 공공기관의 자원·역량을 활용한 혁신성장 인프라 구축 ⑤ 혁신지향 공공조달을 위한 노력과 성과 (예시) * 혁신기술·제품 구매(시제품 구매), 우수 소프트

웨어(우수조달제품 등) 구매 실적, 혁신조달플랫폼에 도전적 수요제시, 혁신시제품 시범구매사업 테스트기관 참여, 단계적 협의에 의한 과업 확정 등

⑨ 코로나19 대응 노력과 성과 가점

평가지표		세부평가내용
코로나 19 대응 노력과 성과 가점	지표 정의	• 코로나19 고통분담, 정부정책 대응, 한국판 뉴딜 추진을 위한 노력과 성과를 평가한다.
	적용 대상	• 공기업 및 준정부기관 : 3
	세부 평가 내용	① 코로나19 고통분담 노력과 성과 (예시) * 코로나19 극복을 위한 임금 일부 반납 및 기부, 기관 보유마스크 긴급 배부, 입점업체 등에 대한 임대료·수수료 감면 및 납부 유예 등 ② 코로나19 위기 극복을 위한 정부정책 대응 노력과 성과 (예시) * 코로나19 감염전담병원 운영, 임시검사시설, 생활치료센터 등 기관 시설 제공, 코로나19 피해 기업 및 소상공인 보증 및 경영안정자금 등 금융지원, 공공기관 先결제-先구매 추진 등 ③ 한국판 뉴딜 추진을 위한 노력과 성과 (예시) *「한국판 뉴딜 뒷받침을 위한 공공기관 역할 강화 방안」('20.8.20일) 등 정부의 포스트코로나 관련 정책에 따른 주요과제 등

4) 경영실적 평가방법

지표별 평가방법으로는 비계량지표 평가방법과 계량지표 평가방법이 있으며, 목표부여 평가, 글로벌 실적비교 평가, 중장기 목표부여 평가, 추세치 평가, β분포 평가, 목표대실적 평가, 및 기타 평가방법이 있다

계량지표에 대한 공통적용사항과, 외부 평가·감사 결과 등의 연계·활용 등은 생략한다

5) 평가결과 등 후속조치는 생략한다

4) 사회적 가치 연구원

사회성과 인센티브는 사회적 기업의 사회문제 해결 성과를 화폐가치로 측정하고 보상하는 프로젝트이다. 사회성과 인센티브는 SPC(Social Progress Credit)라는 개념에서부터 시작되었다. SPC는 사회적 가치에 기반한 인센티브이다. 우리 사회에 사회적 기업의 사회성과가 체계적으로 측정/보상되는 시스템이 마련되면, 새로운 투자와 우수한 인재가 유입되어 사회적 기업 생태계를 활성화 할 수 있다.

사회적 기업 생태계 선순환 구축		
인센티브를 통한 혁신	사회적기업 성공가능성 증대	투자/인재 유입으로 창업 활성화
사회성과인센티브의 작동 원리		
사회적 가치 측정		금전적 인센티브
사회적 가치 인정 개선/성장 의사결정		생존 가능성 증대,사회적 기업 성장 투자 매력도 증대
사회성과인센티브의 장점		
사회적 가치 측정		금전적 인센티브
우리 사업의 가치가 어디에서 창출되는지 알게 됨 스스로 개선점을 찾을 수 있음 데이터 관리 가능		비교 가능성,반복 측정/ 측정자 신뢰성,커뮤니케이션 용이,관리 지표로 활용 가능,성과/비용 기반 자원배분 용이,임팩트 투자 의사결정의 정보 제공
사회성과인센티브의 온라인 시스템		
www.socialincentive.org		spas.socialincentive.org
사회성과 인센티브		사회성과 인센티브 관리시스템
유관기관 및 관심있는 일반 대상 사회성과 인센티브 프로젝트 안내 사회성과 자가 측정 (시뮬레이션) 참여기업 모집-신청서 접수 및 발표		참여기업 only 사회성과 측정 및 리포트 출력 매년 측정식, 프록시 및 측정 메뉴얼 업데이트

5) 산업통상자원부/K-ESG[35]

기업의 ESG 경영 추진 필요성에 대한 인식은 높아지고 있으나, 어디서부터 시작해야 하는지, 목표는 어떻게 설정해야 하는지, 구체적인 실천은 어떻게 해야 하는 지에 대한 경험과 정보 부족하며, 글로벌 ESG 평가기관들은 기관마다 고유한 평가 프로세스, 지표, 측정산식 등을 기반으로 평가를 진행하여 기업 입장에서는 일관된 평가 대응 체계를 수립하기가 쉽지 않다.

기업이 우선적으로 고려해야 할 ESG 경영 요소와 평가기관에서 가장 많이 다루는 평가항목 제시를 위해, 국내·외 주요 13개 평가지표와 공시기준 등을 분석하여 공통적이고 핵심적인 61개 사항 마련하였다.

ESG 경영 수준 향상을 위한 방향성 제시에 초점을 두고 기업 스스로 ESG 경영 목표 수립이 용이하도록 활용가이드 제시하였다.

<K-ESG 가이드라인 항목 구성 개요>

1) 기본 진단항목 체계: K-ESG 가이드라인 분류 체계

(영역) ESG 정의를 기반으로 ESG 관련 정보 공개여부 측정 항목 추가하여, 정보 공시, 환경, 사회, 지배구조 4개 영역을 기준으로 가이드라인 대분류 설정

(범주) 국내외 ESG 공시/평가기준에서 공통 제시 이슈 기반으로, 조직이 ESG경영을 통해 추구해야 하는 사회적 가치(Social Value)로 설정

(진단항목) 가이드라인 각 '범주'에서 추구하고 있는 '사회적 가치'를 정성·정량적으로 진단하기 위한 세부 항목

2) 기본 진단항목 정의서 구성 체계

(항목정의서) 조직의 ESG 성과를 진단하기 위한 항목 설명, 점검 기준

---

[35] 관계 부처 합동 K-ESG 가이드라인 v1.0

및 단계 등 진단에 대한 방향성과 예시 제공

(추가설명) 각 진단항목을 통해 확인 가능한 ESG경영 방향성과 성과 점검 기준에 대한 상세 설명 기술. 진단 항목에 따라서는 대체 진단 기준 및 활용 근거 설명

(용어정리) 항목정의서 및 추가 설명 중 별도 기술 필요 용어 정의

(참고자료) 항목정의서에 기술된 설명, 산식, 활용과 관련된 법/제도, 해외 유사 지표 제시

3) 추가 진단항목 정의서 구성 체계

(추가 진단항목 정의) 각 영역의 범주별로 산업 및 조직의 특성을 고려해 현재는 글로벌 평가지표에 속하지는 않으나 ESG 경영의 추가적인 필요요소를 제시. 기업의 상황에 따라 선택적으로 활용할 수 있는 진단 항목

(활용)

① 기본 진단항목 적용 불가 시 대체 활용
② 기본 진단항목 외 추가적으로 조직의 ESG 성과 점검
③ 미래지향적 목표 설정에 활용(ex. 산림탄소흡수량, 고졸직원 채용 등)

<K-ESG 영역, 범주, 분류번호, 진단항목 요약표>

영역	범주	분류번호	진단항목
정보공시(P) (5개 문항)	정보공시 형식	P-1-1	ESG 정보공시 방식
		P-1-2	ESG 정보공시 주기
		P-1-3	ESG 정보공시 범위
	정보공시 내용	P-2-1	ESG 핵심이슈 및 KPI
	정보공시 검증	P-3-1	ESG 정보공시 검증

영역	범주	분류번호	진단항목
환경 (E) (17개 문항)	환경경영목표	E-1-1	환경경영 목표 수립
		E-1-2	환경경영 추진체계
	원부자재	E-2-1	원부자재 사용량
		E-2-2	재생 원부자재 비율
	온실가스	E-3-1	온실가스 배출량 (Scope1 & 2)
		E-3-2	온실가스 배출량 (Scope3)
		E-3-3	온실가스 배출량 검증
	에너지	E-4-1	에너지 사용량
		E-4-2	재생 에너지 사용 비율
	용수	E-5-1	용수 사용량
		E-5-2	재사용 용수 비율
	폐기물	E-6-1	폐기물 배출량
		E-6-2	폐기물 재활용 비율
	오염물질	E-7-1	대기오염물질 배출량
		E-7-2	수질오염물질 배출량
	환경법/규제 위반	E-8-1	환경 법/규제 위반
	환경 라벨링	E-9-1	친환경 인증 제품 및 서비스 비율
사회 (S) (22개 문항)	목표	S-1-1	목표 수립 및 공시
	노동	S-2-1	신규 채용 및 고용 유지
		S-2-2	정규직 비율
		S-2-3	자발적 이직률
		S-2-4	교육훈련비
		S-2-5	복리후생비
		S-2-6	결사의 자유 보장
	다양성 및 양성평등	S-3-1	여성 구성원 비율
		S-3-2	여성 급여비율(평균 급여액 대비)
		S-3-3	장애인 고용율
	산업안전	S-4-1	안전보건 추진체계
		S-4-2	산업재해율
	인권	S-5-1	인권정책 수립

영역	범주	분류번호	진단항목
		S-5-2	인권 리스크 평가
	동반성장	S-6-1	협력사 ESG 경영
		S-6-2	협력사 ESG 지원
		S-6-3	협력사 ESG 협약사항
	지역사회	S-7-1	전략적 사회공헌
		S-7-2	구성원 봉사참여
	정보보호	S-8-1	정보보호 시스템 구축
		S-8-2	개인정보 침해 및 구제
	사회 법/규제 위반	S-9-1	사회 법/규제 위반
지배구조 (G) (17개 문항)	이사회 구성	G-1-1	이사회 내 ESG 안건 상정
		G-1-2	사외이사 비율
		G-1-3	대표이사 이사회 의장 분리
		G-1-4	이사회 성별 다양성
		G-1-5	사외이사 전문성
	이사회 활동	G-2-1	전체 이사 출석률
		G-2-2	사내 이사 출석률
		G-2-3	이사회 산하 위원회
		G-2-4	이사회 안건 처리
	주주권리	G-3-1	주주총회 소집 공고
		G-3-2	주주총회 개최일
		G-3-3	집중/전자/서면 투표제
		G-3-4	배당정책 및 이행
	윤리경영	G-4-1	윤리규범 위반사항 공시
	감사기구	G-5-1	내부 감사부서 설치
		G-5-2	감사기구전문성(감사기구내 회계/재무전문가
	지배구조법/규제위반	G-6-1	지배구조 법/규제 위반

6) 지속가능경영보고서 정보공시 구조[36]

Framework:예시(환경) 기후변화 완화를 위한 기업의 거버넌스 대응 전략, 리스크 관리 목표(TCFD)		
IIRC		TCFD
STANDARDS/예시(환경) ·산업 공통: 온실가스 배출량 (Scope 1, Scope2 & Scope3)공시(GRI/IBC) ·산업 특성: 전사(에너지센터 포함)에너지/재생에너지 사용량 공시(SASB)		
GRI	IBC	SASB
Disclosure/기업 특성과 공시 방향성에 맞는 framework 및 standards 선정 필요		
Consistent	Comparable	Reliable

지속가능성보고서 작성 관련 주요 가이드라인의 공통지표[37]

조직	ESG대응	경영진의 역할	ESG 이슈의 파악/관리와 관련한 경영진의 역할
	ESG평가	ESG 위험 및 기회	ESG 관련 위험 및 기회에 대한 평가
	이해관계자	이해관계자 참여	이해관계자의 ESG 프로세스 참여 방식
환경	온실가스 배출	직접 배출량	회사가 소유하고 관리하는 물리적 장치나 공장에서 대기 중으로 방출하는 온실가스 배출량
		간접 배출량	회사 소비용으로 매입 또는 획득한 전기, 냉난방 및 증기배출에 기인한 온실가스 배출량
		배출 집약도	활동, 생산 기타 조직별 미터법의 단위당 배출된 온실가스 배출량
	에너지 사용	직접 에너지 사용량	조직이 소유하거나 관리하는 주체의 에너지 소비량
		간접 에너지 사용량	판매제품의 사용 및 폐기처리 등 조직 밖에서 소비된 에너지 소비량

---

[36] 대한상공회의소, 알기 쉬운 ESG
[37] 대한상공회의소, 알기 쉬운 ESG

		에너지 사용 집약도	활동, 생산 기타 조직별 미터법의 단위당 필요한 에너지 소비량
	물 사용	물 사용 총량	조직의 물 사용 총량
	폐기물 배출	폐기물 배출 총량	매립, 재활용 등 처리 방법별로
	법규위반·사고	환경 법규 위반·사고	환경 법규 위반·환경 관련 사고 건수 및
사회	임직원 현황	평등 및 다양성	성별·고용형태별 임직원 현황, 차별 관련 제재 건수 및 조치 내용
		신규 고용 및 이직	신규 고용 근로자 및 이직 근로자 현황
		청년인턴 채용	청년인턴 채용 현황 및 정규직 전환 비율
		육아휴직	육아휴직 사용 임직원 현황
	안전·보건	산업재해	업무상 사망, 부상 및 질병 건수 및 조치 내용
		제품안전	제품 리콜(수거, 파기, 회수, 시정조치 등) 건수 및 조치 내용
		표시·광고	표시·광고 규제 위반 건수 및 조치 내용
	정보보안	개인정보 보호	개인정보 보호 위반 건수 및 조치 내용
	공정경쟁	공정경쟁·시장지배적 지위 남용	내부거래·하도급거래·가맹사업·대리점거래 관련 법규 위반 건수 및 조치 내용

7) 한국거래소/ESG 정보공개가이던스

한국거래소는 지난 2021년 1월 복잡한 글로벌 이니셔티브와 ESG 정보공개에 낯선 기업들을 위해 'ESG 정보공개 가이던스'를 발표하였다. ESG 보고 의무화에 앞서 지속가능보고서 발간에 경험이 없는 기업들에

ESG 보고서 작성에 필요한 절차와 권고 공개 지표, 우수사례 등을 제시하였다.

가이던스에는 아래와 같이 정보공개의 필요성, 보고서 작성과 공개 절차, 그 과정에서 준수해야 할 원칙 및 ESG 정보공개와 관련한 글로벌 표준 등이 매우 구체적인 가이드라인을 제공하고 있습니다.

① 목적 (가이던스 제정의 목적)

② ESG의 개념 (ESG의 개념, 정보 공개의 필요성)

③ 이사회 및 경영진의 역할 (ESG 이슈 관리를 위한 이사회·경영진의 역할)

④ 정보공개원칙 (ESG 정보 공개 과정에서 준수해야 할 원칙)

⑤ 중요성 (중요성의 개념 및 중요성 평가 절차)

⑥ 보고서 작성 및 공개 절차 (이해관계자 의견수렴 등 보고서 작성 절차)

⑦ **공개지표 (주요 정보공개 표준 및 권장 공개지표)**

지속가능보고서 작성 관련 주요 가이드라인 공통 지표를 소개하고 있다

	항목	지표	세부 내용
조직	ESG대응	경영진의 역할	ESG 이슈의 파악 관리와 관련한 경영진의 역할
	ESG평가	ESG 위험 및 기회	ESG 위험 및 기회에 대한 평가
	이해관계자	이해관계자 참여	이해관계자의 ESG프로세스 참여 방식
환경	온실가스 배출	직접 배출량	회사가 소유하고 관리하는 물리적 장치나 공장에서 대기 중으로 방출하는 온실가스배출량
		간접 배출량	회사가 소비용으로 매입 또는 획득한 전기,냉난방 및 증기 배출에 기인한 온실가스배출량
		배출 집약도	활동,생산 기타 조직별 미터법의 단위

항목		지표	세부 내용
사회			당 배출된 온실가스 배출량
	에너지 사용	직접 에너지 사용량	회사가 소유하고 관리하는 주체의 에너지 소비량
		간접 에너지 사용량	판매제품의 사용 및 폐기처리 등 조직 밖에서 소비된 에너지 소비량
		에너지 사용 집약도	활동, 생산 기타 조직별 미터법의 단위당 필요한 에너지 소비량
	물 사용	물 사용 총량	조직의 물 사용 총량
	폐기물 배출	폐기물 배출 총량	매립, 재활용 등 처리 바업벼로 폐기물의 총 중량
	법규 위반·사고	환경 법규 위반·사고	환경 법규 위반·환경 관련 사고 건수 및 조치내용
사회	임직원 현황	평등 및 다양성	성별 고용 형태별 임직원 현황, 차별 관련 제재 건수 및 조치 내용
		신규 고용 및 이직	신규 고용 근로자 및 이직 근로자 현황
		청년인턴 채용	청년 인턴 채용 현황 및 정규직 전환 비율
		육아휴직	육아휴직 사용 임직원 현황
	안전·보건	산업재해	업무상 사망, 부상및 질병 건수 및 조치 내용
		제품안전	제품 리콜(수거, 파기, 회수, 시정조치 등) 건수 및 조치 내용
		표시·광고	표시·광고 규제 건수 및 조치내용
	정보보안	개인정보 보호	개인정보 보호 위반 건수 및 조치내용
	공정경재	공정경쟁·시장지배적 지위 남용	내부거래·하도급 거래·가맹사업·대리점 거래 관련 법규 위반 건수 및 조치내용

거래소 홈페이지에는 다음 예와 같은 기업별 ESG 평가 자료를 공개되고 있다(예)

종목명	등급	ESG 통합 등급	평가연도

		환경	평가년도	지배구조	
A	B이하	B	B 이하	B이하	2018
S	A+	B+	A	A	2018

8) 한국 기업지배 구조원[38]

한국기업지배구조원이 국내 상장기업의 지속가능경영 수준을 점검하고, 지속가능경영 개선에 기업이 평가 정보를 활용할 수 있도록 지원하기 위해 고안한 평가이다. 2003년 지배구조 평가로 시작되어 2011년 ESG 전 영역으로 확대되어 한국거래소 ESG 지수에 활용되고 있다.

한국기업지배구조원의 ESG 평가모형은 OECD 기업지배구조 원칙, ISO26000 등 국제 기준에 부합할 뿐만 아니라 국내 법제 및 경영환경을 충실히 반영하여 개발된 독자적 평가모형이다.

기초데이터 수집	기본평가	평가검증
기업공시(사업보고서, 지속가능성경영보고서, 홈페이지 등) 감독기구 지자체 등 기관 자료,뉴스 등 미디어 자료,약 900개의 상장회사 평가,회사별 900개 이상의 기초데이터 수집	ESG 위험을 최소화하기 위한 시스템이 잘 갖추어져 있는가? 18개 대분류,281개 핵심평가항목	정확한 평가를 위한 다양한 데이터 검증 실시
	심화평가	기업피드백
	기업가치 훼손 우려가 높은 ESG관련 이슈가 발생했는가? 58개 핵심 평가항목	웹기반 평가시스템을 통한 양방향 피드백 실시

---

38) URL: http://www.cgs.or.kr/business/esg_tab01.jsp

평가모형 체계

평가 영역	KCGS모범규준	법,제도,규범
환경	리더십과 거버넌스	·저탄소녹색성장기본법 ·화학물질의 등록 및 평가 등에 관한 법률 ·ISO 14001 및 환경표지,환경인증제도 ·기후관련 재무정보 공개(TCFD 등)
	위험관리	
	운영 및 성과	
	이해관계자 소통	
사회	리더십과 거버넌스	·독점규제 및 공정거래에 관한 법률 ·사회적 책임 세계 표준(ISO 26000) ·국제노동기구 핵심 협약 ·UN 국제 인권 선언 및 OECD 인권 실사 지침 등
	위험관리	
	운영 및 성과	
	이해관계자 소통	
지배 구조	리더십과 거버넌스	·상법 및 금융회사의 지배구조에 관한 법률 ·OECD 기업지배구조 원칙 ·영구 FRC 및 일본 JPX 기업지배구조 코드 ·ICGN 글로벌 지배구조 원칙 ·바젤은행감독위원회 은행 지배구조 원칙 등
	위험관리	
	운영 및 성과	
	이해관계자 소통	

평가문항 구성

유형분류		환경(E)	사회(S)	지배구조(G)	금융사지배구조(FG)
기본평가	기업분류	민감도별 분류	WICS 기준별 분류[39]	자산 규모별 분류	상장 여부별 분류
		상	에너지	2조원 이상	상장 금융사
		중	소재	2조 미만	비상장 금융사
		하	---		
	문항구성	환경경영	근로자	주주권리보호	주주권리보호
		환경성과	협력회사 및 경쟁사	이사호	이사회
		이해관계자 대응	소비자	감사기구	최고경영자
		3대 대분류	지역사회	정보공개	보수

			4대 대분류	(일반)4대 대분류 (금융사)7대 대분류	위험관리
					감사기구 및 내부통제
					정보공개
심화평가	분석방법		○ 기업활동에서 발생한 부정적 이슈를 확인하기 위해 공시자료,뉴스,미디어 등 다양한 출처의 정보를 상시 수집 ○ 기업가치 훼손 우려가 높은 ESG이슈를 법 위반 여부, 중대성,규모,기간 등을 종합적으로 고려하여 감점수준 결정		

참고로 한국 기업지배 구조원[40]의 비전과 핵심 가치는 다음과 같다

비전			
지속가능경영을 선도하는 World-Class Corporate Governance Service			
핵심가치			
PROFESSIONALISM	FRONTIER SPIRIT	EXECUTION	SOCIAL RESPONSIBILITY
KCGS는 자본시장 발전을 위한 주요 Code(기준)를 제·개정하고 이의 활성화를 위한 ESG평가,의안분석서비스, 정책연구 등을 제공하는 공익 추구 기관이다.			

한국기업지배구조원의 스튜어드십 코드 센터는 스튜어드십 코드 연구 및 조사 전문 인력으로 구성되어 있으며 관련 업무 수행으로 축적된 국내외 스튜어드십 활동 모범사례 데이터를 보유하고 있다. 기관투자자의 수탁자 책임에 관한 원칙은 국내 상장사에 투자한 기관투자자가 타인의 자산을 관리·운용하는 수탁자로서 책임을 다하기 위해 이행해야 할 세부 원칙과 기준을 제시한다.

---

39) WICS(Wise Industry Classification Standards)28ro 중분류 기준 적용
40) 한국기업지배구조원 홈페이지

한국 스튜어드십 코드 원칙41)을 소개하면 다음과 같다.

원칙 1	기관투자자는 고객, 수익자 등 타인 자산을 관리·운영하는 수탁자로서 책임을 충실히 이행하기 위한 명확한 정책을 마련해 공개해야 한다.
원칙 2	기관투자자는 수탁자로서 책임을 이행하는 과정에서 실제 직면하거나 직면할 가능성이 있는 이해상충 문제를 어떻게 해결할지에 관해 효과적이고 명확한 정책을 마련하고 내용을 공개해야 한다.
원칙 3	기관투자자는 투자대상회사의 중장기적인 가치를 제고하여 투자자산의 가치를 보존하고 높일 수 있도록 투자 대상 회사를 주기적으로 점검해야 한다
원칙 4	기관투자자는 투자대상회사와의 공감대 형성을 지향하되, 필요한 경우 수탁자 책임 이행을 위한 활동 전개 시기와 절차, 방법에 관한 내부지침을 마련해야 한다.
원칙 5	기관투자자는 충실한 의결권 행사를 위한 지침·절차·세부기준을 포함한 의결권 정책을 마련해 공개해야 하며, 의결권 행사의 적정성을 파악할 수 있도록 의결권 행사의 구체적인 내용과 그 사유를 함께 공개해야 한다.
원칙 6	기관투자자는 의결권 행사와 수탁자 책임 이행 활동에 관해 고객과 수익자에게 주기적으로 보고해야 한다.
원칙 7	기관투자자는 수탁자 책임의 적극적이고 효과적인 이행을 위해 필요한 역량과 전문성을 갖추어야 한다.

기관투자자들의 의결권 행사를 적극적으로 유도하기 위한 자율 지침으로, 기관투자자들이 투자 기업의 의사결정에 적극 참여해 주주와 기업의 이익 추구, 성장, 투명한 경영 등을 이끌어 내는 것이 목적이다. 국내에서는 2016년 시행됐으며, 최대 투자기관인 국민연금이 2018년 스튜어드

---

41) 기관투자자들의 의결권 행사를 적극적으로 유도하기 위한 자율 지침으로, 기관투자자들이 투자 기업의 의사결정에 적극 참여해 주주와 기업의 이익 추구, 성장, 투명한 경영 등을 이끌어 내는 것이 목적이다. 국내에서는 2016년 시행됐으며, 최대 투자기관인 국민연금이 2018년 스튜어드십 코드를 도입해 투자 기업의 주주가치 제고, 대주주의 전횡 저지 등을 위해 주주권을 행사하고 있다.

십 코드를 도입해 투자 기업의 주주가치 제고, 대주주의 전횡 저지 등을 위해 주주권을 행사하고 있다.

1) 한국기업지배구조원

가) 기업분류

환경	사회	지배구조
민감도별 기업분류	기업분류/ WICS기준별 분류	기업분류/ 자산규모별 분류
상, 중, 하	에너지, 소재 등	2조원 이상, 2조원 미만

나) 평가[42]

(1) 환경

대분류	중분류	주요 평가 항목
환경 전략 및 조직	최고경영자의 의지	최고경영자의 환경경영 실천의지 표명 여부
	환경전략과 방침	환경전략과 방침의 수립여부 및 수립과정
	환경조직 문화	환경인식 향상을 위해 정보 제공, 소통 프로그램 존재 여부
	환경조직 체계	환경경영을 위한 실무추진 할 수 있는 조직 보유 여부
환경 경영 관리	목표 및 계획수립	장·단기 환경목표의 수립여부, 세부계획에 대한 구체성
	환경회계	환경회계 정보 용수 시스템 구축
	환경성과 관리	환경성과평가 체계 구축 여부 및 수행의 충실성
	환경감사	환경감사 수행여부, 환경경영시스템(EMS) 인증
환경 경영	공급망 관리	녹색구매 방침/가이드라인의 수립과 수행의 충실성

---

[42] 김보현, 한국기업지배구조원의 환경경영평가 부문별 주요 평가항목, 기업지배구조와 사회책임경영 및 환경경영이 감사품질에 미치는 영향: 한국기업지배구조원(KCGS)의 EESG 평가등급을 중심으로, 2019

대분류	중분류	주요 평가 항목
활동	청정생산시스템	용수, 에너지, 원부자재 사용량 관리 및 절감 활동
	환경위험관리	환경법규 및 규제에 대한 대응활동, 온실가스 저감 활동
	자원	용수 절감 및 재이용 실적, 폐기물 저감 및 재활용 실적
환경성과	기후변화	에너지 절감 및 온실가스 감축 실적
	환경오염및 규제대응	대기/수질 오염물질 관리실적, 유해화학물질 저감실적
	친환경제품및 서비스	친환경 제품/서비스 매출과 구매실적, 녹색인증 여부

(2) 사회

대분류	중분류	주요 평가 항목
이해관계자 대응	환경보고	환경정보 공개 여부와 적절성, 외부 검증 실시 여부
	이해관계자 대응 활동	이해관계자들의 의사소통 여부
근로자	고용 및 근로조건	근로자의 고용안정 정책
	노사관계	노사협의회 운영실적, 근로자의 평균 이직율
	직장 내 안전 및 보건	근로자의 안전보건 정책 수립 유무, 평균 산업재해율 공시 여부
	인력개발 및 지원	근로자 교육훈련 메뉴얼 및 퇴직자 지원제도
	직장 내 기본권	강제노동 금지, 아동노동
협력사 및 경쟁사	공정거래	협력사에 대한 공정거래 방침 수립
	부패방지	부패방지 전담조직 유무, 윤리교육 실시 여부
	사회적 책임 촉진	협력사 선정 시 협력사 인권이나 윤리경영 수준 평가
소비자	소비자와의 공정거래	소비자에 대한 공정거래 원칙 수립
	소비자 안전 및	제품 및 서비스 안정성에 대한 국내·외 인증

대분류	중분류	주요 평가 항목
	보건	취득 여부
	소비자 개인정보 보호	소비자의 개인정보 관리 정책 수립
	소비자와의 소통	소비자 만족도 제고를 위한 정책 수립 유무
지역사회	지역사회 참여	지역사회 개발을 위한 정책 수립 유무
	지역경제 발전	지역 공급자 우선 배려 정책 수립 유무
	지역사회와의 소통	지역주민과 소통을 위한 대화채널 도입

(3) 지배구조

대분류	중분류	주요 평가 항목
주주권리보호	주주권리의 보호 및 행사편의성	기업지배구조규범 및 임직원 윤리규정 도입
	소유구조	최대주주 및 특수 관계인의 지분율 합계
	특수관계인과의 거래	최대주주 및 특수관계인과의 거래실적
이사회	이사회의 구성	이사회의 사외이사 구성 현황
	이사회의 운영, 평가 및 보상	사외이사의 활동내용 및 평가
공시	공시일반	기업설명회(IR) 실적 및 사전예고
	홈페이지 공시	이사회 및 이사회 내 위원회에 대한 관련사항 존재여부
감사기구	감사기구 일반	감사기구의 형태, 외부감사인의 비감사용역 현황
경영과실배분	경영과실배분 일반	배당수익률 현황 및 최근 3년간 배당

9) 환경부 녹색기업 지정 평가

가) 녹색경영 도입배경

세계적인 기후변화 대응 노력에 동참하고 지속적으로 강화되는 환경규제에 대응하기 위하여 국가 녹색성장 역량강화가 필요하게 되었다. 녹색경영의 목표를 달성하기 위한 체계적인 관리수단을 제공하고, 녹색기술, 녹색산업을 지속적으로 개선, 발전시킬 수 있는 녹색성장의 초석을 마련하고자 도입하였다.

나) 녹색경영이란?

녹색경영은 조직이 경영활동에서 자원과 에너지를 절약하고 효율적으로 이용하며 온실가스 배출 및 환경오염의 발생을 최소화하면서 사회적, 윤리적 책임을 다하는 경영을 의미한다.(저탄소 녹색성장 기본법 제2조)

다) 녹색경영시스템(GMS : Green Management System) 인증이란?

조직이 수립하고 운영하며 유지하는 녹색경영시스템이 정해진 표준의 요구사항을 만족하고 있는지를 적격한 제3자가 심사하고 보장하여 주는 것으로, 조직이 녹색경영 성과의 지속적인 개선을 위해 꾸준히 노력하고 있음을 객관적으로 보여주는 것입니다.

라) 녹색경영 표준 요구사항

환경경영시스템(ISO 14001) 요구사항에 '저탄소 녹색성장 기본법'의 녹색경영 정의에 따른 녹색경영 필수요소를 추가하고, 기업의 지속적인 녹색경영 활성화를 위한 성과평가 요구사항을 추가하였다.

환경경영시스템 요구사항(KS I ISO 14001)		
추가 요구사항		
시스템 요구사항		성과평가 요구사항
에너지경영 필수 요소, 온실가스 배출,제거 관리 필수 요소, 환경과 관련된 사회적 책임 필수요소		
녹색경여시스템 요구사항	녹색경영시스템.제1부:요구사항 및 사용지침	녹색경영시스템 제2부: 녹색경영 성과평가

마) 녹색기업 지정 평가

환경기술 및 환경산업 지원법(환경기술산업법) 제16조의2(녹색기업의 지정 등) ① 환경부장관은 오염물질의 현저한 감소, 자원과 에너지의 절감, 제품의 환경성 개선, 녹색경영체제의 구축 등을 통하여 환경개선에 크게 이바지하는 기업 및 사업장을 녹색기업으로 지정할 수 있으며, 녹색기업 지정제도 운영규정 [환경부고시에 따른 평가표는 다음과 같다.

< 녹색기업 지정 평가 >

가. 녹색경영활동(450점)		
	1) 녹색경영체제구축현황(100점)	
		○ 전사적 녹색경영비전 수립 및 경영자 의지
		○ 녹색경영 추진 조직 및 책임과 권한
		○ 녹색경영 인식 확산 및 교육훈련
		○ 조직 내 효과적인 의사소통 시스템 구축·운영
		○ 녹색경영활동 측정, 모니터링 및 조치
		○ 내부심사 및 시정조치
		○ 경영자검토 및 이행
	2) 녹색경영목표수립및기업간협력(50점)	
		○ 녹색경영 목표 및 계획수립
		○ 녹색경영 투자 계획

		ㅇ 녹색경영 실천을 위한 기업간 협력
	3) 자원·에너지(90점)	
		ㅇ 투입, 배출물질에 대한 물질수지 관리 활동
		ㅇ 용수 사용 현황 및 절감 활동
		ㅇ 폐기물 발생 현황 및 저감활동
		ㅇ 에너지 사용 현황 및 절감 활동
		ㅇ 신재생 에너지 적용 활동
	4) 온실가스·환경오염(140점)	
		ㅇ 온실가스 배출 현황 및 저감활동
		ㅇ 오존층 파괴물질 사용현황
		ㅇ 환경오염 모니터링 시스템 구축
		ㅇ 사업 활동 주변 환경 영향 분석 및 생태환경의 친환경적 관리
		ㅇ 대기오염물질 배출 현황 및 저감활동
		ㅇ 수질오염물질 배출 현황 및 저감활동
		ㅇ 토양, 지하수 관리현황 및 오염방지 활동
		ㅇ 소음·진동·악취·VOCs 관리현황 및 저감활동
		ㅇ 유해화학물질사용현황 및 저감활동
	5) 녹색제품·서비스(20점)	
		ㅇ 녹색제품·서비스 개발 절차 및 마케팅
		ㅇ 내부 녹색구매 규정 및 방침
	6) 환경정보 공개 및 이해관계자 대응(50점)	
		ㅇ 녹색경영 정보 공개
		ㅇ 환경법규 준수
		ㅇ 제품 서비스 공급과 사용에 관계된 법률 준수
		ㅇ 지역사회 환경보전활동 지원 및 협력
나. 녹색경영성과평가(250점)		
	1) 자원·에너지(120점)	
		ㅇ 용수사용 원단위 개선, ㅇ 폐기물 발생 원단위 개선

		○ 폐기물 재활용율 개선, ○ 에너지 사용 원단위 개선
	2) 온실가스·환경오염(110점)	
		○ 온실가스 배출량 원단위 개선
		○ 대기오염물질 배출 원단위 개선
		○ 수질오염물질 배출 원단위 개선
		○ 유해화학물질 사용 원단위 개선
	3) 녹색제품·서비스(20점)	
		○ 녹색구매 실적

3. ESG 관련 법령

가. 국내외 ESG 관련 법령 목록

국내외 ESG 관련 법령들은 다음과 같다

E (환경)	배출권거래법, 물환경보전법, 토양환경보전법, 대기환경보전법, 해양환경보전법, 폐기물관리법, 화학물질관리법, 화학제품안전법, 대기관리권역법, 저탄소녹색성장기본법, 자연환경보존법
S (사회)	산업안전보건법, 중대재해처벌법, 근로기준법, 남녀고용평등법, 파견법, 제조물 책임법, 공정거래법, 하도급법, 개인정보보호법
G (지배구조)	상법, 공정거래법, 자본시장법, 유가증권시장공시규정, 기관투자자의 수탁자 책임에 관한 원칙, 청탁금지법, 외부감사법
EU ESG 주요 법	SFDR(Sustainable Finance Disclosure Regulation, 지속가능금융공시규제), NFRD(Non-financial Reporting Directive, 비재무 정보 보고 지침), CSRD(Corporate Sustainability Reporting Directive, 지속가능성 보고 지침), EU Taxonomy(친환경 분류체계기준), EU 공급망 실사규정 (Due Diligence)

우리나라에서 적용해야 할 ESG 관련 법령 및 지침들은 다음과 같다

No	법규명
1	저탄소 녹색성장 기본법
2	온실가스 배출권의 할당 및 거래에 관한 법률
3	온실가스·에너지 목표관리 운영 등에 관한 지침
4	온실가스 배출권거래제 운영을 위한 검증 지침
5	온실가스 배출권거래제의 배출량 보고 및 인증에 관한 지침
6	신에너지 및 재생에너지 개발·이용·보급 촉진법
7	지속가능발전법
8	대·중소기업 상생협력 촉진에 관한 법률
9	조달사업법
10	중소기업진흥법
11	국민연금법
12	동물보호법

1) 저탄소녹색성장기본법

제1조(목적) 저탄소 녹색성장에 필요한 기반 조성, 녹색기술과 녹색산업을 새로운 성장동력으로 활용, 국민경제 발전 도모, 저탄소 사회 구현, 국민의 삶의 질을 높이고 국제사회에서 책임을 다하는 성숙한 선진 일류국가 도약

제2조(정의) :
저탄소, 녹색기술, 녹색산업, 녹색제품, 녹색생활, 녹색경영, 온실가스, 온실가스 배출

제3조(저탄소 녹색성장 추진의 기본원칙)
①기후변화·에너지·자원 문제의 해결, 성장동력 확충, 기업의 경쟁력 강화, 국토의 효율적 활용 및 쾌적한 환경 조성 등을 포함하는 종합적인 국가 발전전략 추진 등

제2장 저탄소 녹색성장 국가전략

제9조(저탄소 녹색성장 국가전략) 국가의 저탄소 녹색성장을 위한 정책목표·추진전략·중점추진과제 등을 포함하는 저탄소 녹색성장 국가전략을 수립·시행

제4장 저탄소 녹색성장의 추진

제22조(녹색경제·녹색산업 구현을 위한 기본원칙) 화석연료 사용 단계적 축소, 녹색기술과 녹색산업 육성, 국가경쟁력 강화, 지속가능발전 추구하는 녹색경제 구현.

제23조(녹색경제·녹색산업의 육성·지원)

제24조(자원순환의 촉진)

제25조(기업의 녹색경영 촉진) ① 정부는 기업의 녹색경영을 지원·촉진하여야 하며,

② 기업의 녹색경영을 지원·촉진하기 위하여 다음 시책을 수립·시행하

여야 한다.
1. 친환경 생산체제로의 전환을 위한 기술지원
2. 기업의 에너지·자원 이용 효율화, 온실가스 배출량 감축, 산림조성 및 자연환경 보전, 지속가능발전 정보 등 녹색경영 성과의 공개
3. 중소기업의 녹색경영에 대한 지원
4. 그 밖에 저탄소 녹색성장을 위한 기업활동 지원에 관한 사항

제31조(녹색기술·녹색산업에 대한 지원·특례 등) ① 국가 또는 지방자치단체는 녹색기술·녹색산업에 대하여 보조금의 지급 등 필요한 지원을 할 수 있다.

② 신용보증기금 및 기술보증기금은 녹색기술·녹색산업에 우선적으로 신용보증을 하거나 보증조건 등을 우대할 수 있다 등.

제32조(녹색기술·녹색산업의 표준화 및 인증 등) 국내에서 개발되었거나 개발 중인 녹색기술·녹색산업이 국제표준에 부합되도록 표준화 기반을 구축하고 녹색기술·녹색산업의 국제표준화 활동 등에 필요한 지원을 할 수 있도록 하고 있다. 녹색기술·녹색산업의 표준화를 추진하며, 녹색기술·녹색사업의 적합성 인증 및 녹색전문기업 확인을 한다.

저탄소 녹색성장 기본법 시행령

제18조(녹색기술·녹색산업의 표준화)
1. 국제표준과 연계한 표준화 기반 및 적합성 평가체계 구축 사업
2. 개발된 녹색기술의 표준화 사업
3. 국내에서 연구·개발 중인 녹색기술·녹색산업의 표준화 사업
4. 표준화 기반을 구축하기 위한 전문인력의 양성사업
5. 그 밖에 표준화 기반을 구축하기 위하여 필요한 사업

제19조(녹색기술·녹색사업의 적합성 인증 및 녹색전문기업 확인)

제20조(녹색제품에 대한 공공기관의 구매촉진) 조달청장은 공공기관의 장이 구매·발주를 요청한 제품이나 공사에 대하여 해당 공공기관의 장과의 협의를 거쳐 녹색제품으로 대체구매하거나 공사설계에 반영할 수 있다.

제33조(중소기업의 지원 등) 제34조(녹색기술·녹색산업 집적지 및 단지 조성 등)

제37조(국제규범 대응) 외국 정부 또는 국제기구에서 제정하거나 도입하려는 저탄소 녹색성장과 관련된 제도·정책에 관한 동향과 정보를 수집·조사·분석하여 관련 제도·정책을 합리적으로 정비하고 지원체제를 구축하는 등 적절한 대책 마련

제5장 저탄소 사회의 구현

제38조(기후변화대응의 기본원칙) ①지구온난화에 따른 기후변화 문제의 심각성을 인식하고 국가적·국민적 역량을 모아 총체적으로 대응하고 범지구적 노력에 적극 참여, ② 온실가스 감축의 비용과 편익을 경제적으로 분석하고 국내 여건 등을 감안하여 국가온실가스 중장기 감축 목표를 설정하고, 가격기능과 시장원리에 기반을 둔 비용효과적 방식의 합리적 규제체제를 도입함으로써 온실가스 감축을 효율적·체계적으로 추진, ③ 온실가스를 획기적으로 감축하기 위하여 정보통신·나노·생명 공학 등 첨단기술 및 융합기술을 적극 개발하고 활용, ④ 온실가스 배출에 따른 권리·의무를 명확히 하고 이에 대한 시장거래를 허용함으로써 다양한 감축수단을 자율적으로 선택할 수 있도록 하고, 국내 탄소시장을 활성화하여 국제 탄소시장에 적극 대비, ⑤ 대규모 자연재해, 환경생태와 작물상황의 변화에 대비하는 등 기후변화로 인한 영향을 최소화하고 그 위험 및 재난으로부터 국민의 안전과 재산을 보호하는 기후변화대응 정책 및 관련 계획을 수립·시행하여야 한다.

제39조(에너지정책 등의 기본원칙)

제40조(기후변화대응 기본계획) ① 20년을 계획기간으로 하는 기후변화대응 기본계획을 5년마다 수립·시행하여야 한다.

③ 기후변화대응 기본계획에는 다음 각 호의 사항이 포함되어야 한다.

1. 국내외 기후변화 경향 및 미래 전망과 대기 중의 온실가스 농도변화
2. 온실가스 배출·흡수 현황 및 전망
3. 온실가스 배출 중장기 감축목표 설정 및 부문별·단계별 대책
4. 기후변화대응을 위한 국제협력에 관한 사항 등

제41조(에너지기본계획의 수립) 에너지기본계획을 5년마다 수립·시행하여야 한다.

제42조(기후변화대응 및 에너지의 목표관리) ① 온실가스 감축 목표, ② 에너지 절약 목표 및 에너지 이용효율 목표, ③ 에너지 자립 목표, ④신·재생에너지 보급 목표 등의 중장기 및 단계별 목표를 설정하고 그 달성을 위하여 필요한 조치 강구

시행령 제28조(중앙행정기관등의 목표관리 방법 및 절차)

시행령 제29조(관리업체 지정기준 등) 기준량 이상의 온실가스 배출업체 및 에너지 소비업체"란 다음 각 호의 업체를 말한다.

1. 해당 연도 1월 1일을 기준으로 최근 3년간 업체의 모든 사업장에서 배출한 온실가스와 소비한 에너지의 연평균 총량이 별표 2 및 별표 3의 기준 모두에 해당하는 업체

■ 저탄소 녹색성장 기본법 시행령 [별표 2]
    관리업체지정 온실가스 배출량 기준(제29조제1항제1호 관련)
1. 2011년 12월 31일까지 적용되는 기준: 125 kilotonnes CO_2-eq 이상
2. 2012년 1월 1일부터 적용되는 기준: 87.5 kilotonnes CO_2-eq 이상
3. 2014년 1월 1일부터 적용되는 기준: 50 kilotonnes CO_2-eq 이상

■ 저탄소 녹색성장 기본법 시행령 [별표 3]
    관리업체지정 에너지 소비량 기준(제29조제1항제1호 관련)
1. 2011년 12월 31일까지 적용되는 기준: 500 terajoules 이상
2. 2012년 1월 1일부터 적용되는 기준: 350 terajoules 이상
3. 2014년 1월 1일부터 적용되는 기준: 200 terajoules 이상

2. 업체의 사업장 중 최근 3년간 온실가스 배출량과 에너지 소비량의 연평균 총량이 별표 4 및 별표 5의 기준 모두에 해당하는 사업장이 있는 업체의 해당 사업장

■ 저탄소 녹색성장 기본법 시행령 [별표 4]
관리업체지정 사업장 온실가스 배출량 기준(제29조제1항제2호 관련)
1. 2011년 12월 31일까지 적용되는 기준: 25 kilotonnes CO2-eq 이상
2. 2012년 1월 1일부터 적용되는 기준: 20 kilotonnes CO2-eq 이상
3. 2014년 1월 1일부터 적용되는 기준: 15 kliotonnes CO2-eq 이상

■ 저탄소 녹색성장 기본법 시행령 [별표 5]
관리업체지정 사업장 에너지 소비량 기준(제29조제1항제2호 관련)
1. 2011년 12월 31일까지 적용되는 기준: 100 terajoules 이상
2. 2012년 1월 1일부터 적용되는 기준: 90 terajoules 이상
3. 2014년 1월 1일부터 적용되는 기준: 80 terajoules 이상

시행령 제30조(관리업체에 대한 목표관리 방법 및 절차)

목표를 통보받은 관리업체는 다음 각 호의 사항을 포함한 다음 연도 이행계획을 전자적 방식으로 매년 12월 31일까지 부문별 관장기관에게 제출하여야 하며, 부문별 관장기관은 이를 확인하여 다음 연도 1월 31일까지 센터에 제출하여야 한다.

① 3년 단위의 연차별 목표와 이행계획, ② 사업장별 생산설비 현황 및 가동률

③ 사업장별 배출 온실가스의 종류·배출량 및 사용 에너지의 종류·사용량 현황

④ 사업장별 온실가스 감축, 에너지 절약 및 에너지 이용효율 목표와 이행방법

⑤ 주요 생산 공정별 온실가스 배출 현황 및 에너지 소비량

⑥ 주요생산 공정별 온실가스 감축,에너지 절약 및 에너지 이용효율 목표와 이행방법

⑦ 사업장별 온실가스 배출량 및 에너지 소비량 산정방법
⑧ 그 밖에 법 제42조제6항에 따른 목표의 이행을 위하여 환경부장관이 정하는 사항
관리업체는 제4항에 따른 이행계획을 실행한 실적을 전자적 방식으로 다음 연도 3월 31일까지 부문별 관장기관에게 보고하여야 하며, 부문별 관장기관은 실적보고서의 정확성과 측정·보고·검증이 가능한 방식으로 작성되었는지 여부 등을 확인하고 이를 센터에 제출하여야 한다.
시행령 제31조(등록부의 관리) 센터는 제30조제5항에 따라 부문별 관장기관으로부터 이행실적을 제출받으면 이를 법 제42조제8항에 따른 등록부로 작성하여 전자적 방식으로 통합 관리·운영하여야 한다.
제33조의2(외부감축실적의 인정),제43조(온실가스 감축의 조기행동 촉진)
제44조(온실가스 배출량 및 에너지 사용량 등의 보고) 관리업체는 사업장별로 매년 온실가스 배출량 및 에너지 소비량에 대하여 측정·보고·검증 가능한 방식으로 명세서를 작성하여 정부에 보고하여야 한다.
제45조(온실가스 종합정보관리체계의 구축)

> **저탄소 녹색성장 기본법 시행령[시행 2021. 6. 9.]**
> 제36조(국가 온실가스 종합정보관리체계의 구축 및 관리) 국가 온실가스 종합정보관리체계를 구축·관리하기 위하여 환경부장관 소속으로 온실가스 종합정보센터를 둔다.
> ② 센터는 다음 각 호의 사항을 관장한다.
> 1. 국가 및 부문별 온실가스 감축 목표 설정의 지원
> 2. 국제기준에 따른 국가 온실가스 종합정보관리체계 운영
> 3. 업무협조 지원 및 관계 중앙행정기관에 대한 정보 제공
> 4. 국내외 온실가스 감축 지원을 위한 조사·연구
> 5. 저탄소 녹색성장 관련 국제기구·단체 및 개발도상국과의 협력

제46조(총량제한 배출권 거래제 등의 도입), 제47조(교통부문의 온실가스 관리)

제48조(기후변화 영향평가 및 적응대책의 추진)

제6장 녹색생활 및 지속가능발전의 실현

제49조(녹색생활 및 지속가능발전의 기본원칙) 녹색생활 및 지속가능발전의 실현을 위한 국가의 시책은 기본원칙에 따라 추진되어야 한다.

제50조(지속가능발전 기본계획의 수립·시행) 정부는 20년을 계획기간으로 하는 지속가능발전 기본계획을 5년마다 수립·시행하여야 한다.

제51조(녹색국토의 관리), 제52조(기후변화대응을 위한 물 관리)

제53조(저탄소 교통체계의 구축), 제54조(녹색건축물의 확대)

제55조(친환경 농림수산의 촉진 및 탄소흡수원 확충), 제56조(생태관광의 촉진 등)

제57조(녹색성장을 위한 생산·소비 문화의 확산) , 제58조(녹색생활 운동의 촉진)

제59조(녹색생활 실천의 교육·홍보), 제61조(국제협력의 증진) 끝

2) 온실가스에너지 목표관리 운영 등에 관한 지침

제1조(목적) 온실가스·에너지 목표관리제 운영 등에 관한 세부사항과 절차를 정함.

제2조(용어의 정의) 검증, 공정배출, 관리업체, 구분 소유자, 매개변수, 배출계수, 배출시설, 배출허용량, 에너지 관리의 연계성, 연소배출, 연속측정방법, 온실가스, 온실가스 배출, 온실가스 간접배출, 외부감축실적, 운영통제 범위, 이행계획, 전환율, 조기감축실적, 조기행동, 조직경계, 지배적인 영향력, 총발열량, 최적가용기법(Best Available Technology), 추가성, 활동자료, 바이오매스, 배출원, 흡수원, 명세서, 이산화탄소 포집 및 이동

제3조(타 규정과의 관계) ① 「저탄소 녹색성장 기본법」의 온실가스·에너지 목표관리에 관하여는 이 지침을 우선하여 적용한다.

제4조(주체별 역할분담) ① 환경부장관
1. 목표관리에 관한 제도 운영 및 총괄·조정
2. 목표관리에 관한 종합적인 기준과 지침의 제·개정 및 운영
3. 부문별 관장기관 등의 소관 사무에 관한 종합적인 점검·평가 등을 담당한다

② 부문별 관장기관
1. 관리업체의 선정·지정·관리 및 필요한 조치 등에 관한 사항
2. 관리업체에 대한 온실가스 감축, 에너지 절약 등 목표의 설정
3. 관리업체 지정에 대한 이의신청 재심사, 결과 통보 및 변경 내용에 대한 고시 등을 담당한다.

③ 센터
1. 목표관리 업무 수행 지원 및 체계적 관리를 위한 국가온실가스종합관리시스템의 구축 및 관리 등에 관한 사항
2. 금융위원회 또는 한국거래소의 요청에 따른 관리업체 명세서의 통보
3. 심사위원회의 운영 등을 담당한다

④ 관리업체
1. 온실가스 감축, 에너지 절약 등 목표의 달성
2. 시행령 제30조에 따른 이행계획 및 이행실적 제출
3. 명세서의 작성 및 검증기관의 검증을 거친 명세서의 제출
4. 관장기관의 개선명령 등 필요한 조치에 대한 성실한 이행
5. 부문별 관장기관이 관리업체 선정·지정·관리를 위해 필요한 자료의 제출
6. 관리업체 지정에 대한 이의신청

제2장 관리업체의 지정 및 관리

제8조(관리업체의 구분) 관리업체에 해당되는 업체는 다음 각 호의 경우를 말한다.

1. 업체에서 배출한 온실가스와 소비한 에너지의 최근 3년간 연평균 총량이 별표 1에서 정하는 기준 이상인 경우

구 분	온실가스 배출량(kilotonnes CO_2-eq)	에너지 소비량(terajoules)
2011년 12월 31일까지	125 이상	500 이상
2012년 1월 1일부터	87.5 이상	350 이상
2014년 1월 1일부터	50 이상	200 이상

2. 업체 내 사업장에서 배출한 온실가스와 소비한 에너지의 최근 3년간 연평균 총량이 별표 2에서 정하는 기준 미만이더라도 제1호에 해당되는 경우

구 분	온실가스 배출량(kilotonnes CO_2-eq)	에너지 소비량(terajoules)
2011년 12월 31일까지	25 이상	100 이상
2012년 1월 1일부터	20 이상	90 이상
2014년 1월 1일부터	15 이상	80 이상

③ 관리업체에 해당되는 사업장은 사업장에서 배출한 온실가스와 소비한 에너지의 최근 3년간 연평균 총량이 모두 별표 2의 기준 이상인 경우를 말한다.

④ 제2항의 업체에 해당되지 않는 경우로서 업체 내 사업장이 별표 2의 기준 이상일 경우에는 제3항에 의한 각각의 사업장으로 본다.

제9조(소관 부문별 관장기관 등)

1. 농림축산식품부 : 농업·임업·축산·식품 분야
2. 산업통상자원부 : 산업·발전(發電) 분야
3. 환경부 : 폐기물 분야
4. 국토교통부 : 건물·교통 분야(해운·항만 분야는 제외한다)
5. 해양수산부 : 해양·수산·해운·항만 분야

② 한국표준산업분류 기준에 의한 일부 업종의 관장기관은 다음 각 호와 같다. 이 경우 관리업체 업종 구분은 제1항의 후단에 따른다.

제10조(관리업체 지정대상 선정 등) ① 관리업체 선정 및 지정을 위한 온실가스 배출량 등 산정은 제출되는 온실가스·에너지 목표관리 이행실적 및 명세서 등을 기준으로 하여야 한다.

② 부문별 관장기관은 제1항의 자료로 확인이 곤란할 경우에는 다음 각 호의 자료를 활용할 수 있다.

1. 환경부의 "온실가스 및 대기오염물질 통합관리시스템"(Greenhouse Gas-Clean Air Policy Support System, http://airemiss.nier.go.kr)
2. 산업통상자원부의 "국가 온실가스 종합정보시스템"(National GHG Emission Total Information System, http://netis.kemco.or.kr) 및 에너지이용합리화법 제31조에 따른 에너지사용량신고자료
3. 국토교통부의 "운수행정시스템"(ITAS), "화물차 유류구매카드 통합한도관리시스템"."자동차검사통합전산시스템"(VehicleInspection ManagementSystem),"건물에너지정보공개시스템"(http://open.greentogether.go.kr/ifm/cmm/selectMain.do)
4.해양수산부의 "선박 온실가스 종합관리 시스템"(Ship Emission Management System, https://www.sem.go.kr)

제12조(건물분야 특례), 제16조(지정대상 관리업체의 목록작성)

제17조(지정대상 관리업체 목록 등의 제출시기) 부문별 관장기관은 매년 4월 30일까지 전자적 방식 등으로 환경부장관에게 통보하여야 한다.

제20조(관리업체의 지정·고시) 부문별 관장기관은 매년 6월 30일까지 소관 관리업체를 관보에 고시하여야 한다.

제3장 온실가스·에너지 감축 목표의 설정 및 관리

제23조(목표 설정의 원칙), 제26조(기준연도 배출량 등),

제28조(목표관리 대상기간) ① 관리업체의 목표관리 대상기간은 부문별 관장기관으로부터 목표를 설정 받은 다음 해의 1월 1일부터 12월 31일까지로 한다.

제29조(목표설정의 기준 및 절차) ① 관리업체의 예상배출량은 기존 배출시설에 해당하는 예상배출량과 신·증설 시설에 해당하는 예상배출량을 합산하여 산정한다.

제30조(과거실적 기반의 목표 설정방법) ① 부문별 관장기관은 기존 배출시설에 대한 배출허용량과 신·증설 시설에 대한 배출허용량을 합산하여 관리업체의 배출허용량을 설정한다.

제31조(벤치마크 기반의 목표 설정방법)

벤치마크 기반의 목표 설정방법(제31조제5항 관련)

1. 관리업체의 배출허용량(목표) 설정 방법

$$EA\_company_{i,j} = \sum_k EA\_BM\_inst_{i,j,k} + \sum_k EA\_BM\_new\_inst_{i,j,k}$$

2. 기존 배출시설의 배출허용량(목표) 설정 방법

여기에서 기존 배출시설이란 관리업체로 지정된 연도 이전에 정상가동한 배출시설을 말한다.

$$EA\_BM\_inst_{i,j,k} = [HE_{i,j,k} \times Ratio_i + AL_{i,j,k} \times BM_{i,j,k} \times (1 - Ratio_i)] \times (1 + GF_{ijk}$$

---

3. 신·증설 시설에 대한 배출허용량(목표) 설정방법

$$EA\_BM\_new\_inst_{i,j,k} = C_{i,j,k} \times t_M \times RD \times BM_{i,j,k}$$

4. 기준연도 배출량 인정계수(Ratio)의 결정 방법
5. 배출활동별 배출시설 종류 및 벤치마크 할당 계수 개발방법 등

제32조(벤치마크 할당계수의 개발 등) 최적가용기법(BAT)의 종류 및 운전방법 등을 개발함에 있어 고려할 사항은 별표 8과 같다.

최적가용기법(BAT) 개발 시 고려사항 (제32조제4항 관련)

가. 최적 또는 최고 수준과 관련한 고려요소

1) 실제 온실가스를 감축할 수 있는 최고 수준의 공정, 시설 및 운전방법 모두 포함.

2) 온실가스를 감축하거나 최소화할 수 있는 것 중 가장 효과적인 것을 의미한다.

3) 과학적 지식을 근거로 그 기능이 시험되고 증명되어진 최선의 기술과 공정, 설비, 운전방법을 의미한다.

나. 이용가능성과 관련한 고려요소

1) 실제로 이용할 수 있는 기술이어야 한다.

2) 파일롯(pilot) 규모로서 실증된 기술도 원칙적으로 최적가용기법의 범위에 포함된다.

3) 최적가용기법에는 국내 기술뿐만 아니라 외국의 기술도 해당된다.

4) 새로운 기술의 성공사례가 있을 경우 최적가용기법의 범위에 포함 할 수 있다.

5) 경제적으로 그리고 기술적으로 가능한 조건하에서 관련 산업에서 적용할 수 있는 규모 및 특성에 부합하도록 개발된 것을 의미한다.

다. 감축기술과 관련한 고려요소

1) 공정의 설계와 운전자의 자질 등도 기술의 범주에 포함한다.

2). 온실가스의 사후처리 기술뿐만 아니라 연료의 대체, 연소기술, 환경 친화적인 공정과 운전방법 등 온실가스의 배출을 감축할 수 있는 일련의

> 기술군을 총칭한다.
>
> **라. 기타 최적가용기법(BAT) 개발 시 고려요소**
>
> 1) 환경피해를 방지함으로써 얻을 수 있는 이익이 BAT 적용 비용보다 커야 한다.
>
> 2) 기존 및 신규공장에 최적가용기법을 설치하는데 필요한 시간을 고려한다.
>
> 3) 폐기물의 발생 감소, 폐기물 회수와 재사용 등을 촉진 여부를 고려하여야 한다.
>
> 4) 관련 법률에 따른 환경규제, 인·허가 등이 제약이 발생하는지 여부를 고려.
>
> 5) 기술의 진보와 과학의 발전을 고려한다.
>
> 6) 온실가스와 기타 오염물질의 통합감축을 촉진하여야 한다.

제33조(목표의 설정 및 관리 특례), 제34조(목표의 재설정 등)

제35조(에너지 절약목표 등의 설정)

제37조(목표 달성의 평가 등) ① 부문별 관장기관은 온실가스·에너지 목표 달성에 대한 평가를 온실가스 감축 및 에너지 절약의 두 가지 목표를 상호 연계하여 평가한다.

제4장 목표관리제의 배출량 산정 및 보고 체계

제38조(명세서의 작성 및 배출량 등의 산정·보고체계)

제39조(명세서의 제출) ① 관리업체는 검증기관의 검증을 거친 명세서를 매년 3월 31일까지 전자적 방식으로 부문별 관장기관에 제출하여야 한다.

제40조(이행계획서의 작성 및 제출) ① 관리업체는 해당 연도 12월 31일까지 전자적 방식으로 다음 연도 이행계획을 작성하여 부문별 관장기관에 제출하여야 한다.

제5장 온실가스 배출량 및 에너지 소비량의 검증

제44조(온실가스 배출량 및 에너지 소비량의 검증) 「온실가스·에너지 목표관리제 운영을 위한 검증지침」을 준용한다.

제6장 명세서 및 이행실적의 확인

제45조(명세서의 확인) ① 부문별 관장기관은 관리업체가 제출한 명세서에 대하여 누락 및 검증기관의 검증 여부 등을 확인하여야 한다.

제46조(이행실적의 확인) ① 부문별 관장기관은 관리업체 이행실적에 대해 다음 각 호의 사항을 확인하여야 한다.
이행계획과의 연계성 및 정확성 여부, 온실가스 배출량 등의 산정·보고기준 준수여부, 목표에 대한 이행여부, 검증결과의 적정성, 개선명령의 이행여부, 기타

제47조(개선명령)

제7장 조기감축실적 등의 인정

제48조(조기감축실적의 인정원칙)

제49조(조기감축실적의 인정기준)

제50조(조기감축실적의 인정 대상 시기)

제51조(조기감축실적의 인정유형) 조기감축실적으로 인정받을 수 있는 사업의 유형

조기감축실적 인정 가능 대상사업의 유형 (제51조 관련)
1. 산업통상자원부 "온실가스 감축실적 등록사업"
2. 산업통상자원부 "에너지 목표관리 시범사업"
3. 국토교통부 "에너지 목표관리 시범사업"
4. 환경부 "온실가스 배출권 거래제 시범사업"

제56조(조기감축실적 평가결과의 확인) 환경부장관은 부문별 관장기관의 평가결과에 대한 중복성, 적절성 등을 확인하고 그 결과를 부문별 관장기관에게 통보한다.

제60조(조기감축실적 정보의 공개)
1. 조기감축실적 인정기준 , 2. 조기감축실적 인정사업의 목록

제8장 등록부의 관리

제62조(등록부 구축) 센터는 등록부를 구축하고 전자적 방식으로 통합 관리·운영하여야 한다.

제9장 검증기관의 지정 및 관리(생략)
제10장 부문별 관장기관 소관사무의 종합적인 점검·평가(생략)

제2편 명세서의 작성 방법 등
제1장 총 칙

제80조(목적) 이 지침 이 편은 명세서의 작성 방법, 보고절차 등에 관한 세부사항과 절차를 정하는 것을 목적으로 한다.

제2장 명세서의 작성 방법 등

제83조(배출량 등의 산정 원칙)

제84조(배출량 등의 산정 절차) "배출량 인증지침"을 적용한다.

제85조(배출량 등의 산정 범위)

제86조(명세서의 작성) 관리업체는 온실가스 배출량 등의 산정결과를 별지 제15호 서식에 따라 명세서를 작성하여야 한다.

제3장 명세서의 공개

제87조(명세서의 공개) 끝

3) 온실가스 배출권의 할당 및 거래에 관한 법률

제1조(목적) 온실가스 배출권을 거래하는 제도를 도입함으로써 시장기능을 활용하여 효과적으로 국가의 온실가스 감축목표를 달성하는 것을 목적으로 한다.

제2조(정의) 온실가스, 온실가스 배출, 배출권, 계획기간, 이행연도, 이산화탄소상당량톤(tCO_2-eq),

제3조(기본원칙) 정부는 배출권의 할당 및 거래에 관한 제도를 수립하거나 시행할 때에는 기본원칙에 따라야 한다.

1. 「기후변화에 관한 국제연합 기본협약」 및 관련 의정서에 따른 원칙을 준수하고, 기후변화 관련 국제협상을 고려할 것

2. 배출권거래제가 경제 부문의 국제경쟁력에 미치는 영향을 고려할 것 등

제2장 배출권거래제 기본계획의 수립 등

제4조(배출권거래제 기본계획의 수립 등) 정부는 10년을 단위로 하여 5년마다 배출권거래제에 관한 중장기 정책목표와 기본방향을 정하는 배출권거래제 기본계획을 수립하여야 한다.

제5조(국가 배출권 할당계획의 수립 등) 정부는 국가온실가스감축목표를 효과적으로 달성하기 위하여 계획기간별로 국가 배출권 할당계획을 매 계획기간 시작 6개월 전까지 수립하여야 한다.

제3장 할당대상업체의 지정 및 배출권의 할당

제1절 할당대상업체의 지정

제8조(할당대상업체의 지정 및 지정취소) 환경부장관과 부문별 관장기관장은 매 계획기간 시작 5개월 전까지 할당계획에서 정하는 배출권의 할당 대상이 되는 부문 및 업종에 속하는 온실가스 배출업체 중에서 배출

권 할당 대상업체로 지정·고시한다.

제9조(신규진입자에 대한 할당대상업체의 지정)

제10조(목표관리제의 적용 배제)

제11조(배출권등록부) 주무관청에 배출권 거래등록부를 둔다. 배출권등록부에는 다음 각 호의 사항을 등록한다.

1. 계획기간 및 이행연도별 배출권의 총수량
2. 할당대상업체, 그 밖의 개인 또는 법인 명의의 배출권 계정 및 그 보유량
3. 제18조에 따른 배출권 예비분 관리를 위한 계정 및 그 보유량
4. 제25조에 따라 주무관청이 인증한 온실가스 배출량
5. 그 밖에 효과적이고 안정적인 배출권의 할당 및 거래를 위하여 필요한 사항으로서 대통령령으로 정하는 사항

제2절 배출권의 할당

제12조(배출권의 할당) ① 주무관청은 계획기간마다 할당계획에 따라 할당대상업체에 해당 계획기간의 총배출권과 이행연도별 배출권을 할당한다.

② 제1항에 따른 배출권 할당의 기준은 다음 각 호의 사항을 고려하여 대통령령으로 정한다.

③ 제1항에 따른 배출권의 할당은 유상 또는 무상으로 한다.

제13조(배출권 할당의 신청 등)

① 할당대상업체는 매 계획기간 시작 4개월 전까지 자신의 모든 사업장에 대하여 다음 각 호의 사항이 포함된 배출권 할당신청서를 작성하여 주무관청에 제출하여야 한다.

제4장 배출권의 거래

제19조(배출권의 거래) ① 배출권은 매매나 그 밖의 방법으로 거래할

수 있다.

② 배출권은 온실가스를 대통령령으로 정하는 바에 따라 이산화탄소상당량톤으로 환산한 단위로 거래한다.

> **온실가스 배출권의 할당 및 거래에 관한 법률 시행령**
> 제32조(배출권 거래계정의 등록 등) ① 배출권을 거래하려는 자는 법 제20조에 따라 배출권 거래계정 등록신청서를 전자적 방식으로 환경부장관에게 제출해야 한다.
> ② 환경부장관은 제1항에 따라 배출권 거래계정 등록신청서를 제출받으면 그 적절성을 검토한 후 배출권등록부에 신청인의 배출권 거래계정을 개설해야 한다.
> ③ 제1항 및 제2항에도 불구하고 할당대상업체의 배출권 거래계정은 환경부장관이 직권으로 배출권등록부에 등록해야 한다.
> ④ 법 제20조제2항에서 "대통령령으로 정하는 경우"란 배출권 거래시장의 연계 또는 통합을 위한 조약 또는 국제협정에 따라 외국 법인 또는 개인의 배출권 거래가 허용된 경우를 말한다.
> ⑤ 환경부장관은 필요한 경우 다음 각 호의 구분에 따른 배출권 거래계정을 등록할 수 있다.
> 1. 법 제12조에 따른 배출권의 할당을 위한 배출권 거래계정
> 2. 법 제18조에 따른 배출권 예비분을 위한 배출권 거래계정
> 3. 법 제27조에 따른 배출권의 제출을 위한 배출권 거래계정
> 4. 그 밖에 배출권 거래시장의 안정을 위하여 필요하다고 인정되는 업무를 위한 배출권 거래계정

시행령 제31조(배출권의 거래)

제21조(배출권 거래의 신고) 배출권을 거래한 자는 대통령령으로 정하는 바에 따라 그 사실을 주무관청에 신고하여야 한다.

제5장 배출량의 보고·검증 및 인증

제24조(배출량의 보고 및 검증) 할당대상업체는 매 이행연도 종료일부터 3개월 이내에 배출량 산정계획서를 기준으로 명세서를 작성하여 주무관청에 보고하여야 한다.

제24조의2(검증기관) 주무관청은 외부 검증 전문기관을 지정할 수 있다.
제24조의3(검증심사원) 검증기관의 검증업무는 전문분야별 자격요건을 갖추어 주무관청이 발급한 자격증을 보유한 검증심사원이 수행하여야 한다.
제25조(배출량의 인증 등) 주무관청은 보고를 받으면 그 내용에 대한 적합성을 평가하여 할당대상업체의 실제 온실가스 배출량을 인증한다.
제6장 배출권의 제출, 이월·차입, 상쇄 및 소멸

4) 지속가능발전 기본법

[시행 2022. 7. 5.] [법률 제18708호, 2022. 1. 4., 제정]
국무조정실(재정금융정책관실), 044-200-2193

제1조(목적) 이 법은 경제·사회·환경의 균형과 조화를 통하여 지속가능한 경제 성장, 포용적 사회 및 기후·환경 위기 극복을 추구함으로써 현재 세대는 물론 미래 세대가 보다 나은 삶을 누릴 수 있도록 하고 국가와 지방 나아가 인류사회의 지속가능발전을 실현하는 것을 목적으로 한다.
제2조(정의) 이 법에서 사용하는 용어들은 다음과 같다
1. "지속가능성", 2. "지속가능발전", 3. "지속가능한 경제 성장", 4. "포용적 사회", 란 모든 구성원이 존엄과 평등, 그리고 건강한 환경 속에서 자신의 잠재력을 실현할
5. "지속가능발전목표": 2015년 국제연합(UN)이 채택한 17개의 목표를 말한다.
6. "국가지속가능발전목표"
제3조(기본원칙) 지속가능발전은 기본원칙에 따라 추진되어야 한다.

제7조(지속가능발전 국가기본전략) 정부는 20년을 단위로 하는 지속가능발전 국가기본전략을 수립하고 이행하여야 한다.

제9조(추진계획의 수립·이행) 중앙행정기관의 장은 5년마다 지속가능발전 시책 중 소관 분야 사항을 포함한 추진계획을 수립·이행하여야 한다.

제15조(지속가능발전지표 및 지속가능성 평가) 국가와 지방자치단체는 지속가능발전목표를 반영하여 국가와 지방 차원의 지속가능발전지표를 개발하고 보급하여야 한다.

제16조(지속가능발전 보고서) 국가위원회는 2년마다 중앙추진계획의 추진상황 점검 결과와 국가지속가능성 평가 결과를 종합하여 지속가능발전 국가보고서를 작성하고 대통령에게 보고한 후 공표하여야 한다.

제23조(지속가능한 경제 성장) 국가와 지방자치단체는 자원 다소비형 산업구조가 지속가능한 생산·소비 및 산업구조로 단계적으로 전환될 수 있도록 노력하여야 한다.

제24조(포용적 사회 구현) 국가와 지방자치단체는 다양한 사회적 문제와 갈등 및 불평등 심화 등을 사전에 예측하고 이에 대한 대응 방안을 마련하여야 한다.

제25조(생태·환경 및 기후위기 대응) 국가와 지방자치단체는 모든 국민이 물의 혜택을 고루 누릴 수 있도록 기후변화로 인한 자연재해, 물 부족, 수질악화 및 수생태계 변화에 효과적으로 대응하기 위하여 필요한 시책을 수립·시행하여야 한다.

제27조(지속가능발전 정보의 보급 등) 국가와 지방자치단체는 지속가능발전에 관한 지식·정보를 보급하여야 한다.

제28조(지속가능발전에 관한 교육·홍보) 국가와 지방자치단체는 지속가능발전에 관한 교육·홍보를 확대함으로써 사업자·국민 및 민간단체

등이 지속가능발전 정책과 활동에 적극적으로 참여하고 일상생활에서도 지속가능발전을 실천할 수 있도록 하여야 한다.

5) 대·중소기업 상생협력 촉진에 관한 법률 (약칭: 상생협력법)
[법률 제17799호, 시행일은 2021. 12. 31이나 개정된 여러 법조문의 시행일이 2022. 2. 18이니 반드시 확인하여야 한다] ,중소벤처기업부(상생협력정책과),중소벤처기업부(상생협력지원과),중소벤처기업부(거래환경개선과), 중소벤처기업부(기술보호과),

이 법은 대기업과 중소기업 간 상생협력 관계를 공고히 하여 대기업과 중소기업의 경쟁력을 높이고 대기업과 중소기업의 양극화를 해소하여 동반성장을 달성함으로써 국민경제의 지속성장 기반을 마련함을 목적으로 하며 다음과 같은 내용들을 담고 있다
(제3조)정부는 대·중소기업 상생협력 촉진시책의 기본방향에 따라 대·중소기업 상생협력을 촉진하기 위한 시책을 수립하여 시행하여야 한다. (제8조)상생협력 성과의 공평한 배분, (제10조) 대기업과 중소기업 간의 인력교류 확대, (제10조) 대기업과 중소기업 간의 인력교류 확대, (제11조) 중소기업에 대한 대기업의 자본 참여, (제12조) 대기업과 중소기업 간의 환경경영협력 촉진, (제15조) 대·중소기업 상생협력지수의 산정·공표, (제16조) 상생협력 우수기업 선정·지원, (제18조) 대기업과 중소기업 간의 임금격차 완화, (제20조의5) 대·중소기업상생협력기금의 설치, 제4장 수탁·위탁거래의 공정화, (제21조) 약정서의 발급, (제21조의2) 비밀유지계약의 체결, (제22조) 납품대금의 지급, (제22조의2) 공급원가 변동에 따른 납품대금의 조정 등이 규정되어 있다.
특히 제25조(준수사항)에 따라 위탁기업은 수탁기업에 물품등의 제조를

위탁할 때 해서는 안되는 행위를 정하고 있어 이를 준수하여야 한다

6) 산업 발전법

[시행 2021. 12. 30.] [법률 제17799호],산업통상자원부(산업정책과), 044-203-4213

이 법은 지식기반경제의 도래에 대응하여 산업의 경쟁력을 강화하고 지속가능한 산업발전을 도모함으로써 국민경제의 발전에 이바지함을 목적으로 하고 있다

제2장 산업의 경쟁력 강화, 제4조(중·장기 산업발전전망의 수립), 제5조(첨단기술 및 첨단제품의 선정), 제6조(부문별 경쟁력 강화시책) 중에 산업부문의 온실가스 배출 감축 지원 방안 및 산업부문별 지구온난화 등 기후변화에 따른 영향 분석 및 적응 방안이 들어 있다.

제19조(지속가능경영 종합시책) 정부는 기업이 경제적 수익성, 환경적 건전성, 사회적 책임성을 함께 고려하는 지속가능한 경영 활동을 추진할 수 있도록 5년마다 종합시책을 수립·시행하여야 한다. 종합시책에는 기업의 지속가능경영 촉진정책의 기본방향 및 목표, 지속가능경영의 국제표준화 및 규범화에 대한 대응 방안, 지속가능경영을 통한 산업 경쟁력 제고 방안, 기업의 자율적인 지속가능경영 기반 구축 및 확대 방안이 있다. 정부는 기업이 자율적으로 지속가능경영을 추진하도록 필요한 지원을 할 수 있으며 기업의 지속가능경영을 효율적으로 촉진하기 위하여 기업 지원 관련 기관이나 단체를 지속가능경영 지원센터로 지정할 수 있다 (영, 제9조의2(지속가능경영 지원센터의 지정 등)

제5장 산업기술·생산성 향상 및 온실가스 저감 촉진

제27조(사업의 장려)는 온실가스 배출 감축을 촉진하게 하기 위하여 다음 사업을 하도록 장려하여야 한다. 기업의 연구개발, 생산성 향상 및

온실가스 배출 감축과 관련된 조직의 설치 및 운영, 온실가스 배출 감축을 한 사업자 등을 선정, 포상 및 지원 등을 규정하고 있다.

7) 조달사업에 관한 법률 (약칭: 조달사업법)

[시행 2020. 12. 10.] [법률 제17348호],조달청(규제개혁법무담당관), 기획재정부(혁신조달기획과)

 이 법은 조달사업을 공정하고 효율적으로 수행하기 위하여 조달사업의 범위와 운영 및 관리에 필요한 사항을 규정함을 목적으로 하는데,
제6조(사회적 책임 장려) 조달청장은 기업의 사회적 책임을 장려하기 위하여 조달절차에서 환경, 인권, 노동, 고용, 공정거래, 소비자 보호 등 사회적·환경적 가치를 반영할 수 있다고 하여 사회적 책임을 강조하고 있다.
제15조(대금 지급), 제18조(조달물자의 품질관리), 제6장 조달사업의 공정성, 제21조(불공정 조달행위의 조사)는 조달청장은 불공정 조달행위를 하지 못하도록 하고 있음으로 주의하여야 한다.

8) 채용절차의 공정화에 관한 법률 (약칭: 채용절차법)

[시행 2020. 5. 26.] [법률 제17326호, 2020. 5. 26],고용노동부(공정채용기반과),

 이 법은 채용과정에서 구직자가 제출하는 채용서류의 반환 등 채용절차에서의 최소한의 공정성을 확보하기 위한 사항을 정함으로써 구직자의 부담을 줄이고 권익을 보호하는 것을 목적으로 한다.
제4조(거짓 채용광고 등의 금지), 제4조의2(채용강요 등의 금지), 제4조의3(출신지역 등 개인정보 요구 금지), 제6조(채용서류의 거짓 작성 금지), 제8조(채용일정 및 채용과정의 고지) 제9조(채용심사비용의 부담금

지) 등의 규정이 있어 공정하게 채용이 이루어지도록 하고 있다.

9) 주택법
가) 에너지절약형 친환경주택

"에너지절약형 친환경주택"이란 저에너지 건물 조성기술 등 대통령령으로 정하는 기술을 이용하여 에너지 사용량을 절감하거나 이산화탄소 배출량을 저감할 수 있도록 건설된 주택을 말하며, 그 종류와 범위는 대통령령으로 정한다.

　제64조(에너지절약형 친환경 주택의 건설기준 등) ①「주택법」제15조에 따른 사업계획승인을 받은 공동주택을 건설하는 경우에는 다음 각 호의 어느 하나 이상의 기술을 이용하여 주택의 총 에너지사용량 또는 총 이산화탄소배출량을 절감할 수 있는 에너지절약형 친환경 주택(친환경주택)으로 건설하여야 한다.
1. 고단열·고기능 외피구조, 기밀설계, 일조확보 및 친환경자재 사용 등 저에너지 건물 조성기술
2. 고효율 열원설비, 제어설비 및 고효율 환기설비 등 에너지 고효율 설비기술
3. 태양열, 태양광, 지열 및 풍력 등 신·재생에너지 이용기술
4. 자연지반의 보존, 생태면적율의 확보 및 빗물의 순환 등 생태적 순환기능 확보를 위한 외부환경 조성기술
5. 건물에너지 정보화 기술, 자동제어장치 및「지능형전력망의 구축 및 이용촉진에 관한 법률」제2조제2호에 따른 지능형전력망 등 에너지 이용효율을 극대화하는 기술
② 친환경주택을 건설하려는 자가 사업계획승인을 신청하는 경우에는 친환경 주택 에너지 절약계획을 제출하여야 한다.

에너지절약형 친환경주택의 건설기준을 준수하여야 한다.

나) 건강친화형 주택의 건설기준

(1) "건강친화형 주택"이란 건강하고 쾌적한 실내환경의 조성을 위하여 실내공기의 오염물질 등을 최소화할 수 있도록 대통령령으로 정하는 기준에 따라 건설된 주택을 말한다.

(2) 500세대 이상의 공동주택을 건설하는 경우에는 건강친화형 주택의 건설기준을 고려하여 세대 내의 실내공기 오염물질 등을 최소화할 수 있는 건강친화형 주택으로 건설하여야 한다. 오염물질을 적게 방출하거나 오염물질의 발생을 억제 또는 저감시키는 건축자재의 사용, 마감공사의 시공관리, 환기설비의 설치, 성능검증 및 유지, 환기의 시행 등.

(3) "건강친화형 주택"이란 오염물질이 적게 방출되는 건축자재를 사용하고 환기 등을 실시하여 새집증후군 문제를 개선함으로써 거주자에게 건강하고 쾌적한 실내환경을 제공할 수 있도록 일정수준 이상의 실내공기질과 환기성능을 확보한 주택으로서 의무기준을 모두 충족하고 권장기준 1호 중 2개 이상, 2호 중 1개 이상 이상의 항목에 적합한 주택을 말한다.

다) 장수명 주택

(1) "장수명 주택"이란 구조적으로 오랫동안 유지·관리될 수 있는 내구성을 갖추고, 입주자의 필요에 따라 내부 구조를 쉽게 변경할 수 있는 가변성과 수리 용이성 등이 우수한 주택을 말한다.

2) 장수명 주택의 건설기준 및 인증제도 등

① 국토교통부장관은 장수명 주택의 건설기준을 정하여 고시할 수 있다.

② 국토교통부장관은 장수명 주택 인증제도를 시행할 수 있다.

③ 사업주체가 1,000세대 이상의 주택을 공급하고자 하는 때에는 일반 등급 이상의 등급을 인정받아야 한다.

⑦ 인증제도에 따라 인정받은 경우 건폐율·용적률·높이제한을 완화할 수 있다.

(2) 장수명 주택의 인증등급: 최우수 등급, 우수 등급, 양호 등급, 일반 등급

라) 친환경주택

(1) 친환경주택 구성기술 요소는 저에너지 건물 조성기술, 고효율 설비 기술, 신·재생에너지 이용기술, 외부환경 조성기술, 에너지절감 정보기술이다

(2) 친환경주택 건설기준을 준수하여야한다

마) 녹색건축물

녹색건축물 조성 지원법 (약칭: 녹색건축법)국토교통부 (녹색건축과),

(1) "녹색건축물"이란「저탄소 녹색성장 기본법」에 따른 건축물과 환경에 미치는 영향을 최소화하고 동시에 쾌적하고 건강한 거주환경을 제공하는 건축물을 말한다.

(2) 녹색건축의 인증: 국토교통부장관은 지속가능한 개발의 실현과 자원절약형이고 자연친화적인 건축물의 건축을 유도하기 위하여 녹색건축 인증제를 시행한다.

바) (건축물의 에너지효율등급 인증 및 제로에너지건축물

(1) "제로에너지건축물"이란 건축물에 필요한 에너지 부하를 최소화하고 신에너지 및 재생에너지를 활용하여 에너지 소요량을 최소화하는 녹색건축물을 말한다.

(2) 건축물의 에너지효율등급 인증 및 제로에너지건축물 인증: 국토교통부장관은 에너지성능이 높은 건축물을 확대하고, 건축물의 효과적인 에너지관리를 위하여 건축물 에너지효율등급 인증제 및 제로에너지건축물 인증제를 시행한다.

(3) 대통령령으로 정하는 건축물을 건축 또는 리모델링하려는 건축주는 해당 건축물에 대하여 에너지효율등급 인증 또는 제로에너지건축물 인증을 받아 그 결과를 표시하고,

10) 「장애인·노인·임산부 등의 편의증진 보장에 관한 법률」 /[보건복지부

(1) 이 법은 장애인·노인·임산부 등이 일상생활에서 안전하고 편리하게 시설과 설비를 이용하고 정보에 접근할 수 있도록 보장함으로써 이들의 사회활동 참여와 복지 증진에 이바지함을 목적으로 한다.

(2) "시설주등"은 장애인등이 공공건물 및 공중이용시설을 이용할 때 가능하면 최대한 편리한 방법으로 최단거리로 이동할 수 있도록 편의시설을 설치하여야 한다.

(3) (접근권) 장애인등은 시설과 설비를 동등하게 이용하고, 정보에 자유롭게 접근할 수 있는 권리를 가진다.

(4) (대상시설) 공원, 공공건물 및 공중이용시설, 공동주택, 통신시, 그 밖에 장애인등의 편의를 위하여 편의시설을 설치할 필요가 있는 건물·

시설 및 그 부대시설

(5) 장애물 없는 생활환경 인증) 보건복지부장관과 국토교통부장관은 장애인등이 대상시설을 안전하고 편리하게 이용할 수 있도록 편의시설의 설치·운영을 유도하기 위하여 대상시설에 대하여 장애물 없는 생활환경 인증을 할 수 있다.

(6) 장애물 없는 생활환경 인증 의무 시설의 범위: ①「도시공원 및 녹지 등에 관한 법률」의 도시공원, 법 제2조제4호의 공원시설,② 공공기관이 신축·증축·개축 또는 재축하는 청사, 문화시설 등의 공공건물 및 공중이용시설 중에서 대통령령으로 정하는 시설,③ 공공기관 외의 자가 신축·증축·개축 또는 재축하는 공공건물 및 공중이용시설로서 시설의 규모, 용도 등을 고려하여 대통령령으로 정하는 시설

11)「교통약자의 이동편의 증진법」(약칭: 교통약자법)/국토교통부

(1) 이 법은 교통약자가 안전하고 편리하게 이동할 수 있도록 교통수단, 여객시설 및 도로에 이동편의시설을 확충하고 보행환경을 개선하여 사람 중심의 교통체계를 구축함으로써 교통약자의 사회 참여와 복지 증진에 이바지함을 목적으로 한다.

(2) (교통수단 등 인증)

① 국토교통부장관은 교통약자가 안전하고 편리하게 이동할 수 있도록 이동편의시설을 설치한 교통수단·여객시설 및 도로에 장애물 없는 생활환경 인증을 할 수 있다.

② 국토교통부장관은 교통약자의 안전하고 편리한 이동을 위하여 교통수단·여객시설 및 도로를 계획 또는 정비한 시·군·구 및 대통령령으로 정하는 지역에 대하여 인증을 할 수 있다.

③ 대상시설에 대하여 인증을 받으려는 설치ㆍ관리자는 국토교통부장관에게 인증을 신청하여야 한다.

④ 다음 각 호의 어느 하나에 해당하는 자가 설치하는 대상시설로서 대통령령으로 정하는 시설의 경우에는 의무적으로 인증을 받아야 한다.

1. 국가ㆍ지방자치단체
2. 「공공기관의 운영에 관한 법률」 제4조에 따른 공공기관
3. 「지방공기업법」에 따른 지방공기업
4. 「사회기반시설에 대한 민간투자법」 제2조제8호에 따른 사업시행자

⑤ 국토교통부장관은 인증업무를 효과적으로 수행하기 위하여 인증기관을 지정할 수 있다. [시행일: 2022. 10. 21.] 제17조의2

12) 「장애물 없는 생활환경 인증에 관한 규칙」/국토교통부

(1) 이 규칙은 장애물 없는 생활환경 인증과 인증기관 지정 등에 관한 사항을 정함을 목적으로 한다.

(2) (인증 대상) 장애물 없는 생활환경 인증 대상은 다음 각 호와 같다.

(3) 제3조(인증의 신청) 개별시설 인증신청은 개별시설의 소유자, 관리자 또는 시공자지역에 대한 인증신청은 지방자치단체의 장, 지역의 개발사업 시행자

(4) (인증 기준 등)

1. 인증대상별 인증지표 및 평가항목
2. 평가항목별 목적, 방법, 배점, 산출기준, 최소기준 등 세부평가기준

13) 교육시설 등의 안전 및 유지관리 등에 관한 법률 시행규칙/교육부

(1) 이 규칙은 「교육시설 등의 안전 및 유지관리 등에 관한 법률」 및 같은 법 시행령에서 위임된 사항과 그 시행에 필요한 사항을 규정함을 목

적으로 한다.

(2) (교육시설안전인증 신청 등) ① 교육시설안전인증을 받으려는 교육시설의 장은 교육시설안전인증 신청서에 다음 각 호의 서류를 첨부하여 교육부장관에게 제출해야 한다. 1. 자체평가서, 2. 자체평가서에 포함된 내용이 사실임을 증명하는 서류

2) "교육부령으로 정하는 규모"란 연면적 5백제곱미터를 말한다.

(3) (교육시설안전인증의 기준 및 등급 등)

1. 시설안전 기준: 교육시설의 구조, 전기·기계·가스·소방 설비 등 교육시설의 안전성에 관한 기준

2. 실내환경안전 기준: 교육시설안전사고 예방을 위한 공간별 안전 대책, 안전한 환경 조성, 건축재료의 안전성 등에 관한 기준

3. 외부환경안전 기준: 교육시설 주변의 보행자 교통 안전, 교육시설의 보안 체계 확립 등에 관한 기준

4. 온실가스

가. 온실가스 개요

1) 온실가스 정의

"온실가스"란 적외선 복사열을 흡수하거나 재방출하여 온실효과를 유발하는 대기 중의 가스 상태의 물질을 말한다.

온실가스 종류는 다음과 같다

① 수증기(H_2O) : 지구 온실가스의 가장 많은 부분을 차지하는 수증기는 주로 태양 복사열에 의해 바다에서 만들어 진다.

② 이산화탄소(CO_2) : 화석연료의 사용으로 인위적으로 발생되는 온실가스 중 이산화탄소는 80%를 차지한다.

③ 메탄(CH_4) : 메탄가스는 미생물에 의한 유기물질의 분해과정을 통해 주로 생산되며, 화석연료 사용, 폐기물 배출, 가축 사육, 바이오매스의 연소 시 생산된다.

④ 아산화질소(N_2O) : 화석연료의 연소, 자동차 배기가스, 질소비료의 사용으로도 생산된다. 지구온난화지수로 보면 300배 이상의 적외선 흡수 능력을 가졌다.

⑤ 수소불화탄소(HFCs) : 인위적으로 발생되는 온실가스로 에어컨, 냉장고의 냉매로 사용량이 급증하면서 온실가스를 일으킨다.

⑥ 과불화탄소(PFCs) : 인위적으로 발생되는 온실가스로 반도체 제작공정과 알루미늄 제련 과정에서 발생한다.

⑦ 육불화황(SF_6) : 인간에 의해 생산 배출되는 온실가스로, 반도체나 전자제품 생산공정에서 발생한다.

⑧ 그 밖에 대통령령으로 정하는 것으로 적외선 복사열을 흡수하거나 재방출하여 온실효과를 유발하는 대기 중의 가스 상태의 물질.

수소불화탄소(HFCs)와 과불화탄소(PFCs)에 대한 세부사항은 아래와 같다.

[별표 3] 수소불화탄소 및 과불화탄소 물질(제2조 관련)	
1. 수소불화탄소 (HFCs)	HFC 23, HFC 32, HFC 41, HFC 43 10mee, HFC 125, HFC 134, HFC 134a, HFC 143, HFC 143a, HFC 152a, HFC 227ea, HFC 236fa, HFC 245ca
2. 과불화탄소(PFCs)	PFC-14, PFC-116, PFC-218, PFC-31-10, PFC-c318, PFC-41-12, PFC-51-14

2) 기타 온실가스 관련 용어의 정의

① "검증"이란 온실가스 배출량과 에너지 소비량의 산정과 조기감축실적 및 외부감축실적의 산정이 이 지침에서 정하는 절차와 기준 등에 적합하게 이루어졌는지를 검토·확인하는 체계적이고 문서화된 일련의 활동을 말한다.

② "공정배출"이란 제품의 생산 공정에서 원료의 물리·화학적 반응 등에 따라 발생하는 온실가스의 배출을 말한다.

③ "배출시설"이란 온실가스를 대기에 배출하는 시설물, 기계, 기구, 그 밖의 유형물로써 각각의 원료(부원료와 첨가제를 포함)나 연료가 투입되는 지점 및 전기·열(스팀)이 사용되는 지점부터의 해당 공정 전체를 말한다. 이때 해당 공정이란 연료 혹은 원료가 투입 또는 전기·열(스팀)이 사용되는 설비군을 말하며, 설비군은 동일한 목적을 가지고 동일한 연료·원료·전기·열(스팀)을 사용하여 유사한 역할 및 기능을 가지고 있는 설비들을 묶은 단위를 말한다.

④ "배출활동"이란 온실가스를 배출하거나 에너지를 소비하는 일련의 활동을 말한다.

⑤ "불확도"란 온실가스 배출량 등의 산정결과와 관련하여 정량화된 양을 합리적으로 추정한 값의 분산특성을 나타내는 정도를 말한다.

⑥ "사업장"이란 동일한 법인, 공공기관 또는 개인(이하 "동일법인 등"이라 한다) 등이 지배적인 영향력을 가지고 재화의 생산, 서비스의 제공 등 일련의 활동을 행하는 일정한 경계를 가진 장소, 건물 및 부대시설 등을 말한다.

⑦ "산정"이란 법 제44조제1항 및 시행령 제34조에 따라 관리업체가 온실가스 배출량 등을 계산하거나 측정하여 이를 정량화하는 것을 말한다.

⑧ "산정등급(Tier)"이란 활동자료, 배출계수, 산화율, 전환율, 배출량 및 온실가스 배출량 등의 산정방법의 복잡성을 나타내는 수준을 말한다.

⑨ "산화율"이란 단위 물질당 산화되는 물질량의 비율을 말한다.

⑩ "순발열량"이란 일정 단위의 연료가 완전 연소되어 생기는 열량에서 연료 중 수증기의 잠열을 뺀 열량으로써 온실가스 배출량 산정에 활용되는 발열량을 말한다.

⑪ "업체"란 동일 법인 등이 지배적인 영향력을 미치는 모든 사업장의 집단을 말한다.

⑫ "에너지"란 연료(석유, 가스, 석탄 및 그밖에 열을 발생하는 열원으로써 제품의 원료로 사용되는 것은 제외)·열 및 전기를 말한다.

⑬ "에너지 관리의 연계성(連繫性)"이란 연료, 열 또는 전기의 공급점을 공유하고 있는 상태, 즉, 건물 등에 타인으로부터 공급된 에너지를 변환하지 않고 다른 건물 등에 공급하고 있는 상태를 말한다.

⑭ "연소배출"이란 연료 또는 물질을 연소함으로써 발생하는 온실가스 배출을 말한다.

⑮ "연속측정방법(Continuous Emission Monitoring)"이란 일정 지점에 고정되어 배출가스 성분을 연속적으로 측정·분석할 수 있도록 설치된

측정 장비를 통해 모니터링 하는 방법을 의미한다.

⑯ "온실가스 배출"이란 사람의 활동에 수반하여 발생하는 온실가스를 대기 중에 배출·방출 또는 누출시키는 직접 배출과 외부로부터 공급된 전기 또는 열(연료 또는 전기를 열원으로 하는 것만 해당한다)을 사용함으로써 온실가스가 배출되도록 하는 간접 배출을 말한다.

⑰ "온실가스 간접배출"이란 관리업체가 외부로부터 공급된 전기 또는 열(연료 또는 전기를 열원으로 하는 것만 해당한다)을 사용함으로써 발생하는 온실가스 배출을 말한다.

⑱ "이산화탄소 상당량"이란 이산화탄소에 대한 온실가스의 복사 강제력을 비교하는 단위로서 해당 온실가스의 양에 지구 온난화지수를 곱하여 산출한 값을 말한다.

⑲ "총발열량"이란 일정 단위의 연료가 완전 연소되어 생기는 열량(연료 중 수증기의 잠열 포함)으로서 에너지사용량 산정에 활용된다.

⑳ "최적가용기법(Best Available Technology)"이란 온실가스 감축 및 에너지 절약과 관련하여 경제적·기술적으로 사용이 가능하면서 가장 최신이고 효율적인 기술, 활동 및 운전방법을 말한다.

㉑ "활동자료"란 사용된 에너지 및 원료의 양, 생산·제공된 제품 및 서비스의 양, 폐기물 처리량 등 온실가스 배출량 등의 산정에 필요한 정량적인 측정결과를 말한다.

㉒ "바이오매스"라 함은 「신에너지 및 재생에너지 개발·이용·보급 촉진법」 제2조제2호바목에 따른 재생 가능한 에너지로 변환될 수 있는 생물자원 및 생물자원을 이용해 생산한 연료를 의미한다.

㉓ "배출원"이란 온실가스를 대기로 배출하는 물리적 단위 또는 프로세스를 말한다.

㉔. "흡수원"이란 대기로부터 온실가스를 제거하는 물리적 단위 또는 프로세스를 말한다.

㉕ "이산화탄소 포집 및 이동"이란 관리업체 조직경계 내부의 이산화탄소가 배출되는 시설에서 관리업체의 조직경계 내부 및 외부로의 이동을 목적으로 이산화탄소를 대기로부터 격리한 후 포집하여 이동시키는 활동을 말한다.

3) 배출 활동의 구분에 따른 온실가스 배출

고정 연소시설	고체연료연소, 기체연료연소, 액체연료연소
이동연소시설	항공, 도로수송, 철도수송, 선박
탈루성	석탄의 채굴, 처리 및 저장,원유(석유) 및 천연가스 시스템
제품 생산 공정 및 제품사용 등	시멘트, 석회, 탄산염, 유리, 인산, 암모니아, 질산, 아디프산, 카바이드, 소다회, 석유정제활동, 석유화학제품, 불소화합물, 카프로락탐, 철강, 합금철, 아연, 납, 마그네슘, 전자산업, 연료전지, 오존층파괴물질(ODS)의 대체물질 사용, 기타 공정배출 (지구온난화물질 사용 등)
폐기물 처리과정	고형폐기물 매립, 생물학적처리, 하·폐수 처리 및 배출, 폐기물의 소각
간접 배출	외부로부터 공급된 전기, 열 및 증기 사용

4) 온실가스 산정과 데이터 품질관리

배출활동별, 시설규모별 산정등급(Tier) 최소 적용기준(제87조 관련)

1. 산정등급(Tier) 분류체계

① Tier 1	활동자료, IPCC 기본 배출계수(기본 산화계수, 발열량등 포함)를 활용하여 배출량을 산정하는 기본방법론
② Tier 2	Tier 1보다 더 높은 정확도를 갖는 활동자료, 국가 고유배출계수 및 발열량 등 일정부분 시험·분석을 통하여 개발한 매개변수값을 활용하는 배출량 산정방법론

③ Tier 3	Tier 1, 2보다 더 높은 정확도를 갖는 활동자료, 사업자가 사업장·배출시설 및 감축기술단위의 배출계수 등 상당부분 시험·분석을 통하여 개발하거나 공급자로부터 제공받은 매개변수 값을 활용하는 배출량 산정방법론
④ Tier 4	굴뚝자동측정기기 등 배출가스 연속측정방법을 활용한 배출량 산정방법론

나. 온실가스 MRV

1) 온실가스 인벤토리

환경 온실가스 배출원을 규명하고, 각 배출원에 따른 배출량을 산정할 수 있도록 목록화를 해 놓은 통계 시스템을 말한다. 측정 대상에 따라 국가 인벤토리와 기업 인벤토리로 구분되며, 이것을 통해 국가 또는 기업의 온실가스 배출량을 파악한 후 국가는 적절한 감축량을 설정하고 기업은 감축 활동의 성과를 인정받거나 배출량을 검증받을 수 있다.

2) 온실가스 검증

"검증"이란 온실가스 배출량과 에너지 소비량의 산정과 조기감축실적 및 외부감축실적의 산정이 이 지침에서 정하는 절차와 기준 등에 적합하게 이루어졌는지를 검토·확인하는 체계적이고 문서화된 일련의 활동을 말한다.

3) 온실가스 MRV

온실가스 감축 행동을 측정 가능하고(Measurable), 보고 가능하고(Reportable), 검증 가능한(Verifiable) 방식으로 평가하는 것을 말한다. 유엔 기후 변화 협약(UNFCCC)은 국가 인벤토리 시스템은 온실가스 보고·검증제도(MRV 시스템)에 기초한 것으로 주요 국가들은 2006년 IPCC 가이드라인 등 국제 기준 등에 기초하여 국가별로 관련 정책과 법제를 도입하여 MRV 시스템을 구축·시행하고 있다. 우리나라의 경우 저탄소녹색성장기본법 및 시행령에서 온실가스 목표관리 및 의무보고제도를 시행하고 있으며 이의 구체적인 시행을 위하여 「온실가스·에너지 목표관리 운영 등에 관한 지침」에는 온실가스 산정·보고 제도에 대한 구체적인 기준 및 절차 등이 포함되어 있다.

4) 정도보증 및 정도관리

품질보증이라 계획된 기술적 요구사항들(측정한계치, 측정가능범위, 정확도, 정밀도, 반복 재현성 등)과 일치하는지를 확인하는데 필요한 체계적이고 계획적인 활동을 말하며, 체계적이고 계획적인 활동이란 주기적인 장비의 교정, 장비유지보수, 시험실 유지관리 등이 있다

5) 불확도 평가

측정 및 분석결과에 관련하여 측정량을 합리적으로 추정한 값의 분산 특성을 나타내는 척도를 말한다. 측정의 신뢰도에 관한 정량적 표현으로 오차나 오차분석이 오래 전부터 사용되어 왔다. 측정결과의 품질을 하나의 통일된 척도로 정의하고 표현하기 위해 1993년 국제표준화기구(ISO)가 BIMP, IES, IFCC, IUPAC, IUPAP, OIML 등의 국제기구와 합동으로 측정 불확도 표현 지침서(GUM)를 발행하였다. 불확도의 계산은 요인별 관계모델의 설정, 요인별 측정값과 표준 불확도의 계산, 합성 표준 불확도의 계산, 확장 불확도의 계산 등의 4단계로 대별된다. 우리나라는 한국시험검사기관인정기구(KOLAS)에서 시험검사기관 공인 및 사후관리에 측정/분석의 불확도 계산을 의무화하고 있다.

다. 명세서의 작성 및 배출량 등의 산정·보고체계

1) 명세서의 작성 및 배출량 등의 산정·보고체계 개요

[별표 10]목표관리제 배출량 등의 산정·보고 체계(제38조 관련)

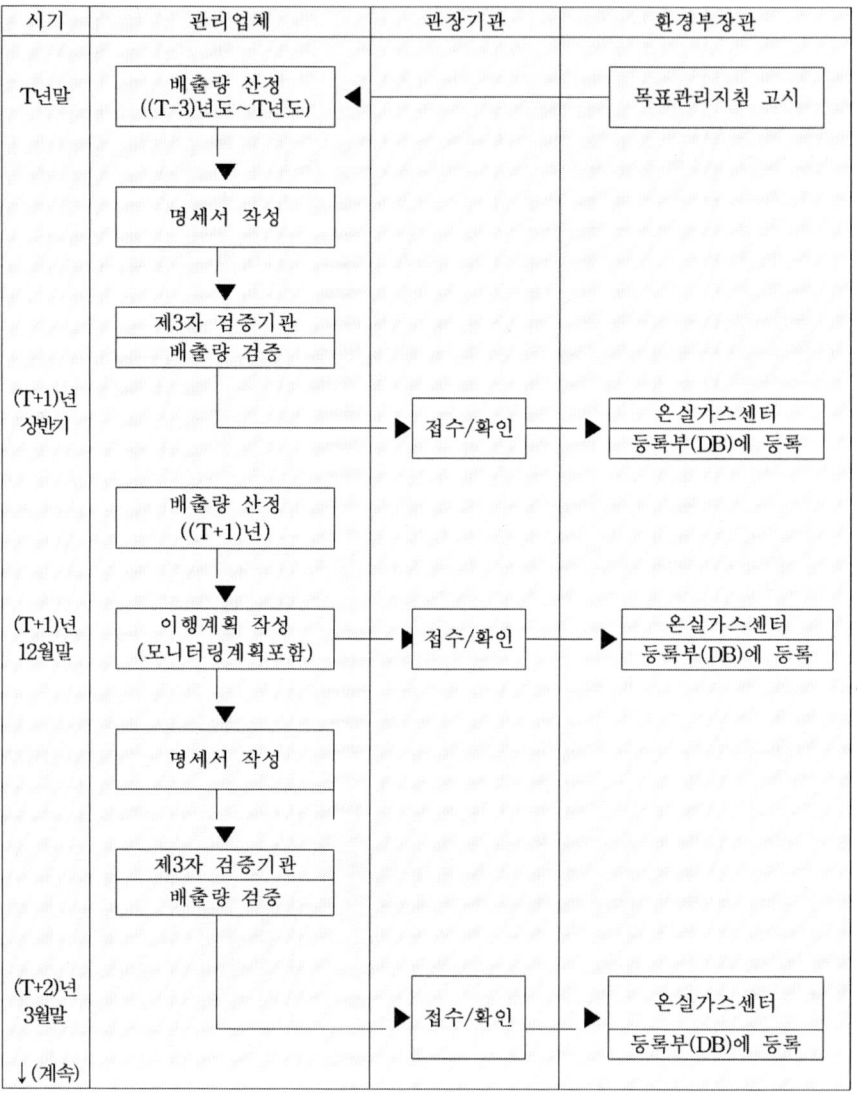

2) 온실가스 배출량 및 에너지 소비량의 검증

온실가스 배출량 및 에너지 사용량의 검증에 관하여는 다음과 같은「온실가스·에너지 목표관리제 운영을 위한 검증지침」을 준용한다. 온실가스 배출량 등의 검증은 별표1에서 정한 절차에 따른다.[43]

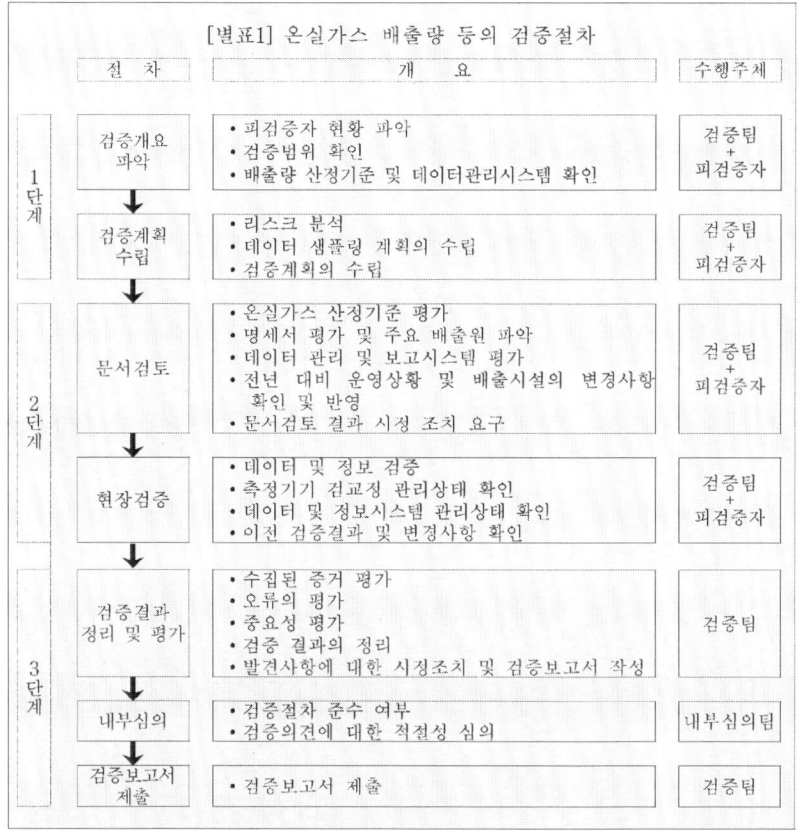

라. 온실가스 배출량 등의 검증 절차

세부적인 검증방법은 다음의 별표2에서 정한 바에 따른다.

[별표2] 온실가스 배출량 검증절차별 세부방법[44]

---

43) 온실가스·에너지 목표관리제 운영을 위한 검증지침 별표 1.
44) 온실가스·에너지 목표관리제 운영을 위한 검증지침 별표 2.

1) 검증 개요 파악

　가) 개요: 피검증자의 사업장 운영현황, 공정 전반 및 온실가스 배출원 현황을 파악, 피검증자에게 검증 목적·기준·범위 고지 및 검증 세부일정 협의, 검증에 필요한 관련 문서자료 수집

　나) 관련자료 수집

(1) 피검증자의 사업장 현황 파악 및 주요 배출원 확인
(2) 검증범위의 확인
(3) 온실가스 산정기준 및 데이터관리 시스템 확인

2) 검증계획 수립

　가) 개요: 검증 개요 파악을 바탕으로 온실가스 배출시설 관련 데이터 관리 상의 취약점 및 중요한 불일치를 야기하는 불확도 또는 오류 발생 가능성을 평가함으로써 적절한 대응 절차를 결정하여야 한다.

　나) 리스크 분석

(1) 리스크의 분류

피검증자에 의해 발생하는 리스크	고유 리스크	검증대상의 업종 자체가 가지고 있는 리스크(업종의 특성 및 산정방법의 특수성 등)
	통제 리스크	검증대상 내부의 데이터 관리구조상 오류를 적발하지 못할 리스크
○검증팀의 검증 과정에서 발생하는 리스크	검출 리스크	검증팀이 검증을 통해 오류를 적발하지 못할 리스크

　(2) 리스크 평가: 명세서 등의 중요한 오류 가능성 및 주무관청이 검토한 모니터링 계획과 관련된 부적합 리스크를 평가하여야 한다

다) 데이터 샘플링[45] 계획의 수립

(1) 데이터 샘플링 계획을 수립하기 위한 방법론 - 리스크 기반 접근법

피검증자의 특성, 규모 및 복잡성에 대한 이해

주요 보고 리스크 식별

○ (불완전성) 주요 배출원의 배제, 부정확하게 정의된 경계, 누출 영향 등
○ (부정확성) 부적절한 배출계수 사용, 주요 데이터 전송오류 및 산출 중복 등
○ (비일관성) 전년도와 비교시 배출량 산정방법 변경에 대한 기록 부재 등
○ (데이터 관리 및 통제 약점) 내부감사 또는 검토 절차 미실시, 일관되지 않은 모니터링, 측정 결과에 대한 교정 및 관리 미실시, 원위치와 산정용 데이터 기록부 사이에서 발생한 데이터 수기 변경에 대한 불충분한 검토 등

리스크관리를 위한 관리 시스템의 이해

○ 데이터 전송에 대한 점검 불충분   ○ 내부감사 절차의 부족
○ 일관되지 않은 모니터링   ○ 계측기 검·교정 및 유지 실패

잔여 리스크 영역의 식별

검증을 위한 샘플링 계획에 잔여리스크 영역을 포함
---

(2) 데이터 샘플링 계획 수립 시 고려사항: 보증수준, 검증범위 및 검증기준

- 업체 전체 배출량의 5% 미만이며, 유사한 공정 및 배출시설을 가진 사업장을 다수 보유한 경우, 전체 사업장 수에 제곱근을 하여 산출된 숫

---
45) 검증기간의 제한 및 자료의 방대함으로 인해 전체 자료를 확인하기 어려운 경우, 각 자료들의 모집단을 충분히 대표할 수 있도록 표본을 추출하는 것을 말한다.

자를 최소한의 방문사이트에 대한 샘플 수로 산정하여 진행할 수 있다.
- 주요배출시설(온실가스 배출량의 총량 대비 누적합계가 100분의 95를 차지하는 배출시설), 2-라-2)에 해당하는 경우 및 리스크 분석 결과 오류 발생 가능성이 높게 평가된 항목에 대하여 샘플 수를 늘리는 등 우선적으로 샘플링 계획에 반영하여야 한다.

라) 검증계획의 수립
(1) 검증팀장은 아래 항목을 포함한 검증계획을 수립하여야 한다.
(2) 현장검증 등 세부일정 협의
(3) 검증대상과 검증관점

검증대상	검증관점	개 요
배출원	적절성	주무관청이 검토한 모니터링 계획 및 모니터링 계획 작성 지침에서 정한 범위에 존재하는 배출시설의 포함 여부
	완전성	모든 배출시설의 포함 여부
산정식	적절성	해당 배출시설별 적절한 산정식 사용 여부
활동데이터	적절성	적합한 산정식 및 Tier 적용 여부
	정확성	측정.집계 및 데이터 처리의 정확성 여부, 계산의 정확성 여부
	완전성	모든 활동자료의 포함 여부
매개변수 (배출계수, 발열량 등)	적절성	해당 산정식 및 Tier에 적절한 계수 적용 여부
	정확성	측정.집계 및 데이터 처리의 정확성 여부, 계산의 정확성 여부
	완전성	모든 매개변수 포함 여부
계 산	정확성	계산의 정확성 여부

(4) 검증 기법

기 법	개 요
열 람	문서와 기록을 확인
실 사	측정기기 등을 통해 수집된 데이터 및 정보 등 확인
관 찰	업무 처리과정과 절차를 확인
인터뷰	검증대상의 책임자 및 담당자 등에 질의, 설명 또는 응답을 요구 (외부 관계자에 대한 인터뷰도 포함)
재계산	기록과 문서의 정확성을 판단하기 위하여 검증심사원이 직접 계산하고 확인
분 석	온실가스 활동자료 상호간 또는 기타 데이터 사이에 존재하는 관계를 활용하여 추정치를 산정하고, 추정치와 산출량을 비교.검토
역추적	대표적인 자료 혹은 배출시설의 배출량을 선택하여 원시 데이터의 발생부터 배출량 산정까지의 흐름을 근거자료로써 추적

3) 문서검토

가) 개 요: 파악 과정에서 확인된 배출활동 관련 정보, 피검증자의 온실가스 산정기준 및 명세서/모니터링 계획에 대한 정밀한 분석, 온실가스 데이터 및 정보 관리에 있어 취약점이 발생할 수 있는 상황을 식별하고, 오류 발생 가능성 및 불확도 등을 파악

나) 온실가스 산정기준 평가: 온실가스 배출량 등의 산정·보고 방법의 기준 이행 여부 및 모니터링 계획 준수여부를 확인한다

다) 명세서 평가 및 주요 배출원 파악: 검증팀은 피검증자가 작성한 명세서 등에 대하여 다음 사항을 파악하여야 한다.

라) 데이터 관리 및 보고 시스템 평가: 검증팀은 피검증자의 온실가스 배출시설 관련 데이터 산출.수집, 가공, 보고 과정에서 사용되는 방법 및 책임권한을 파악하고, 데이터 관리과정에서 발생할 수 있는 중요한 리스크를 산출한다.

마) 전년 대비 운영상황 및 배출시설의 **변경사항 확인 및 반영**: 검증팀은 피검증자의 전년도 명세서 등과 비교하여 조직의 운영상황 및 배출시설.배출량 데이터의 변경 사항 등을 파악하여 주요 리스크가 예상되는 부분을 식별하여 현장검증 시 검증시간 배분 등에 반영한다.

바) 피검증자에 대한 시정조치 요구

4) 현장검증

　가) 개　요: 사전에 수립된 검증계획에 따라 현장검증을 실시한다.

　나) 데이터 검증

　　(1) 활동자료 추적검증,

　　(2) 활동자료 샘플링,

　　(3) 단위 발열량, 배출계수 등의 검증,

　　(4) 데이터 품질관리 상태 확인,

　　(5) 모니터링 유형에 따른 검토사항

모니터링 유형	주요 검토사항
구매기준	• 신뢰할 수 있는 원장 데이터의 근거 • 데이터 처리의 정확성 • 데이터 측정방법 및 출처의 변경 • 데이터 수집기간과 산정기간의 일치 여부 • 재고량의 변화 등
실측기준	• 계측기의 검교정 상태 • 모니터링 계획과 동일한 측정방법의 사용 여부 • 기록의 정확성/단위 조작의 적절성/ 유효숫자의 처리 등
근 사 법	• 모니터링 계획과 동일한 계산방법 사용 • 기초 데이터의 적절성, 합리성 등

　다) 측정기기 검교정 관리: 검증팀은 현장에서 사용되고 있는 모니터링 및 측정장비의 검교정 관리상태를 확인하여야 한다.

라) 시스템 관리상태 확인: 검증팀은 검증대상의 온실가스 관리 업무가 지속적으로 운영됨을 확인하여야한다.

마) 이전 검증결과 및 변경사항 확인: 검증팀은 이전년도 명세서 및 검증보고서 자료를 참고하여 중요한 배출시설 변화요인, 온실가스 배출량 등의 변화상태 및 기타 확인이 필요한 변경사항을 확인하고 이에 따른 배출량 등의 변화가 타당하게 반영되어 있는지 확인하여야 한다.

5) 검증결과의 정리 및 검증보고서 작성
  가) 수집된 증거 평가
  나) 오류의 평가

오류 발생분야	오류 점검시험 및 관리 방법	
입 력	• 기록카운트 시험 • 유효 특성 시험 • 소실데이터 시험	• 한계 및 타당성 시험 • 오류 재보고 관리
변 환	• 바탕시험 • 일관성 시험	• 한계 및 타당성 시험 • 마스터파일 관리
결 과	• 결과분산 관리	• 입/출력 시험

측정기기의 불확도와 관련하여 다음과 같은 사항이 발견된 경우에는 배출량 산정에 끼치는 영향을 종합적으로 평가하여 검증보고서상에 반영하여야한다.

다) 중요성 평가
  (1) 중요성의 양적 기준치는 관리업체의 배출량 수준에 따라 차등화한다.
  (2) 총 배출량이 500만 tCO_2eq 이상인 관리업체는 총 배출량의 2.0%, 50만 tCO_2eq 이상 500만 tCO_2eq 미만인 관리업체에서는 총 배출량의

2.5%, 50만 tCO₂eq미만인 관리업체는 총 배출량의 5.0%로 한다.

라) 검증 결과의 정리: 검증팀은 문서검토 및 현장검증 결과 수집된 자료에 대한 평가를 완료한 후, 아래와 같이 분류하고 발견사항을 정리한다.

　　○ 조치요구 사항, ○ 개선권고사항 :

마) 발견사항에 대한 시정조치 및 검증보고서 작성

6) 내부심의

가) 개요: 검증보고서 제출 이전에 검증기관은 검증절차 준수여부 및 검증결과에 대한 내부심의를 실시하여야 한다.

나) 내부심의 확인사항: 검증계획의 적절성, 산정방법 검토의 적절성, 활동자료 등 정보확인의 적절성, 검증의견의 적절성

7) 검증보고서 제출

○ 검증기관은 검증의 보증수준이 합리적 보증 수준 이상이라고 판단되는 경우에 최종 검증보고서를 피검증자에게 제출하여야 한다.

마. 온실가스 감축

1) 온실가스 감축 개요

온실가스 감축방법 개요: 대기 중의 온실가스 순감축에 기여하는 행위이다. 이에는 직접 감축방법과 간접감축방법이 있다

직접 감축방법: 온실가스 배출원으로부터 배출되는 온실가스를 감축 및 근절하는 행위 및 방법이다

간접 감축방법: 온실가스 배출원에서 배출되는 온실가스를 상쇄하는 간접적인 행위 및 방법이다

종류	방법	내용
직접 감축방법	대체물질 적용	지구온난화지수가 낮은 물질로 대체
	대체 공정	온실가스 배출이 적거나 없는 공정으로 대체
	공정 개선	에너지 효율 향상 등
	온실가스 활용	온실가스를 활용
	온실가스 전환	GWP가 낮은 온실가스로 전환
	온실가스 처리	온실가스 처리하여 대기로의 배출량 감축
간접 감축방법	신재생에너지 적용	온실가스 상쇄
	탄소 상쇄	탄소배출권 구매

2) 온실가스·에너지 목표관리제도

온실가스 감축을 실현하기 위한 핵심 수단으로서 온실가스 다(多)배출 업체에 대해 온실가스·에너지 목표관리제를 시행하고 있다
「온실가스·에너지 목표관리 운영 등에 관한 지침」에 따라 시행된다. 국가 온실가스 감축 목표 달성을 위해 온실가스 다 배출 및 에너지 다소비 업체를 관리업체를 지정하고, 온실가스 배출량 및 에너지 사용량에 대한 절감목표를 부과하여 이행실적을 검증·관리하게 되며, 사업 대상은 해당 연도 1월 1일을 기준으로 최근 3년간 평균 온실가스 배출량 및 에너지 사용량이 「저탄소 녹색성장 기본법 시행령」상 일정기준 이상인 업체 및 사업장이다.

목표관리제 프로세스

관리업체 지정	관리업체 지정.고시	이의신청 및 재심사	변경고시	
명세서 제출	명세서 작성 및 제3자	국가온실가스종합관리시스템	명세서 평가/개선	명세서 수정. 보완

	검증	등록	명령	
목표수립	목표 협상	목표 통보	이의신청	이의심사 및 목표 확정
이행계획서 제출	이행계획서 작성	국가온실가스종합관리시스템 등록	이행계획서 평가/개선명령	이해계획서 수정,보완
목표 이행	이행계획서에 따른 목표이행			
이행실적보고서 제출	이행실적보고서 작성	국가온실가스종합관리시스템 등록	개선명령통보	

3) 탄소배출권거래제도[46]

국가 온실가스 감축목표 달성을 위하여 저탄소 녹색성장 기본법과 온실가스 배출권의 할당 및 거래에 관한 법률을 제정하여 배출권거래제를 운영하고 있다

배출권거래제도는 정부가 온실가스를 배출하는 사업장을 대상으로 연단위로 배출권을 할당하여 할당범위 내에서 배출행위를 할 수 있도록 하고, 할당된 사업장의 실질적 온실가스 배출량을 평가하여 잉여분 또는 부족분의 배출권에 대하여는 사업장간 거래를 허용하는 제도이다.

명세서 작성 및 검증	매년 3월까지 관리업체 명세서 작성(에너지 사용량 및 온실가스 배출량 온실가스종합정보센터 제출
명세서 검증	매년 3월까지 (관리업체 명세서 의무 수행)
명세서 부적합 평가 및 약식검증	매년 4월~6월 중 (총괄기관 부적합 발생시 검증기관 통한 약식검증)

---
46) 온실가스 배출권 할당 및 거래에 관한 법률

모니터링 계획 작성 및 검증	(1년주기)
모니터링 계획서 작성, 검증 후 제출	매년 3월까지
제출	매년 검증 후 전자적 방식

배출권거래제 검증[47]): 할당대상업체는 공신력 있는 외부 전문기관의 검증을 받아 정부에 보고해야 한다. 검증절차는 다음과 같다.

①검증개요파악(착수):사전 조사 및 현황 파악, 검증 상호 협의, 공평성 위반 검토, →②문서 검토:문서검토, 리스크 분석, 현장평가 계획 수립→ ③현장평가:문서검토 결과에 따른 현장 검증 실시→ ④시정조치:문서 및 현장평가 시 발견된 오류 시정→ ⑤내부심의:모든 검증확인사항 포함 검증보고서 작성→ ⑥검증보고서 발행:온실가스 종합정보센터 검증보고서 제출

4) 상쇄제도

 외부사업자는 외부사업을 통해서 발행 받은 인증실적(KOC)을 배출권거래제 할당대상업체 등에게 판매하고, 할당대상업체는 구매한 외부사업 인증실적(KOC)을 상쇄배출권(KCU)으로 전환하여 배출권거래제도에서상쇄 또는 거래를 할 수 있는 제도이다.

 외부사업은 배출권거래제 할당대상업체 조직경계 외부의 배출시설 또는 배출활동 등에서 국제적 기준에 부합하는 방식으로 온실가스를 감축, 흡수 또는 제거하는 사업을 말한다

 상쇄승인대상 외부사업은 온실가스 배출원을 근본적으로 제거 또는 개선하는 활동을 포함한 사업으로 단, 단순한 생산량 감소, 유지 보수 등의 행태 변화에 의한 온실가스 감축은 승인대상에서 제외한다.

---
47) 온실가스 배출권거래제의 배출량 보고 및 인증에 관한 지침

승인대상 외부사업의 요건으로는 할당대상업체의 조직경계 외부에서 자발적으로 시행하는 사업이나 청정개발체제(CDM) 사업은 할당대상업체 조직경계 내부에서 시행된 경우에도 등록 가능하다. 일반적 경영여건의 실시 행동을 넘어서는 추가적인 행동 및 조치에 따른 감축이 발생되어야 하며, 외부감축실적은 지속적이고 정량화되어 검증 가능해야 하고, 배출량 인증위원회에서 승인한 방법론을 적용해야 한다.

5) 청정개발체제(CDM)

전 세계적으로 심화되고 있는 지구 온난화 현상을 완화시키기 위하여 선진국(Annex I 국가)과 개도국(Non-Annex I 국가)이 공동으로 추진하는 온실가스 감축사업을 말한다. CDM운영기구는 당해 사업이 UNFCCC에서 정한 CDM 사업 등록요건에 적합한지 타당성을 확인하고 적합할 경우 UN에 등록 요청한다.

등록된 CDM사업은 주기적으로 온실가스 감축량을 모니터링하고, CDM운영기구의 제3자 검증을 통해 CER을 취득하게 된다

우리나라 추진 절차는 다음과 같다.

추진단계	주요 내용	담당 기관
사업계획	사업계획서 작성, 베이스라인, 모니터링 방법	사업자,컨설팅사
국가승인	지속가능발전 여부	사업자(컨설팅사)->국무조정실
타당성 확인	사업계획서 등 문서 검토, 현장 평가	CDM운영기구(ODM)
등록	CDM 사업 등록	DOE -> CDM집행위원회
모니터링	온실가스 배출량 산정, 관련 데이터 기록	사업자
검증	모니터링 보고서 등 문서 검토, 현장 평가	DOE
CER 발행	검증된 크레딧 인증, 당사국 계좌로 발행	DOE -> CDM집행위원회
CER 배분	프로젝트 참여자간 배분	사업자, 투자자

바. 온실가스 계산 실무 참고 자료

석유환산톤(toe) 및 배출량 계산방법

석유환산톤(toe) 및 배출량 계산기 소개와 사용법
한국에너지공단 홈페이지 열기
석유환산톤(toe) 및 배출량 계산기
에너지원 선택하고 사용량을 입력하면 된다
에너지원과 사용량을 입력하면 총발열량(   )10-3toe/ℓ과 순발영량(   )MJ/ℓ, 배출계수(   ) tC/TJ와 함께 나타난다
에너지원으로는 원유, 휘발유, 등유, 경유, B-A유, B-B유, B-C유, 프로판, 부탄, 나프타, 용제, 항공유, 아스팔트, 윤활유, 석유코크스, 부생연료유1호, 부생연료유2호, 천연가스(LNG)와 도시가스(LNG)가 있습니다
단위 변환계산기는 열량과 마력이 있다.

	입력	출력
열량	cal, KJ, toe, BTU	cal, Kcal, J, KJ, MJ
마력	HP, RT, USRT	W

toe 계산방법

- toe(ton of oil equivalent) 국제에너지기구(IEA)에서 정한 단위로 석유환산톤이다.
- toe는 10⁷kcal로 정의하는데, 이는 원유 1톤의 순 발열량과 매우 가까운 열량으로 편리하게 이용할 수 있는 단위이다.

　toe = 연료발열량 (kcal) / (10⁷kcal)

- toe계산 시에는 '에너지 열량환산기준'의 총발열량을 이용하여 환산한다.

toe 계산사례

경유 200L를 사용했을 경우의 toe 계산 순서

① 연료 사용량을 열량으로 환산(kcal) : 경유는 1L당 9,010kcal의 발열량

② 비례식 작성 1toe : 10⁷kcal = x (구하고자 하는 toe) : 1,802,000kcal (경유 200L의 발열량)

③ toe계산 X = 1,802,000 / 10⁷ = 0.1802 toe

※ 모든 연료에 대해 위의 방법을 적용 toe를 계산할 수 있다.

에너지열량 환산기준(2017.12.28개정, 에너지법 시행규칙 별표)

■ 에너지법 시행규칙 [별표] <개정 2017. 12. 28.>

에너지열량 환산기준(제5조제1항 관련)

구분	에너지원	단위	총발열량	순발열량

			MJ	kcal	석유환산톤 (10^{-3}toe)	MJ	kcal	석유환산톤 (10^{-3}toe)
석유	원유	kg	45.0	10,750	1.075	42.2	10,080	1.008
	휘발유	L	32.7	7,810	0.781	30.4	7,260	0.726
	등유	L	36.7	8,770	0.877	34.2	8,170	0.817
	경유	L	37.8	9,030	0.903	35.2	8,410	0.841
	B-A유	L	39.0	9,310	0.931	36.4	8,690	0.869
	B-B유	L	40.5	9,670	0.967	38.0	9,080	0.908
	B-C유	L	41.7	9,960	0.996	39.2	9,360	0.936
	프로판(LPG1호)	kg	50.4	12,040	1.204	46.3	11,060	1.106
	부탄(LPG3호)	kg	49.5	11,820	1.182	45.7	10,920	1.092
	나프타	L	32.3	7,710	0.771	29.9	7,140	0.714
	용제	L	32.8	7,830	0.783	30.3	7,240	0.724
	항공유	L	36.5	8,720	0.872	33.9	8,100	0.810
	아스팔트	kg	41.4	9,890	0.989	39.2	9,360	0.936
	윤활유	L	40.0	9,550	0.955	37.3	8,910	0.891
	석유코크스	kg	35.0	8,360	0.836	34.2	8,170	0.817
	부생연료유1호	L	37.1	8,860	0.886	34.6	8,260	0.826
	부생연료유2호	L	39.9	9,530	0.953	37.7	9,000	0.900
가스	천연가스(LNG)	kg	54.7	13,060	1.306	49.4	11,800	1.180
	도시가스(LNG)	Nm³	43.1	10,290	1.029	38.9	9,290	0.929
	도시가스(LPG)	Nm³	63.6	15,190	1.519	58.4	13,950	1.395
석탄	국내무연탄	kg	19.8	4,730	0.473	19.4	4,630	0.463
	연료용 수입무연탄	kg	21.2	5,060	0.506	20.5	4,900	0.490
	원료용 수입무연탄	kg	25.2	6,020	0.602	24.7	5,900	0.590
	연료용 유연탄(역청탄)	kg	24.8	5,920	0.592	23.7	5,660	0.566
	원료용 유연탄(역청탄)	kg	29.2	6,970	0.697	28.0	6,690	0.669
	아역청탄	kg	21.4	5,110	0.511	19.9	4,750	0.475
	코크스	kg	29.0	6,930	0.693	28.9	6,900	0.690
전기등	전기(발전기준)	kWh	8.9	2,130	0.213	8.9	2,130	0.213
	전기(소비기준)	kWh	9.6	2,290	0.229	9.6	2,290	0.229
	신탄	kg	18.8	4,500	0.450	-	-	-

비고

1. "총발열량"이란 연료의 연소과정에서 발생하는 수증기의 잠열을 포함한 발열량을 말한다.

2. "순발열량"이란 연료의 연소과정에서 발생하는 수증기의 잠열을 제외한 발열량을 말한다.

3. "석유환산톤"(toe: ton of oil equivalent)이란 원유 1톤(t)이 갖는 열량으로 10^7kcal를 말한다.

4. 석탄의 발열량은 인수식(引受式)을 기준으로 한다. 다만, 코크스는 건식(乾式)을 기준으로 한다.

5. 최종 에너지사용자가 사용하는 전력량 값을 열량 값으로 환산할 경우에는 1kWh=860kcal를 적용한다.

6. 1cal=4.1868J이며, 도시가스 단위인 Nm^3은 0℃ 1기압(atm) 상태의 부피 단위(m^3)를 말한다.

7. 에너지원별 발열량(MJ)은 소수점 아래 둘째 자리에서 반올림한 값이며, 발열량(kcal)은 발열량(MJ)으로부터 환산한후 1의 자리에서 반올림한 값이다. 두단위 간 상충될 경우 발열량(MJ)이 우선한다.

5. ESG전략경영 모델,사례 및 ESG경영매뉴얼

가. ESG 경영모델 개발 준비

「티핑 포인트」와 「블링크」로 유명한 말콤 글래드웰이 빌 게이츠처럼 독보적으로 성공한 사람의 공통분모를 찾아 나섰다. 소위, 아웃라이어(OUTLIER)라고 불릴 만한 개인이나 기업에게는 독특한 비결이 있을 것이라는 판단에서였다. 모델 개발은 경영품질 교수와 전문가들이 주도하여 만든 것이 말콤볼드리지(Malcolm Baldrige) 모델[48]이었다. 경영품질의 글로벌 스탠더드는 그렇게 탄생되었고 성장하였다. 정부는 모델의 탁월성을 위해 전적으로 지원하였고 기업은 그 취지를 존중하였다. 초기에 제조업 중심으로 활발하게 적용되었던 ESG 경영 모델은 서비스 기업은 물론 보건복지, 교육, 공공기관에서의 적용이 오히려 두드러진다.

말콤볼드리지 MB모델 워크북의 놀라운 점은 한 두 가지가 아니지만 우리나라의 1판 1쇄 발행연도가 2009년임에도 불구하고 지금 우리가 중요하다고 생각하는 핵심 Key word들인 사회적 책임, 지배구조 시스템, 사회공헌, 윤리적 행동, 위기관리 등이 중요하게 언급되고 있다는 점이다. 놀라울 따름이다.

이 ESG 경영모델은 경영품질모델(MB모델)에 뿌리를 두고 있다.

훌륭한 경영 모델을 찾고 활용하는 시도는 매우 지혜로운 것이다. ESG 경영현장에 서 시행착오가 있거나 진행 도중에 방향을 바꾸는 불행한 일이 생기면 안되기 때문이다. ESG성공을 위해 반드시 검증된 경영 모델이 필요하다. 1970년 대부터 사용되어 그 장점이 확인된 모델을 활

---

[48] 말콤 볼드리지 ESG 경영 모델 워크북, 신완선 외, 2009, 고즈윈

용하여 우왕좌왕하는 현재의 ESG 경영에 밝은 횃불을 밝혀 ESG 성공의 길로 안내해드리고자 한다.

ESG 경영 모델의 목표는 크게 4가지로 요약될 수 있다.
① 시스템적 관점과 도구를 제공함으로써 ESG 경영의 객관성을 제고시킨다.
② 총체적 ESG 경영시스템을 통해 조직 개선기회와 전문성 강화가 가능해진다.
③ 새로운 가치를 창조함으로써 우수한 ESG 경영성과를 창출케 한다.
④ 경쟁력 목표를 월드클래스 수준에 설정하여 구성원의 안목을 향상시킨다.

나. 리더십

1) ESG 리더십의 6대 핵심요소[49]

ESG 리더는 조직의 가치, 비전 및 기대성과를 설정하고 전파하여 조직의 모든 범위와 모든 밸류 체인에서 ESG 전략과 계획을 수행하도록 하여야 한다

ESG 리더십 범주의 6대 핵심요소는 다음과 같다

① ESG 경영의 방향 설정

조직의 ESG 경영의 방향 설정은 비전, 사명, 가치, 목표 및 전략 등과 같은 요소들을 결정하는 일련의 활동이다. 이러한 요소들은 ESG 경쟁력을 강화하기 위한 것이다. 온난화에 따른 기후변화와 이해관계자들의 요구를 파악하여 조정하는 기능을 하게 된다. 온실가스에 의한 기후변화

---
[49] 말콤볼드리지 MB모델 워크북, 신완선 외, 고즈윈, 2009.

문제 대응을 위해서는 당장 ESG 경영에 실패하면 회사 존립 자체가 위태롭다는 절박한 상황 인식이 중요하다. 투자자들이 외면하면 당장 경영이 어려워짐은 물론 모든 투자가 멈춰서 성장을 할 수 없게 된다. 따라서 이 단계에서 경영자들의 역할이 매우 중요하다

② 경영진의 통솔력

ESG경영은 전통적인 재무적 성과 중심 경영에서 비재무적 성과 까지 아우르는 경영임으로 이러한 변화에 대하여 능동적으로 대응하면서 조직이 추구하는 목표를 달성할 수 있도록 경영여건을 선도하여야 한다. 따라서 ESG 리더는 ESG 경영활동에 전 조직원이 동참하도록 지속적인 학습문화를 조성하여야 한다. 특히 리더십 시스템을 통한 커뮤니케이션이 조직의 ESG경영 목표를 달성할 수 있는 필수적인 요소임을 잊지 말아야 한다.

③ 혁신의 환경조성

개선/혁신과 창의성은 지속적인 발전의 원동력이다. 이를 촉진하기 위해서는 혁신 지향적 조직구조(예: 각종 ESG 조직, ESG 연구소, ESG 위원회 등)를 설치하고, 종업원들의 ESG 직무 정의에 개선과 혁신에 대한 책임을 명시할 필요가 있다. 또한 혁신을 촉진하기 위해서 ESG 소그룹(예: 개선팀, 분임조, 프로젝트 팀, Task Force 등) 제도와 ESG 개선제도(예: 제안제도, 지식 마일리지 등)를 활성화시키는 것도 중요하다.

④ 조직의 성과관리

경영진이 조직의 성공 여부, 경쟁적 성과, 장단기 목표에 대한 진척도 및 변화하는 조직의 요구사항 대비 달성도를 평가하는 것이 중요하다.

또한 조직의 성과를 분석한 결과를 피드백 시스템을 통해서 혁신의 기회와 개선의 계기로 전환시키는 것이 중요하다

⑤ 지배구조

지배구조의 건전성은 지속가능경영 기반을 확보하는데 필수불가결한 요소다. 지배구조시스템이 경영활동에 대한 책무, 재무적 책무, 이사회 멤버에 대한 운영, 선발의 투명성 및 공개 정책, 내외부 감사의 독립성, 이해관계자와 주주의 권익 보호 등에 효과적으로 대응할 수 있어야 한다

⑥ 사회적 책임

사회적 책임은 기업에게 요구되는 법적, 경제적 역할 수행의 범위를 넘어서 기업이 사회구성원의 일원으로서 사회와의 바람직한 관계를 형성시키기 위해 수행하는 제반활동을 포함한다

2) 커뮤니케이션과 조직성과

ESG 경영진은 조직을 성공으로 이끄는 ESG 가치, 비전, 목표 및 전략을 명확하게 제시하여야 한다. 커뮤니케이션은 톱다운(하향식)이나 보텀업(상향식)이 병행되는 쌍방향 접근방식으로 이루어져야 한다. 즉, 구성원의 의견을 들을 수 있는 공식적, 비공식적인 다양한 커뮤니케이션 채널을 구축해야 한다.

ESG 경영진은 ESG 비전 및 성과 목표 달성을 위해 정기적으로 성과를 검토하고 검토결과를 개선과 혁신의 기회로 활용하여야 한다. 성과 척도별로 설정된 목표치가 기후변화 문제를 충분히 해결하고 달성되는지에 대해서도 파악하여야 한다.

ESG 경영진이 조직의 성공 여부, 경쟁적 성과, 장단기 목표에 대한 진

척도 및 변화하는 조직의 요구사항 대비 달성도를 평가하는 것이 중요하다. 또한 조직의 성과를 분석한 결과를 피드백 시스템을 통해서 혁신의 기회와 개선의 계기로 전환시키는 것이 필요하다. 최고 ESG 경영진(C**ESG**O: Chief ESG Officer[50])은 리더십 효율성과 리더십 시스템을 향상시키기 위하여 성과평가 결과를 활용해야 한다.

3) ESG 리더십 시스템
  가) ESG 리더십 시스템이란?
 ESG 리더십 시스템이란 경영진의 ESG 경영방향을 조직 구성원에게 전달하고, 조직구성원을 이끌어 나가도록 하는 시스템을 의미한다.
① 리더의 역할 : ESG 경영진의 역할과 의무를 정립하여 핵심 리더의 영향력을 공식적으로 확보한다.
② 리더십 방향 : 온실가스 배출에 의한 지구온난화에 대하여 정의하고 이의 원인과 대책을 파악하여 조직의 ESG 비전, 전략 및 목표를 설정한다.
③ 리더십 구조 : 조직이 나아갈 방향을 공유 및 전개하며 ESG 경영 성과관리를 효율적으로 할 수 있는 조직구조를 확보한다.

  나) 구체적인 리더십 시스템의 구성요소는 다음과 같다.
① 조직구조: 조직의 목표와 방향을 설정하고 집행하는 조직의 설계와 운영
② 조직의 각 계층별 직무에 대한 정의
③ ESG 경영자/관리자의 역할과 책임에 대한 정의
④ 관리시스템 : 조직의 목표와 방향을 설정하고 조직구조에 맞추어 전

---
50) CEO,CIO,CSO,CTO 등과 같이 전사 또는 각 기능/사업별 총괄 책임자를 임명하는 것과 마찬가지로 ESG에 대한 총괄책임자인 C**ESG**O를 임명하고, 충분한 역할을 할수 있도록 적극적인 지원이 절대로 필요하다. 가능하면 CEO=C**ESG**O체제이면 더욱 바람직할 것이다

개하며 실행하고 통제하는 시스템, 즉 조직운영의 PDCA 시스템(예: ESG 전략, ESG 경영, 방침관리, 목표관리, 사업계획 시스템 등)
⑤ 부서 간 접근, 팀 활동, 문제 해결을 활성화시킬 수 있는 시스템과 업무절차

다. ESG전략

1) ESG 전략 개요

ESG 경영 모델의 중심에는 고전적인 PDCA(Plan, Do, Check, Act) 사이클이 기반을 형성하고 있다. 계획 수립, 실행, 분석 및 피드백이라는 일련의 업무 과정이 순환체계로 이어져야 한다. 지속적인 개선이 가능한 업무 체계를 확보하여 경쟁력을 강화시키라는 주문이다. PDCA 사이클에 대한 시스템 구축 내용은 다음과 같다.

PDCA 사이클	관리 요소	ESG 경영 모델이 추구하는 핵심요소
(P) Plan	ESG 전략	· 기후변화에 따른 기회와 위협 평가, 내부 경쟁력 분석, ESG 비전/ 미션 수립, ESG 경영 목표 설정, ESG 경영전략 수립, 중장기 ESG 전략 도출, 중장기 ESG 전략 계획 수립 등
(D) Do	실행	· 전략과 계획대로 이행 · 모든 조직 단위에 걸쳐 효과적인 관리 방법 적용
(C) Check	검증 성과평가	· 관리 방법이 실제 성과를 나타내는 지 검증 · 관리 방법의 효율성을 평가, 외부검증을 포함한다
(A) Act	투자, 돈, 기술51)	· 관리 방법에 대한 지속적인 개선이나 혁신 추진

계획(Plan) 단계에서는 ESG 비전, 목표, 전략과 계획이 수립되고 관리지

---

51) ACT는 일반적으로 (지속적)개선으로 표현한다. 그러나 필자는 이렇게 막연하게 표현해서는 제대로 ACT를 제대로 설명할 수 없다고 생각한다. (지속적)개선, 지속가능한 발전을 위해서는 투자, 돈, 기술이 절대적으로 필요하다

표가 적용되어야 할 영역과 방법이 결정되어야 한다.

실행(Do) 단계에서는 시스템에 근거한 관리방법이 의도된 바대로 이행되고 있는가에 초점을 맞추고 있다.

분석(Check) 단계에서는 성과측정과 효율성 및 효과성 분석이 핵심이다.

조처(Act) 단계에서는 접근방법에 대한 개선과 혁신이 이루어지고 있는가에 초점을 맞춘다.

2) ESG 전략개발 프로세스

가) ESG 전략계획 수립 프로세스

ESG 전략계획 수립은 4단계로 나누어지며 전체적인 프로세스는 다음과 같다.

- 1단계 : 거시적 방향 개발- ESG 미션, ESG 비전, 핵심가치
- 2단계 : 상황분석-내외부 환경 분석; 강점, 약점, 기회, 위협
- 3단계 : 계획 수립-KSF, 측정지표 및 목표치, ESG 전략
- 4단계 : 계획의 실행- 정렬, 자원 배분, 의사소통

나) 주요 참여자

ESG 전략계획 수립에는 ESG 경영층, 기획팀, 기술/영업/생산/인사/재무 등의 기능별 주관부서, 공급자/구매자 등과 같은 사업 파트너, 주요 이해관계자 등이 참여할 필요가 있다.

3) ESG 전략 기획의 6대 핵심 요소

ESG 경영에는 효과성(Effectiveness)과 효율성(Efficiency)이라는 두 가지 보완적 개념이 있다. 효율성은 현재 하고 있는 일을 더 잘하는 것(do the thing right)을 의미하며 더 좋은 일의 방법(know how)을 찾

아내는 것이다. 효과성은 목표 달성의 기준에서 볼 때 무엇을 하는 것이 보다 최선인가(do the right thing)를 의미한다.

다음으로는 설정된 ESG 전략을 실행에 옮기기 위해 실행계획을 어떻게 개발하고 전개하는지를 검토한다. 필요시 환경 변화에 따라 어떻게 변경되며 그 진척도가 어떻게 측정되는지도 중요하다.

① **ESG 전략 수립 프로세스**

ESG 전략수립 프로세스에서는 ESG 비전을 달성하기 위한 ESG 전략목표를 개발하는 절차를 설정하며 계획수립 기간, 주요 참여자가 포함되어야 한다.

② **ESG 전략목표 설정**

ESG 전략목표를 설정하고 ESG 전략 달성 시 기대되는 성과목표를 설정하며 이에 대한 일정표를 개발한다.

③ **실행 계획 수립**

ESG 전략목표를 달성하기 위한 구체적 방안으로서 실행계획을 개발한다.

④ **실행 계획 전개**

전사 수준의 실행계획을 부서별로 전개한다. 실행계획에는 실행계획의 기대성과, 소요 자원, 일정에 대한 계획을 포함시킨다.

⑤ **성과 추정**

실행계획의 기대성과를 나타내 줄 성과지표를 개발하고, 성과지표에 대한 향후 2~5년 성과를 추정한다.

⑥ **실행 계획 평가 및 개선**

수립된 실행계획의 유효성과 실행 계획 수립 절차의 타당성을 평가하고 개선한다.

4) ESG 전략 핵심용어

① ESG 전략(Strategy)

ESG 전략은 다양한 방법을 통한 수익의 증가, 새로운 파트너십과 제휴 관계, 신규 고용과 지원자 관계. 또한 ESG 전략은 공급업체, 고객, 파트너, 협력업체, 가격 공급자 등 특정한 방향으로 설정될 수 있으며, 지구 환경의 비전, 지역 사회나 공공의 니즈를 만족시키는 방향이 될 수도 있다.

② ESG 전략목표(Strategic Objectives)

주요한 변화, 개선, 경쟁력 또는 사업적 우위를 가져 오기 위한 조직의 목적 또는 대응이다. 일반적으로 ESG 전략 목표는 온실가스 배출의 감축, 청정생산 기술, 청정 에너지, 고객, 시장, 제품, 서비스 또는 기술적 기회 및 도전과 관련된다. ESG 전략목표는 조직의 중장기 방향을 설정하며, 자원의 할당과 재분배를 인도한다. 여기서 ESG 전략 목표는 하나의 척도/지표이다.

③ ESG 전략개발(Strategy Development)

미래를 준비하는 조직의(공식적 또는 비공식적) 접근방법에 관련된다. ESG 전략 개발은 여러 유형의 예측, 추정, 선택, 시나리오, 지식 또는 의사 결정과 자원 배분의 목적을 위해 미래를 조망하는 방법들을 활용할 수 있다.

④ 조직의 강점과 약점, 기회와 위협(SWOT)

조직의 미래 성공에 주요한 모든 요소들을 포함해야 하며 예를 들면 다음과 같다.

· 고객과 시장의 니즈, 기대와 기회, 혁신과 역할 모델 성과에 대한 기회, 핵심 역량, 제품/서비스, 운영 방법에 영향을 주는 기술 및 기타 주요 혁신, 변화, 혁신 정도, 인적 자원 및 기타의 자원 소요, 다양성을 활

용할 수 있는 능력, 재무적, 사회적, 윤리적, 규제적, 기술적, 보안적 및 기타 잠재적 위험, 자연 및 기타 재해를 포함하여 긴급 상황을 방지하고 대처할 수 있는 능력, 국가 및 세계 경제의 변화, 파트너와 공급망의 니즈 및 강점·약점, 조직의 독특한 기타 요소들

⑤ ESG 전략계획 실행능력

필요한 자원 및 지식을 동원할 수 있는 능력을 포함한다. 환경 변화에 따른 계획 변경, 새로운 또는 변경된 계획의 조기 집행 요구, 상황 계획에 대한 조직의 유연성도 포함된다.

⑥ (성과)목표(Goals)

조직이 달성하고자 하는 미래의 상태 또는 성과 수준을 말한다. 단기 목표일 수도 있고 장기 목표일 수도 있다. 종종 목표치(Targets)라 불리는 양적 목표는 숫자 또는 숫자로 된 범위를 포함한다.

⑦ 실행 계획(Action Plans)

단기 및 장기적 ESG 전략 목표에 대응하는 구체적 행동을 의미한다. 실행계획은 구체적인 자원계획과 실행에 대한 일정 계획을 포함한다. 조직 전체적으로 이해와 전개가 가능하도록 ESG 전략목표와 (성과)목표가 명확히 설정된 후 실행계획 개발은 ESG 전략 계획상 가장 중요한 사항이 된다. 실행계획의 전개 과정에서 각 업무 단위들은 필요시 이의 실행을 위한 수단을 함께 계획해야 한다.

⑧ 정렬성(Alignment)

전사적 차원의 주요 ESG 전략 목표 지원을 위한 계획, 프로세스, 정보, 자원 배분, 결과 분석 등 제반 관련 요소들 간의 일관성을 의미한다. 전사 수준, 프로세스 수준 및 직무 단위 수준별로 계획 수립, 성과 추정, 분석 및 개선을 위한 정보와 보완적 척도가 활용되어야 한다.

⑨ 성과추정(Performance Projection)

미래 성과에 대한 예측을 의미한다. 추정은 조직의 개선과 변화 비율 예측을 통합하고, 획기적 개선이나 변화가 필요한 곳을 지적하기 위해 사용될 수 있다. 따라서 성과 추정은 핵심적 ESG 경영 계획 도구로 사용된다.

5) ESG 비전의 설정과 전개

가) **ESG 비전의 설정**: ESG 비전이란 기업이 전략적으로 지향하고자 하는 조직의 미래상을 의미한다. 장기적 안목에서 현실과 미래 목표를 연결시키는 전략 구상이다. 따라서 ESG 비전을 통해 미래의 이상과 목표가 명확하게 제시되어야 하며 조직 구성원들이 그것에 스스로 몰두할 수 있어야 한다. 그리고 이러한 ESG 비전 아래에서 모든 자원 배분 행위들이 일관성 있게 이루어져야 한다.
ESG 비전을 구성하는 기본 요소는 다섯 가지 항목이 있다. 즉, ① 사업 영역, ② 사업 구조와 기능, ③ 경쟁 관계, ④ 경영이념, ⑤ 경영 자산 등이 해당된다.

나) **ESG 비전의 전개**: ESG 비전 전개에서는 단순한 목표, ESG 전략 전개 이외의 요소를 포함하여야 한다. ESG 비전은 기본적으로 구성원 사이에 ESG 비전이 공유되어야 한다. ESG 비전은 종업원들 사이에 조직이 미래에 나아가려는 방향과 달성하려는 목적에 대한 일체감을 불러 일으키기 위한 동기부여적 측면이 강하다. 모든 구성원이 '공유된 ESG 비전(Shared Vision)'을 향해 함께 나아갈 수 있도록 하는 것이 중요하다.

다) 가치의 설정과 전개

가치(Value)란 어떠한 활동이나 사물에 부여하는 가치체계를 의미한다. 가치는 ESG 비전과 마찬가지로 구성원들의 사고와 행동 양식에 녹아 들어가야 한다.

ESG 경영진은 조직의 ESG 비전과 가치를 포함하여 환경 문제 특히 온실가스에 따른 지구 온난화가 사회, 경제 및 조직에 어떤 영향을 주는지와 투자자, 고객 및 모든 이해관계자를 위한 가치 창출과 균형화에 대한 초점을 설정하고 이를 리더십시스템을 통해 전개하여야 한다.

<사례> 경영철학, 목표, 핵심가치, 경영원칙[52]

가. 삼성의 경영철학과 목표
  1. 인재와 기술을 바탕으로,
  2. 최고의 제품과 서비스를 창출하여,
  3. 인류사회에 공헌한다.
나. 핵심가치: 인재제일, 최고지향, 변화선도, 정도경영, 상생추구
다. 삼성전자가 지켜 나갈 5가지 경영원칙
1. 법과 윤리를 준수한다.
  개인의 존엄성과 다양성을 존중한다. 법과 상도의에 따라 공정하게 경쟁한다.
  정확한 회계 기록을 통해 회계의 투명성을 유지한다.
  정치에 개입하지 않으며 중립을 유지한다.
2. 깨끗한 조직문화를 유지한다.
  회사와 타인의 지적 재산을 보호하고 존중한다. 건전한 조직 분위기를 조성한다.
3. 고객, 주주, 종업원을 존중한다.
  주주가치 중심의 경영을 추구한다. 종업원의 「삶의 질」 향상을 위해 노력한다.
4. 환경 · 안전 · 건강을 중시한다: 인류의 안전과 건강을 중시한다.
5. 글로벌 기업시민으로서 사회적 책임을 다한다.

---
[52] 번호는 필자가 임의로 붙인 것임

> 기업시민으로서 지켜야 할 기본적 책무를 성실히 수행한다.
> 현지의 사회·문화적 특성을 존중하고 상생을 실천한다.
> 사업 파트너와 공존 공영의 관계를 구축한다.

6) 내외 환경 분석

ESG 전략 수립에 있어 다음의 주요 요소들을 반영하여야 한다. 조직의 강점과 약점, 기회와 위협, 기술, 시장, 고객 선호, 경쟁, 규제 환경에서의 큰 변화에 대한 초기 징후, 조직의 장기적 지속가능성, ESG 전략수행을 가능하게 하는 조직의 능력

가) 외부환경 분석

외부환경은 일반 환경과 특정 산업의 고유한 산업환경으로 나누어 볼 수 있다.

정치, 경제/인구 통계, 사회/문화, 국제 환경, 법과 규제, 사회의 공해나 안전문제에 대한 관심 등이 포함된다. 산업환경이란 경쟁자, 공급자, 고객과 시장, 기술 등 기업활동에 직접적으로 영향을 미치는 요인들을 말한다. 외부환경의 변화는 도약의 기회(Opportunities)를 제공하기도 하고, 조직의 생존을 위협(Threats)하기도 한다. 고객과 시장 환경, 기술 환경 등도 중요하다.

나) 내부환경 분석

내부 환경 분석은 기업의 내부자원 능력을 경쟁자와 비교하여 상대적인 강점(Strengths)과 약점(Weaknesses)을 도출하는 것이다. 자원이란 사람, 자금, 시설, 원자재, 기술, 지식, 정보, 파트너와 같이 조직의 투입 자원을 의미하며, 능력이란 조직과 프로세스의 역량을 의미한다.

ESG 전략수행을 가능하게 하는 조직의 능력 분석을 실시한다.

다) SWOT 분석 및 ESG 전략 대안 도출

 외부 환경 분석과 내부 자원능력 분석이 이루어지고 나면 수집된 정보를 종합하여 가능한 ESG 전략적 대안들을 도출하여 그 중 가장 바람직한 ESG 전략을 선택한다. ESG 전략 수립의 과정에서 효과적으로 사용되는 방법 가운데 하나는 'SWOT 분석'이다. 이는 외부 환경 변화가 가져오는 기회(O)와 위협(T) 요인에 대해 내부의 강점(S)과 약점(W)을 어떻게 대응시키는가에 관한 다양한 대안을 도출하는 방법이다.

구분		내부역량	
		강점(S)	약점(W)
외부환경	기회(O)	SO전략	WO전략
	위협(T)	ST전략	WT전략

<사례53): 기후 변화 리스크 및 기회 요소>

	리스크	대응 방안	기회 요인
규제 이슈	탄소세	지구 온난화 지수가 낮은 냉각 제품 개발	사업장 CDM 사업 추진, 온실가스 배출권 확보
	온실가스 배출권 거래	배출량 저감 및 배출권 거래제 대응 체계 구축	
	재생 에너지 사용	재생에너지 구매 계약, 녹색 요금제 가입, 재생에너지 인증서 구입	재생에너지 사용 확대, 온실가스 배출 저감
	제품 에너지 효율 규제	에너지 고효율 제품 개발	친환경 인증 및 에너지 라벨 취득 확대
물리적 이슈	태풍, 홍수 피해	자연 재해 예방 및 복구 설비 투자 확대	기후 변화 적응 지역 사회 공헌, 기후 변화 대응 기술 지원
	황사	피해 방지 및 복구 시나리오 수립, 공조 시설 투자	공기청정기, 건조기 등 생활가전 비즈니스 확대

---

53) 삼성전자의 기후 변화 리스크 및 기회 요소 사례임

	리스크	대응 방안	기회 요인
기타	기업 평판	사내 친환경 활동 및 대외 커뮤니케이션 강화	친환경 기업 이미지 제고
	소비자 행동 변화	소비자 성향 조사 및 친환경 제품 개발 확대	소비자 요구 및 친환경 제품 선제 대응

7) ESG 목표

가) ESG 전략 목표와 성과 목표

ESG 전략목표(Strategic Objectives)는 기업이 추구하는 장단기 ESG 전략의 목적을 의미하며, 실행계획으로 전개되어 구체화되고, 실행계획의 집행에 의하여 실행된다.

ESG 전략목표란 조직이 주요한 변화, 개선, 경쟁력 또는 사업적 우위를 가져오기 위해서 실현하기를 희망하는 ESG 전략이다.

ESG 전략 실행 시 달성이 기대되는 성과를 척도나 지표로 나타낸 것을 성과목표(Goasl)라고 하며, 이는 조직이 달성하고자 하는 미래의 상태 또는 성과 수준을 말한다. 목표치(Targets)라 불리는 양적 목표는 숫자 또는 숫자로 된 범위를 포함한다.

나) ESG 전략의 전개
· 실행계획을 개발하고 전개한다.
· 실행 계획 실시를 위한 자원 계획을 수립한다.
· 인적자원 계획을 수립한다.
· 실행계획 성과지표를 개발한다.
· 실행계획 성과지표에 대한 성과추정을 한다.

조직의 ESG 전략전개 과정에서는 실행계획의 진도 추적에 사용되는 핵심 성과척도/지표(KPI:Key Performance Indicator)를 제시하여야 하며, 모든 핵심 업무 단위와 이해관계자에 적용하기 위해 이러한 척도들을 어떻게 사용하고 있는지도 보여주어야 한다.

<사례>삼성전자 지속가능경영 관리 체계

 삼성전자는 글로벌 시민사회의 일원으로서 사회적 책임을 다하고 혁신적 제품과 서비스를 제공하여 경제적 · 사회적 · 환경적 가치를 창출하고 있다.

지속가능경영 관리 체계		
사회적 영향	가치 사슬	핵심 가치
이해관계자에게 미치는 영향 관리(고객, 주주 및 투자자, 직원, 협력회사, 지역 사회, NGO, 정부, 미디어, 전문 기관 등	공급망 · 제조 제품 · 고객 -> 혁신	인재제일, 최고지향 변화선도, 정도경영 상생추구

삼성전자의 지속가능경영의 가치

경제적 가치	사회적 가치
지속적인 혁신 및 성장에 대한 삼성전자의 약속	삼성전자는 모두를 위한 더욱 지속가능한 세상을 만들기 위해 노력하고 있다
수익 및 주주 가치 극대화 (제품 및 서비스 혁신)	지속가능한 사회를 만드는 데 기여하기 위해 노력한다 (UN SDGs 달성)

보고서 및 정책

지속경영	지속가능경영보고서
행동규범	글로벌 행동규범, 사업 행동규범 가이드라인
환경규칙 및 지침	환경, 건강 및 안전 정책, 제품 유해물질 관리 규칙, REACH(유럽 화학 물질 법규), SVHC 준수 선언, 지역별 폐 제품 회수체계, WEEE의 올바른 폐기, 재활용 업체 계약 시 요건, 에코디자인 및 에너지 라벨,녹색 구매 정책, 규제 물질 목록
노동정책	아동근로 금지 정책, 이주근로자 정책, 중국의 학생 근로자 정책, 인도의 실습생 가이드라인, 괴롭힘 예방 가이드라인
협력회사 행동규범 및 가이드	협력회사 행동규범, 협력회사 행동규범 가이드
책임광물 공급망 관리 절차	
세금 리스크 관리 정책	

8) 실행계획 개발과 전개

가) 실행계획의 개발과 전개

실행계획(Action Plan)이란 ESG 전략 실행을 위한 구체적인 활동 계획을 의미한다. 실행계획은 구체적인 자원계획과 실행에 대한 일정계획을 포함한다.

나) 자원의 조달과 배분

실행계획을 달성하기 위한 재무 및 기타 자원의 조달을 보장하여야 하며 계획의 달성을 지원하기 위해 적절한 자원 배분이 중요하다

다) 인적자원 계획

장단기 ESG 전략목표와 실행계획을 달성하기 위한 인적자원 계획을 수

립하여야 한다.

라) 실행계획 성과지표 개발

실행계획의 진척도 관리를 위한 주요 성과 척도 및 지표를 적절히 수립하여야 한다. ESG 전략의 중간 진행상황을 파악하여 ESG 전략실행에 대한 피드백을 가능하게 하는 장치, 즉 전반적 실행계획 측정시스템이 반드시 필요하다. ESG 전략목표에 대한 진도관리는 진척도와 달성도의 문제로 나뉜다. 달성도를 파악하기 위해서는 실행계획 수립 시에 실행계획에 대한 핵심성과지표(KPI)를 개발해 두어야 한다.

라. ESG경영 모델의 평가

(1) PDCA에 근거한 업무방식과 전개를 평가하는 메커니즘이 바로 ADLI 방식이다. 관리방법(A:Approach), 실행방법(D:Deployment), 학습과 혁신(L:Learning & Innovation), 통합(Integration)으로 구분하여 시스템 구축, 전개 및 피드백 수준을 평가한다.

o 관리방법 A(Approach)에서는 관리방법의 체계성을 확인하는 것으로서 '어떻게(How)' 사업이나 업무를 했는가를 평가한다. PDCA 사이클이 체계적으로 이행될 기반이 갖추어져 있는가에 초점을 맞춘다.
o 실행방법 D(Deployment)에서는 실행의 수준과 범위를 평가하는 것으로서 '얼마나 잘(How well)' 이행되는가를 평가한다.
o 학습과 혁신 L(Learning & Innovation)에서는 평가와 개선에 대한 부분으로서 피드백에 근거한 지속적 개선과 혁신을 평가한다.
o 통합 I(Integration)에서는 관리항목이 다른 범주의 내용과 일관성이 있으며 전 조직적 차원에서 관리 사이클이 조화를 이루고 있는가를 평가한다.

이해관계자의 요구에서부터 핵심가치 공감 및 반영에 이르는 전체 과정이 시스템 설계에 포함되어야 한다. 관리 포인트에 해당하는 기능들이 실행, 학습과 혁신, 통합을 기반으로 조직의 종합적 ESG 경쟁력에 기여하고 있음에 주목해야 한다.

많은 요소들이 수직적 관계에 있으면서도 내부 구성원 역량분석과 외부 이해관계자 의견 수렴은 수평적 관계로 설정되어 있다.

마. ESG 분야별 전략

1) 환경 경영 전략

ESG 경영에서의 환경 문제는 기존의 환경 법규 준수에 머물러서는 안된다. 온실가스로부터 출발하고 있음으로 경영 활동의 모든 가치사슬에서 온실가스 문제를 해결 할 수 있는 역량을 키워야 하기 때문이다. 기술이 필요하고 그러기 위해 투자자들로부터 외면당하면 안 된다. 조직들이 수시로 한 순간에 망하고 있는 현실이다

환경문제는 기업 성과는 물론이고 심지어 기업의 생존에도 결정적으로 영향을 끼칠 수 있는 요소로 부각되고 있다. 그로 인해 과거의 시각이나 기술 등으로는 새로운 환경관리에 대한 요구를 반영하는 것이 여의치 않다. 따라서 환경에 대한 새로운 패러다임으로 접근하는 것이 필요하며 이를 ESG경영전략의 수립에 반영하는 환경경영이 절실히 요구되고 있다.

환경문제에 대한 범세계적 논의가 기업 성과에 결정적 영향을 미칠 변수로 부각됨에 따라 기존의 환경에 관한 관리, 기술개발 및 투자활동이 더 이상 충분한 수준이 될 수 없다는 위기감이 고조되고 있다. 환경ESG 경영 패러다임의 태동은 기업은 '경제적 수익성'과 '환경적 지속가능성'

의 조화를 새로운 기업ESG 경영의 목표로 삼아야 한다는 것이다. 새로운 환경 경영 패러다임에 입각한 ESG 경영전략의 수립이 강력히 요구되고 있다. 환경부분은 대기오염, 수질오염, 분진 농도, 소음 등의 환경 척도 및 환경 투자 수준 등을 검토한다.

2) 사회 경영 전략

사회적 책임은 기업에게 요구되는 법적, 경제적 역할 수행의 범위를 넘어서 기업이 사회구성원(시민)의 일원으로서 사회화의 바람직한 관계를 형성하기 위해 수행하는 제반의 활동을 포함한다. 따라서 실질적인 사회와의 관계 형성을 위한 기업의 윤리성이 중요 요소로 여겨지고 있다. 탁월한 기업이 사회단체에 대한 지원, 자치단체에 대한 지원, 장애인에 대한 고용수준 등에 재정적 혹은 인적 지원을 투자하는 것은 그러한 기업의 사회적 책임과 더불어 조직의 이미지 제고에 기여한다는 판단에서다.

현대사회는 다양한 이해관계자를 가진 사람들로 구성되어 있고 이들은 기업에 대해 다양한 요구를 하고 있다. 이해관계자들은 마찬가지로 기업의 활동, 의사결정, 정책 등에 영향을 미칠 수 있게 된 것이다. 다시 말하면 이해관계자란 '기업의 활동, 의사결정, 정책, 목표 등에 의해 영향을 받거나 또는 영향을 줄 수 있는 사람이나 단체'를 말한다.

조직은 자원지속형(Resource-sustaining) 프로세스를 정부나 사회에 보고해야 한다. 녹색기술, 에너지 절약, 클린에너지 사용, 부산물이나 쓰레기의 재활용 등을 포함 할 수 있다. 법과 규제의 요구 기준 이상으로 대응하면 이는 두 가지 이익을 가져다준다. 하나는 규제당국의 신뢰를 얻고 관계가 좋아짐으로써 얻게 되는 유형/무형의 이익이고, 또 하나는 규제가 강화될 때 겨우 규제 수준만을 만족하는 경쟁자에 비해 유리한 입장을 선점할 수 있다는 것이다.

기업의 사회공동체 지원은 기업에게 요구되는 법적, 경제적 역할 수행의 범위를 넘어서 기업이 사회구성원의 일원으로서 사회와 바람직한 관계를 형성하고, 사회공동체를 보다 굳건히 하기 위해 수행하는 제반의 활동이라 할 것이다. 따라서 실질적인 사회와의 관계 형성을 위한 기업의 노력이 기업의 사회에 대한 역할수행이라는 측면에서 사회적 책임의 중요 요소로 여겨지고 있다.

사회공동체(Community)는 지역사회, 교육기관, 의료기관, 환경단체, 상공인단체, 기업연합단체, 전문학회 등을 포함한다. 봉사활동은 참여 인원, 참여 단체 수 및 봉사활동의 지속성, 봉사활동 지원프로세스 등으로 평가할 수 있다. 기부활동은 기부금 조성 방법, 매출액 대비 기부금 수준 등이 중요하다

3) 지배구조 경영 전략
지배구조의 건전성은 ESG 경영 기반을 확보하는데 필수불가결한 요소다. 지배구조시스템이 ESG 경영활동에 대한 책무, 재무적 책무, 이사회 멤버에 대한 운영, 선발의 투명성 및 공개정책, 내부와 외부 감사의 독립성, 이해관계자와 주주의 권익 보호 등에 효과적으로 대응할 수 있어야 한다.

조직은 지배구조 시스템의 다음 주요 사항들을 어떻게 검토하고 달성하는지를 파악하여야 한다. ESG 경영활동에 대한 책무, 재무적 책무, 이사

회 멤버에 대한 운영, 선발의 투명성 및 공개정책, 내부와 외부 감사의 독립성, 이해관계자와 주주의 권익 보호 등

기업의 지배구조(Corporate Governance)는 이러한 이해관계자들 간의 기업 내에서의 견제와 균형시스템을 의미한다. 기업을 법적으로 소유하고 있는 주주, 종업원, 고객, 금융기관, 정부 등의 이해관계가 어떠한 권한과 책임의 역학관계를 가지는가에 따라 여러 형태가 있을 수 있다.

조직의 지배구조에 대한 평가 사항은 무엇인가?
조직의 지배구조는 주주를 포함한 주요 이해관계자들의 이해를 보호할 수 있는 책임 있는 지배구조, 이사회와 전문적 자문 기구를 설치 운영하여야 한다. 관련 기구들의 조사나 감사 활동에 대한 독립성이 보장되어야 한다.

4) 위기 경영 전략

① 조직은 재해나 긴급사태에 대한 업무시스템과 작업장의 준비성을 보장하여야 한다. 조직의 재해 및 긴급사태 준비시스템은 예방, 관리, 업무의 연속, 복구를 적절히 고려하여야 한다

② 위기에는 어떤 유형들이 있는가?
· 자연 재해에 의한 리스크 : 지진, 풍수해, 눈사태 등
· 사고과실에 의한 리스크 : 화재, 폭발, 결함제품(PL), 안전사고 등
· 환경조건 변화에 의한 리스크 : 신규 시장 진입, 제품 개발, 해외 진출, 환율변동, 정부 정책 변경, 세제 및 법규 변경, 자금조달 애로 등
· 내부 공격에 의한 리스크 : 기밀정보 누설, 사내부정(횡령), 이미지 손

실, 정보시스템 정지, ESG 경영층 위기 등

<사례 1> 안전문화 중장기 로드맵54)

2020	2021	2022
사람 중심 안전관리	책임 안전관리 정립	시스템 기반 사고 예방
1.리더십전환을 통한 밀착관리 2.소통/공감 다각화 3.행동중심 안전관리 도입	1.책임인지 및 역할 수행 2.준수의식 측정 시스템 도입 3.조직별 주도적 활동 전개	1.행동안전/위험성 평가 내재화 2.안전문화 수준평가 운영 3. Data기반 지속적 변화관리

<사례 2> 잠재리스크 관리

잠재 리스크	정의 및 영향	관리 정책
원재료 가격급변 리스크	주요 원재료 가격 급변에 따라 공급 및 원가 리스크가 발생할 수 있으며, 이는 손익에 영향을 미칠 수 있음	· 원재료 가격 모니터링 시스템 구축 · 정량적 시황지표 모니터링 · 정성적 뉴스 모니터링
환율 리스크 관리	환율 변동으로 인하여 불확실성 증가와 더불어 손익에 변동이 발생할 수 있음	· 외환 위험을 축소 · 잔여 노출은 내부 외환관리 규정에 따라 선물환 등 파생상품을 통해 헷지,· 투기 목적 외환관리 엄금
환경안전 법규,정책 변경 리스크	사업장에 적용되는 환경안전 법규, 정책 변경에 대한 사전대응이 미흡할 경우 법적 리스크가 발생할 수 있으며, 사업장가동에도 영향을 미칠 수 있음	· 전사 법규 모니터링 체계 구축 : 입법예고 단계부터 당사 적용사항·변경점을 확인하여 사전 적용 검토및 대응
사업장 안전 리스크	발생가능한 5대 리스크를(환경,화재,산업(중대)재해, 건강장애, 전기요인) 정의하고 있으며, 관련 사고로 인한 사회와 임직	· 사업장별 Risk Top 관리체계 구축 · SDR강화 운영 · 안전행동원칙 설정 '노 스탑?

---
54) 사례 1,3,4는 SK하이닉스, 사례2는 CJ제일제당 사례이다

잠재 리스크	정의 및 영향	관리 정책
	원의 기업 신뢰도에 영향을 미칠 수 있음	노 터치!' · 전염병 예방관리 단계별 수행
인구구조의 변화	1인 가구 및 여성 근로자 증가 등 인구구조 변화는 식품사업 전반에 영향을 끼치며, 변화되는 트렌드를 바탕으로 고객의 니즈를 반영한 제품 출시가 필요함	· 건강과 편의 추구가 반영된 HMR 신제품 개발 · HMR 제품 프리미엄화 전략 추진 · Trend 예측 기반 Next HMR 진화 추진
자연재해로 인한 사업 연속성관리	코로나19 사태 등 자연재해나 질병 등에 의한 사업연속성 관리 리스크가 발생 가능하며, 이는 기업에 손익은 물론 임직원 근무형태 등에 영향을 미칠 수 있음	· 위기상황 대응체계 및 시스템 구축 · 글로벌 위기상황 모니터링 · 임직원 대상 안전·보건 관리 교육 강화
기후변화 리스크	기후변화에 따른 자연재해 증가로 인한 물리적 리스크와 기후변화 대응을 위한 이행과정에서 발생하는 이행 리스크로 인해 사업적, 재무적 영향을 미칠 수 있음	· 국내 온실가스 배출량 관리 · 풍수해 영향 평가 · 협력사 온실가스 배출량 산정 및 모니터링

<사례 3> PSM(공정안전관리) 시스템) 12대 실천 요소

1. 공정 안전 자료	2. 위험성 평가	3. 안전운전 지침서	4. 설비 점검 및 유지
공정을 가동하기 위한 기본적인 자료	위험요인 파악 및 제거	공정을 안전하게 운전하기 위한 절차서	안전성 확보를 위한 점검검사및 유지절차
5. 안전 작업 허가	6. 도급업체 안전관리	7. 근로자 교육계획	8. 가동 전 점검 지침
작업에 대한 위험요인 파악 및	당사와 동등한 수준의 도급업체 안	근로자의 안전한 업무수행을 위한	설비 가동 전 위험요인 체크 및

제거 허가제	전확보	제반 교육	제거
9. 변경 요소 관리	10. 자체 감사	11. 공정 사고 조사	12. 비상조치
변경사항에 대한 사전 위험성 검토	PSM 이행 상태에 대한 자체 체크	사고발생 원인 파악 및 방지대책 수립	비상사태 시 신속한 대응 및 인명/재산 보호

<사례 4> SK hynix 사업장 보건관리
(가) 화학물질 관리 : 비상상황 위해관리계획(RMP, Risk Management Plan), 공정안전관리(PSM), 사고 대비 물질 위해관리계획 등을 점검, 평가하고 비상대응훈련 실시
 ① SHE Qualification 제도, ② 유해화학물질 관리 활동
(나) 노출 관리: ① 스마트한 안전·보건 관리 JEM시스템, ② 노출 관리 활동
(다) 건강관리: ① SHE 코호트(질병의 사전 예방과 맞춤형 건강관리를 위해 SHE(SK hynix Employees) 코호트를 구축), ② 건강 관리 활동

5) 윤리경영전략
기업의 사회적 책임을 윤리적 ESG 경영 활동 측면에서 파악할 경우에 가장 대표적인 영역은 소유 및 지배구조의 투명성과 윤리성, 회계정보에 대한 투명한 성과 공개, 기업관계 활동의 윤리성 등이다. 기업지배구조와 함께 ESG 경영의 견제 역할을 수행하는 사외이사, 소액주주 보호 제도와 기업의 회계 투명성 수준에 대한 제도적·실행적 수준이 중요하다.

6) 지속가능경영전략
최근 많은 기업이 경제적 성과만으로는 지속적 성장을 장담할 수 없음을

파악하고, ESG 경영에서 기업에 부여된 경제·환경·사회적 책임을 준수함으로써 장기적으로 생존할 수 있는 토대를 마련하는 지속가능경영으로 기업 경영의 패러다임을 바꾸고 있다.

ESG 경영 매뉴얼

(책 마지막 부분, 권말 부록 1을 참조하세요)

ESG 경영 사례

1. 국민은행
2. 농수산식품유통공사
3. LG그룹
4. 삼성전자
5. 신한금융그룹 ESG
6. SK하이닉스
7. CJ제일제당의 SUSTAIABILITY
8. 현대자동차 지속가능경영

(가나다 순)

1. KB국민은행

ESG 전략/KB국민은행 ESG STAR 전략체계도

ESG 거버넌스

환경·사회 리스크 관리/KB국민은행의 주요 리스크 유형

재무리스크	• 신용 리스크, 시장 리스크, 금리 리스크, 유동성 리스크 등의 재무적 이슈에 의해 발생할 수 있는 위험
환경·사회 리스크	• 기후변화, 환경영향, 사회 이슈 등의 환경·사회 요소에 의해 발생 할 수 있는 위험

ESG 이니셔티브

TCFD	• 산업별 기후변화 영향도 분석, TCFD 이행현황 공시(2020년)
UNEP FI	책임은행원칙 서명기관(Signatory) 가입, 내부협의회 운영을 통한 책임있는 이행, - 책임은행원칙, 기후공동협약 Working Group 참여
EU Taxonomy	• EU Taxonomy 은행 가이드라인 개발 참여
WEPs	• 국내 금융기관 중 최초 가입
PCAF	• 금융기관의 대출·투자 관련 온실가스배출량의측정·보고 표준 개발 이니셔티브 • PCAF 방법론을 활용한 자산포트폴리오 배출량 분석
SBTi	• 과학적 시나리오 기반 온실가스 배출 감축목표설정을 위한 방법론을 제공하는 이니셔티브
NZBA	• 넷제로은행연합 창립멤버로 가입, 운영위원회 아시아태평양지역 대표은행선정
RE100	• 사용 전력 100% 재생에너지 전환 추진(국내 금융그룹 최초 가입)

KB금융그룹 내부 협의회 운영 목표 및 추진 과제

구분	목표
책임은행 원칙	상품, 투자 활동의 환경·사회 부문의 영향도분석 및 UNEP FI Tool 고도화
기후공동 협약	글로벌 금융기관의 기후 대응 관련 데이터 및 선진기술 방법론 벤치마킹을 통한 산업 부문별 목표수립

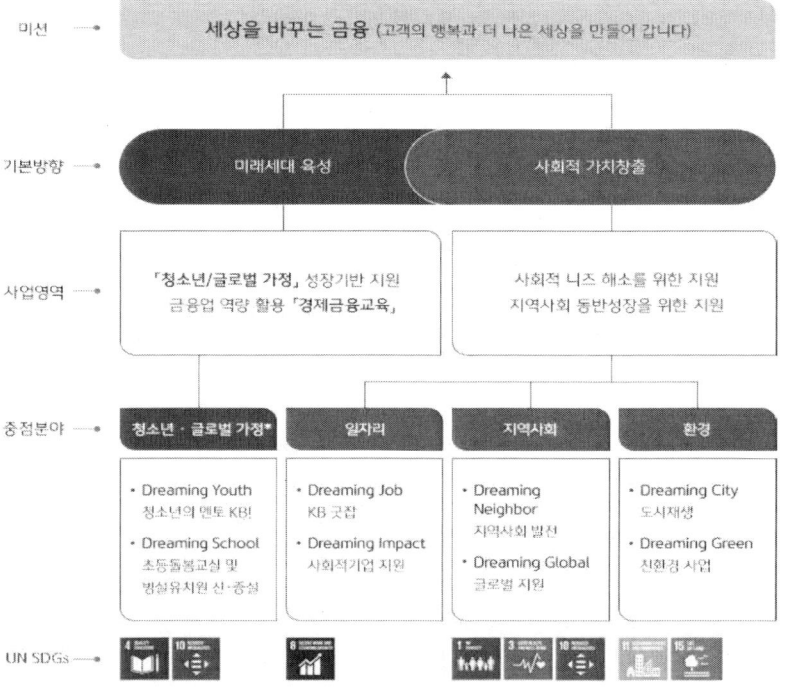

2. 농수산식품유통공사

1.사회적 가치/가.추진체계

● 전략체계

미션	사회적 가치 창출을 통한 지속가능 농어업 실현
비전	안전한 먹거리로 농어민 행복과 국민건강을 책임지는 aT
핵심가치	지구를 살리는 지속 가능한 농어업 (E : 환경경영) / 농어민과 만드는 국민 행복 먹거리 (S: 사회적 책임) / 국민에게 신뢰받는 투명한 aT (G : 지배구조)
사회적 가치	일자리 창출, 안전, 건강·복지, 상생협력, 책임윤리, 참여, 사회통합, 환경보전, 지역경제·활성화, 인권, 노동권

2020 전략체계

사회적 가치 미션	사회적 가치 창출을 통한 지속가능 농어업실현			
사회적 가치 비전	농식품 산업과 국민 행복을 연결하는 코디네이터			
사회적 가치	일자리 창출, 안전, 건강 복지, 상생협력, 책임윤리, 참여, 사회통합, 환경보전, 지역경제활성화, 인권, 노동권			
4대전략 & 12대 전략과제	농식품 분야 양질의 일자리 창출 및 사회통합 실현, 고용 및 근로의 질 개선, 민간 일자리 창출, 혁신적 사회적 일자리	국민 먹거리 안전 생태계 조성 및 지속가능 환경보전, 재난 및 안전 관리, 국민 먹거리 안전, 친환경 농어업 확산	국민 농업 기업 지역의 협력을 통한 상생 발전, 중소기업 동반성장, 지역참여 경제활성화, 사회적 경제기업 지원	사람중심, 실천중심, 공감하는 바로 aT 실현, 윤리경영체제 고도화, 인권경영 체제 정착, 국민참여 소통 강화

사회적가치

분류	내용	비고
인권	인권경영 이행(강제노동 금지, 고객 인권보호, 환경권, 책임있는 공급망 관리 등)	인권경영
안전	비축농식품 안전 / 유통·급식안전 / 수출농식품 안전 / 외식·식품 안전	국민·시설 안전총괄
건강·복지	내부직원, 지역주민, 고객의 건강·복지 고려 사업 추진	사회공헌(복지)
노동권	협력업체, 지원업체의 노동권 및 근로조건 향상 지원	노동권, 근로조건 향상
사회통합	사회적 약자 기회 제공 및 지원 고려 사업 추진	사회형평 채용, 약자지원
상생협력	수매·보관·판매 협력 / 직거래·산지 지원·협력 / 수출 지원·협력 / 식품기업 지원·협력	상생결제, 동반성장
일자리	해외원조, 검정·보관 등 / 화훼창업, 급식관리단 등 / 청년개척단, 홍보관 등 / 기업인턴십, 외식창업 등	정규직전환, 채용, 사내벤처
지역경제	지역농산물 수매 / 푸드플랜, 로컬푸드급식 / 지역농산물 수출지원 / 산지페어, 레스마켓	지역생산물 구매, 협력
지역 활성화	비축기지 시설개방 / 산지 조직화·규모화 / 수출단지 조직화 / 찾아가는 양조장	시설개방, 사회공헌
책임윤리	공정거래, 사업 추진의 투명성 제고, 사회적 책임 이행	반부패·윤리경영
환경보전	농식품 유통환경 개선(온실가스 감축), 친환경농어업 확산 지원(정보, 유통, 소비촉진)	환경경영, 에너지절감
시민참여	국민 참여를 통한 사업 추진 및 개선	국민참여 체계 구축

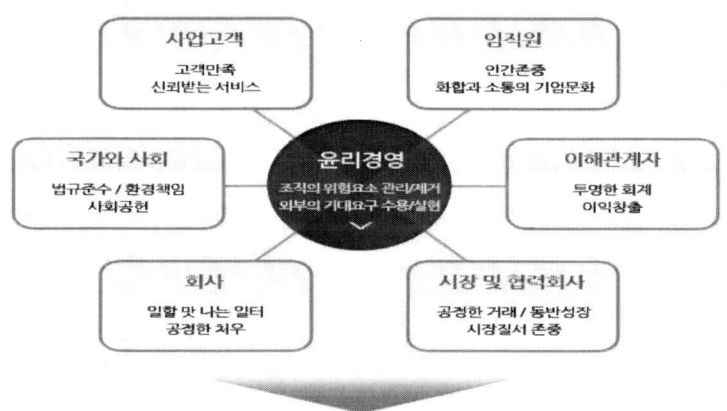

기업의 가치 있는 생존과 지속적인 발전

나. 비전 및 전략과제

윤리비전	높아진 국민의 시각으로 살피고 실천하는 〈바로 봄 aT〉

추진전략 및 실행과제

[조직] 추진체계 재정비
- 명확한 윤리경영 방향 제시
- 윤리의식 제고를 위한 규정 정비
- 윤리경영 추진조직 전문성 및 위상 강화
- 다양한 진단 툴 활용 모니터링 강화

[개인·직무] 윤리 민감성 향상
- (고위직 솔선수범) 부패 위험성 진단 및 특강
- (참여형·실천형 교육) 윤리 마인드 내재화
- (맞춤형 관리) 고위험업무 리스크 관리

[이해관계자] 투명성 제고
- (기관운영) 인사, 회계, 계약 투명성 제고
- (사업추진) 사업별 과제 발굴 및 이행
- (정보공개) 통합관리체계 구축으로 기준 정비

자체 성과목표*

구분	목표 지표	2019	2020	2021 목표	비고
사회적 책임	aT 자체윤리경영지수	92.1점	92.8점	94점	사회가치창출부
	고객만족도(PCSI)	우수	미발표	우수	사회가치창출부
	사회적가치 기여도	72.9점	75.4점	76.5점	사회가치창출부
	사회공헌활동 참여율	79.4%	80.6%	82%	사회가치창출부
반부패	노사협의회 참여율	100%	100%	100%	노무복리부
노동	녹색제품 구매실적	90.4%	98.23%	90% 이상	경영지원부
환경	기준배출량 대비 온실가스 절감 실적	19%	24%	32%	시설안전부
	국민권익위원회 부패방지 시책평가	우수(2등급)	우수(2등급)	최우수(1등급)	청렴감사부
	종합청렴도	2등급	3등급	1등급	청렴감사부

* 상기 성과목표는 UNGC 10대 원칙의 4대지표와의 정합성에 따라 설정

관련규정	윤리·인권 헌장·강령 ('20년 개정)	임원직무청렴계약 ('12년 개정)	인권경영이행지침 ('21년 개정)
자문조직	ESG경영자문위원회 ('21년 확대 개편), 인권경영위원회 ('21년 개편)		

다. 윤리경영브랜드

배 경	· 국정목표(비정상의 정상화) 실현을 위한 솔선수범 기관으로서 aT 의지 반영 · 방만경영 이미지 쇄신 및 윤리청렴 최우수기관으로의 재도약 기반 마련 · 윤리경영 활동의 실행력 제고 및 정체성 확보를 위한 aT고유의 윤리경영 상징 필요
절 차	· 분야별 이해관계자 의견수렴을 통해 윤리브랜드 모니터링 및 완성도 제고 · 경영관리위원회 정책자문 ▶ 청렴옴브즈만 외부자문(2회) ▶ 청렴혁신실천리더 내부자문
윤리브랜드	· aT 고유의 윤리의지(정도경영, 착한실천)를 상징하는 브랜드 제작으로 윤리경영 추진력 제고

3. LG그룹

비전	사회와 공동체의 발전에 기여하겠습니다[55]		
철학	LG는 사회와 끊임없는 상호 작용을 통하여 사회에 필요한 가치를 창출하는 것을 목적으로 삼고 있습니다. 앞으로도 LG는 우리 사회가 건강하고 지속가능하도록 만드는 데 필요한 역할을 적극적으로 수행해 나갈 것입니다.		
목표	LG는 기업 경영 과정에서 우리 사회와 환경에 부정적 영향을 미칠 수 있는 위험성을 최소화하고 긍정적 변화를 만들어 나가겠습니다.		
긍정적 영향 최대화	사회	사회공헌	환경
	일자리 창출 협력사 육성 소비자 만족	공유가치 창조 향상	에너지 절감기술 온실가스 절감기술 친환경 제품/서비스
부정적 영향 최소화	경제		
	기업 경영활동(제품/서비스 등 경제적 책임)		
	인권/노동 이슈 취약집단 소외 담합 등 불공정 행위	감소	온실가스 배출 환경 오염 자원 고갈
전략	'LG Way'를 바탕으로 한 이해관계자와의 진정성 있는 Communication, 공정하고 투명한 Governance 구축을 통해 3대 전략을 추진하고 있습니다.		
	01.기업윤리 기준 강화	02.LG다운 사회공헌	03.사회/환경 관련 비즈니스 창출
	국제적으로 기업에 기대하고 있는 윤리/노동/인권/협력사/안전/환경측면의 건강도 유지 활동	LG의 강점을 활용하여 사회 변화를 도모하는 차별화된 사회공헌 활동	LG의 사업을 통하여 사회/환경적 문제 해결에 기여하는 전략적 접근 및 활동

---
55) LG 그룹 홈페이지를 참조하여 필자가 옮겨 그렸음

지속가능경영	기업과 사회, 환경이 공존하는 지속가능한 내일을 만들어갑니다
UN Global Compact 회원사 활동	사회적 책임을 추구하는 UN의 활동을 지지하고 지원하기 위하여 LG전자,LG디스플레이,LG화학,LG생활건강이 동참하고 있습니다.
LG CSR Checklist 개발 및 적용	국제사회가 기대하는 윤리/노동/인권/협력사/안전/환경 측면에서 건강한 회사가 되기 위한 점검표를 개발하고, 모든 계열사가 이를 활용하여 자발적 개선활동을 전개하고 있습니다.
지속가능경영 보고서 발간	지속가능경영 활동의 주요 목표 성과를 이해관계자들과 투명하고 정확하게 공유하기 위해 매년 지속가능경영 보고서를 발간하고 있습니다.

LG 화학 지속가능보고서(2020)

re:act to zero

가장 중요한 가치/지속가능성(Sustainability)과 ESG(Environmental, Social, Governance)는 글로벌 흐름에 맞춰 성장하기 위한 기업의 필수 요소.

2019년 지속가능성 비전 및 전략 수립,이라는 세 가지 큰 키워드
2020년 국내 화학업계 최초 '2050 탄소중립성장'
3 키워드: Carbon(탄소), Circularity(순환성), People(사람)
Team re:act to zero(CEO 직속의 태스크 포스(TF)

1. Carbon/기후위기는 얼마만큼 가까이 다가왔을까?
1) "지금 우리에게 가장 큰 목표이자 과제는 탄소 감축"
2) Our Approach/The Goal: 2050 탄소중립성장
3) 재생에너지전환 추진. 저탄소제품 개발과 생산 박차. 탄소감축 기술과

사업 투자.

4) The Next Steps/기후위기는 즉각적인 대응이 필요한 우리 모두의 과제.

2. Circularity/자원선순환이 필요한 이유는 무엇일까?

1) "사람과 지구, 모두를 위한 순환경제"

2) Our Approach/The Goal: 재활용 및 바이오 기반 사업으로의 전환

3) 플라스틱 재활용, 배터리 재활용. 바이오기반 플라스틱생산, 사업장 매립폐기물 제로화

4) The Next Steps/순환경제는 자원 고갈과 폐기물 문제를 해결하기 위해 반드시 필요."협력을 위한 플랫폼 구축 중요""글로벌 이니서티브를 반으로 한 전 세계적조가 꼭 필요"

3. People/우리가생각하는더 좋은 기업은무엇일까?

1) " 더 나은 세상을 위한 더 좋은 기업"

2) Our Approach/The Goal: 인간 존중을 위해 더욱 책임감 있게

3) 책임 있는 공급망 관리 선언. 중대사고 예방을 위한 매그놀리아프로젝트(M-Project, Magnolia Project) 추진.글로벌 기업에 맞은 환경안전 관리 체계 확립

• 기술 지침 제정 및 개정	환경안전 기술 역량을 글로벌 수준으로 상향평준화하기 위해 사내 · 외전문가를 통해 국제 표준, 법규, 설계 기준, 운전 노하우 등을 반영.
• 마더 팩토리 (Mother Factory)제도운영	제품과 공정상 최고 기술수준의 사업장을 선정해 분야별 우수 사례(BP: Best Practice)를 전 사업장에 전파, 시스템운영
• 사고 예방 체계 개선	신규 또는 확장 프로젝트 대상 가동 전 안전 점검 강화, 국내 · 외 사고사례 주기적 점검 등을 통한

	사고예방체계개선.
• 비상 대응 체계 상향 평준화	대민 피해 예상 시 골든타임 확보 및 비상 대응 지침 통일, 개인별 비상 대응 역량 강화
•DX[56]) 기술을 활용해 사전 감지 강화	고위험 설비에 대해 예지적 이상 징후를 예측할 수 있는 모델 개발 추진.

4) 'The 좋은 회사'를 향해 조직 문화 개선.사회와 인류에 책임을 다하는 기업이 좋은 기업."기업이 책임지는 공급망 내 영역 확대","환경안전에 대한 확고한 사고방식과 철학 정립","인재 확보 및 유지를 위한 다각도의 분석과 노력 필요"

4.Partnerships and Recognitions

1) Partnerships:
① 세계경제포럼(WEF, World Economic Forum)
② 유엔글로벌콤팩트(UN Global Compact)
③ 세계지속가능발전기업협의회(WBCSD, World Business Council for Sustainable Development)
④책임 있는 광물 조달 및 공급망 관리를 위한 연합(RMI, Responsible Minerals Initiative)
⑤ 세계배터리 동맹(GBA, Global Battery Alliance)

2)Recognitions
① 2020 CDP Climate Change B 등급 및 Water Security A- 등급 편입
② 2020 S&P DJSI Asia-Pacific & Korea 지수 편입
③ 2020 MSCI Korea ESG Leaders 지수 편입
④ 2020 Sustainaytics Medium Risk 등급 편입

---

56) Digital Transformation

LG Way

비전: 일등LG

행동방식: 정도경영

경영이념: 고객을 위한 가치창조, 인간존중의 경영

LG화학 비전:더 나은 미래를 위해 과학을 인류의 삶에 연결합니다

Customer Focus, Agility, Collaboration, Passion, Sustainability

LG화학 지속가능경영

Vision	LG Chem's Innovative Sustainability 환경과 사회를 위한 혁신적이며 차별화된 지속 가능한 소루션 제공		
Strategy items	고객을 위한 지속가능한 기술 혁신	환경을 위한 기후변화 대응	사회를 위한 가치 경영
	자원 선순환 활동	기후변화 대응	책임있는 공급망개발/관리
	생태계 보호	재생에너지 전환	인권/다양성 & 포용
	책임있는 제품개발/생산	수자원 관리	안전/웰니스

4. 삼성전자[57]

A JOURNEY TOWARDS A SUSTAINABLE FUTURE

지배구조	
	이사회 구성, 독립성 및 투명성, 전문성 및 다양성,이사회 운영, 이사회 산하 위원회
준법·윤리경영	
	준법경영:컴플라이언스 관리 프로세스, 2020년, 강화된 준법경영 주요 내용
	윤리경영
비즈니스 지속가능성	
	CE Consumer Electronics Division: 에코 패키지, 재생·재활용 소재, 접근성, 태양전지 리모컨
	IM IT & Mobile Communications: 갤럭시 업사이클링, 삼성 글로벌 골즈
	DS : 제품 소비전력 절감, 제조 공정에서의 온실가스 감축, 친환경 제품
Approach to Sustainability	
	분야별 주요 성과/ 대외 평가·수상: 생략
	지속가능경영 추진 체계
	CEO Bessage: "지속가능경영은 비용보다는 미래를 위한 투자의 관점에서 추진해야
	이해관계자 소통:이해관계자 포럼, 설문조사, 현장방문
	팬데믹 시대의 지속가능경영: 코로나19 대응 체계, 사업 리스크 대응, 협력회사 및 고객 보호, 지역사회 지원, 방역 제품 생산 중소기업 지원
Environment	
	밸류체인 단계별 친환경 활동
	기후행동: 거버넌스, 리스크 관리,
	기후변화 리스크•기회 요인 분석
	사업장 온실가스 감축: 반도체 공정가스 감축, 제조 공정 에너지 절감
	제품 에너지 효율

[57] 삼성전자 Sustainability_report_2021

	기타 온실가스 감축: 협력회사 관리 및 지원	
	기후변화 대응을 위한 협력:저탄소 친환경 쿡스토브 보급	
	온실가스 배출량	
	순환경제	
		자원 사용 효율화, 제품 수명 연장
		폐전자제품의 회수와 재활용
		폐기물 매립: 폐기물 처리 기술 개발과 프로세스 혁신, 수자원 리스크 평가
	화학물질 관리	
		건강·위생 관련 물질 분석 에코라이프랩 운영
Empowering Communities		
	사회공헌	
		창의적 문제 해결 능력 향상: 삼성 솔브 포 투모로우
		청소년 미래기술 역량 강화: 삼성 이노베이션 캠퍼스
		미래 세대를 위한 맞춤형 교육
	중소기업·스타트업 지원	
		스마트공장 구축, 경쟁력 강화 지원
Digital Responsibility		
	개인정보보호	
	사이버 보안	
	AI 윤리: 임직원 AI 윤리 인식 제고	
	접근성: 삼성전자의 '4C 접근성 디자인 원칙	
	디지털 웰빙	
Our Employees		
	노동인권: 노동인권 정책, 교육, 이해관계자 소통, 고충처리	
	다양성과 포용: 정책 및 프로그램, 장애인 근무 지원 제도, 글로벌 ERG 운영	
	안전·보건: 안전보건 경영시스템 인증, 환경안전 혁신 DAY, 임직원 건강	
	인재 양성: 역량 개발 프로그램	
	조직 문화: 일·생활 균형을 위한 제도	
Sustainable Supply Chain		

	함께 성장하는 공급망: 신규 협력회사 선정, 상생협력
	책임 있는 공급망: 협력회사 행동규범, 근로환경 통합 관리 프로세스, 자가평가 시행
	환경친화적인 공급망: 환경·안전·보건 개선 지원
	책임광물 관리 투명성 확보
Sustainability Foundation	
	중요성 평가: 지속가능경영 분야의 이슈를 파악하여 대응
	UN SDGs 연계 활동: 지속가능발전목표 선정, 세부 목표별 다양한 지속가능경영 활동
	지속가능경영 가치 창출
Facts & Figures	

<사례> 삼성전자 협력회사 행동규범 및 가이드(RBA 행동규범 반영)

1. 노동 인권	1.1 강제근로 금지, 1.2 미성년 근로자 보호, 1.3 근로시간 준수, 1.4 임금 및 복리후생, 1.5 인도적 대우, 1.6 차별 금지, 1.7 결사의 자유
2. 안전 보건	2.1 산업 안전, 2.2 비상사태 대비, 2.3 산업재해 및 질병 예방, 2.4 유해인자 노출 저감, 2.5 신체부담 업무, 2.6 위험기계, 기구 및 설비 안전관리, 2.7 기숙사 및 위생 시설 제공, 2.8 안전보건 교육
3. 환경 보호	3.1 환경 인허가 취득, 3.2 오염방지 및 자원사용 저감, 3.3 유해물질 관리, 3.4 고형 폐기물, 3.5 대기오염물질, 3.6 제품 내 물질 규제 준수, 3.7 수자원 관리, 3.8 에너지 소비와 온실가스 배출
4. 윤리 경영	4.1 청렴성, 4.2 부당이익 금지, 4.3 정보공개, 4.4 지적재산 보호, 4.5 공정거래, 광고 및 경쟁, 4.6 신원보호와 보복금지, 4.7 책임있는 물자 관리, 4.8 개인정보 보호
5. 경영 시스템	5.1 준수의지 표명, 5.2 경영진의 의무와 책임, 5.3 법규 및 고객 요구사항 대응, 5.4 리스크 관리, 5.5 개선 목표 수립, 5.6 교육, 5.7 의사 소통, 5.8 임직원 피드백, 참여 및 고충처리, 5.9 감사와 평가, 5.10 시정조치 프로세스, 5.11 문서와 기록, 5.12 공급망 참여 및 책임 이행

<사례> 삼성전자 **협력회사 행동규범 가이드**: 행동규범을 준수하고 준법경영을 실천하도록 행동규범 가이드를 제공하고 있다.

삼성전자 협력회사 행동규범 가이드/
(5大 운영 정책) [서 문]/

1.노동 인권, 1.1 강제근로 금지, 1.2 미성년 근로자 보호, 1.3 근로시간 준수, 1.4 임금 및 복리후생, 1.5 인도적 대우, 1.6 차별 금지

각 항목에 대하여
1) 정의, 2) 적용범위,
3) 가이드 ①정책, 절차 수립, ②보증금, 채용 수수료, ③ 자유로운 근로계약 체결 및 종료, ④자발적인 초과근로, ⑤대출, 교육지원금의 상환, ⑥근로계약서 작성, ⑦신분증 보관금지, ⑧이동의 자유 제한 금지 등 각 항목별로 상세한 가이드가 있다.
4) O,X 사례를 들어 이해를 높이고 있다

5. 신한금융그룹 ESG

Empowering a green future: 녹색 미래로 향하는 길에 녹색 신호등을 켭니다.

ESG(지속가능경영) 전략 Framework

신한금융그룹 미션: 금융으로 세상을 이롭게 한다

지향점	一流 신한		
ESG 원칙	FINANCE for IMPACT/모든 이해관계자를 지속가능하게 하는 금융의 선한 영향력		
전략 방향	친환경	상생	신뢰
5대 Impact 과제	Zero Carbon Drive	탄소배출량 감축과 상쇄를 통한 탄소 배출 제로(Zero)화 추진	
	Triple-K	다양한 해관계자들과 연계한 국내혁신 성장 생태계 구축	
	사회 다양성 추구	여성 리더 육성 및 장애인, 다문화 사업 확대를 통한 사회적 불평등 축소	
	Hope Together SFG	금융의 업의 본질 및 효과를 살린 사회공헌 사업 추진	
	고객보호 관리 강화	고객보호관리 강화 및 全세대 금융 교육 확대를 통한 신뢰경영	
지향점	0 Carbon	그룹 자산 포트폴리오의 탄소 배출량을 Zero로 만드는	
	10 Unicorns	혁신기업 발굴/육성을 통해 10개의 유니콘 기업을 만드는	
	100% Satisfaction	그룹과 함께하는 모든 사람의 만족도를 100%로 만드는	
UN SDGs	7,13,16,17	8,9,11,12	1,4,5,10

TCFD[58] 보고서.

1. 지배 구조	Zero Carbon(탄소중립)을 위한 과학 기반의 정량적 감축목표 설정 및 체계 구축 이사회:ESG 전략위원회1),위험관리위원회: CEO:그룹 ESG 추진위원회 전담임원:CSSO[59]그룹사 ESG CSSO협의회 실무 책임자:그룹 ESG 실무협의회,그룹 리스크 실무협의회 전담부서:지주, 은행, 카드 등 ESG 담당 전담조직 신설
2. 전략	금융사 자산 포트폴리오 탄소중립을 위한 친환경 전략 'Zero Carbon Drive' UNEP FI의 TCFD이행 2차파일럿 프로그램 참여, 환경/사회리스크 모범 규준 운영 그룹 기후변화 대응원칙 수립,글로벌 이니셔티브 참여 • Equator Principles(적도원칙), TCFD, CDP, PRB(책임은행원칙), PSI(책임보험원칙), SBTi(과학기반목표수립), PCAF(탄소회계금융협회)
3. 위험 관리	기후 변화 관련 물리 및 전환 리스크, 기회요인 분석 실시,환경·사회 리스크 관리체계 운영, 기후변화 관련 그룹 자산 포트폴리오 영향 분석 • 12개 환경/사회적 유의 영역 선정 • 환경 사회적 악영향이 큰 영역에 대해 금융 배제, 조건부 지원 정책 등 운용 • 대규모 개발 PF에 대해 위험등급 구분하여 영향 평가후 필요시 금융계약에 저감 계획 반영 기후변화 관련 포트폴리오 영향 분석 및 관리 방안 수립
4. 지표 및 감축 목표	**Zero Carbon Drive 목표** • 감축: 2030년까지 내부 탄소배출량 46.2%, 그룹 자산 포트폴리오 탄소배출량 38.6% (2019년 대비) • 상쇄:친환경 금융 실적 2020~2030년 신규누적 30조 원, 기후변화 위험 요인을 반영한 투자 포트폴리오 모니터링 • 탄소배출량 및 탄소집약도 기준

---

58) Task force on Climate-related Financial Disclosures, 기후관련 재무정보 공개
59) Chief Strategy & Sustainability Officer

ESG Table

ENVIRONMENTAL : ZERO CARBON을 향한 친환경 금융 체계 구축	
01 녹색금융	02 환경 리스크 체계
o 전용 및 보증 대출/인프라 PF 확대 o 에너지/친환경수단 투자, o 녹색채권 발행, o 친환경 소비 촉진 (신한카드)	o 환경/사회 리스크 관리체계 구축 및 운영, o 기후변화 관련 그룹 포트폴리오 영향 분석, o 적도원칙 운영 (신한은행)
03 친환경 정책	04 환경경영 추진
o Zero Carbon Drive 선포 - 기존 ECO Transformation 20·20 의전환 o 그룹 기후변화 대응원칙 수립	o 녹색경영시스템 개발/운영, o ISO 14001 인증 획득 (신한은행/신한카드/신한금융투자/신한생명/신한캐피탈),oPaperless환경구현
05 친환경 리더십	06 환경정보 공개
o UNEP FI 책임은행 및 지속가능보험원칙, o UNEPFIGSC 아시아태평양 뱅킹 부문 대표, oSBTi,PCAF가입/자산포트폴리오탄소중립	o TCFD 지지 선언 및 권고안 참여 재무 관련 정보 공개 중 (2018~) o CDP 7년 연속 Leadership A
SOCIAL : 혁신/포용 금융 등 사회를 위한 지원 및 창의적 열린 문화	
01 혁신 금융	02 포용 금융
o '혁신금융 추진위원회', o 'Triple K 프로젝트', S2 Bridge를 통한 생태계 구축, o벤처육성 프로그램 '신한퓨쳐스랩'o 벤처 플랫폼 '이노톡'	o 서민 중금리대출 선도 o 성공 두드림 프로그램 (SOHO) o 소상공인/중소기업 전용판매 플랫폼(올댓쇼핑)
03 취약 계층 지원	04 성장 지원
o 저신용자 재기 지원(청년 부채 케어, 교육수당) o 경력단절 여성/자영업자 지원사업 등	o 일자리 창출 프로그램,시니어 일자리 지원,o사회적 기업 펀드 투자, o 교육지원 프로그램-금융교육, 희망학교 SW 교실, 신한 음악상 등
05 다양성 프로그램	06 인적 자원 개발
o 그룹 여성리더 육성 체계 구축 o 모성보호 및 육아지원(그룹 어린이집, 단축근무 등), o 블룸버그 양성평등지수 편입	o 맞춤형 전문가 육성, o 디지털 인재 양성, o 모바일 사내교육 플랫폼 운영, o 사내 벤처제도 실시

GOVERNANCE : 거버넌스와 리더십의 체계화 및 윤리/컴플라이언스를 위한 원칙 강화	
01 이사회 차별성	02 리더십 안정성
o 이사회 전문성 강화, o 이사회 다양성 확보:국적/성별/연령 다양성원칙 수립,사외이사후보주주추천공모제 등	o 경영승계 구조 체계화 - 대표이사 후보군 선정 및 육성 o 임원후보 추천권한 분산
03 ESG 거버넌스	04 윤리준법
o 그룹 사회책임경영 거버넌스 구축: ESG 전략위원회, ESG 추진위원회,그룹 ESG CSSO/실무협의회, o 사회적 가치 측정 모델(SVMF) 개발/운영, o 스튜어드십 코드 도입/운영	o 그룹 준법감시인 협의회, 내부통제위원회- 윤리강령/행동기준/내부자 신고제도,- 공정거래 자율준수 규정,- 윤리/준법 교육 활성화 o 자금세탁방지 체계
05 고객보호	06 인권
o 금융 소비자 보호 체계:- 소비자보호그룹 신설,금융상품 ESG 점검 제도, 옴부즈만 제도,o 정보보안 체계 구축:그룹별 CISO지정,고객정보/개인정보 처리방침,- 통합 보안관제 센터	o 협력회사 상생원칙/행동규범 o 스마트한 근무환경 확립:- 스마트 및 유연근무제 확대,- PC 셧다운 제도 도입,- 임직원 인권 보호,- 임직원 마음건강 검진, 인권선언서 등

6. SK하이닉스

SK 하닉스 지속가능경영[60]체제

지속가능경영			
	DBL[61]		
		DBL추구	
			DBL 추진 방향
			DBL 추진 방향
		DBL 성과측정	
		SV 2030	
	ESG		
		환경	
			기후대응
			수자원 관리
			자원순환
			제품친환경
		사회	
			구성원	인재육성, 인권존중, 안전한 무환경, 다양성
			공급망	공급망 ESG 관리, 분쟁광물, 동반성장,
			사회공헌
			준법경영
			윤리경영
			세무정책
		지배구조	
			지배구조 개요
			이사회 구성
			소위원회

---

60) SK하이닉스 홈페이지
61) DBL: 경제적 가치와 이윤만 추구하는 'Single Bottom Line'에서 벗어나 모든 경영활동에서 경제적 가치 (EV, Economic Value) 창출과 사회적 가치 (SV, Social Value)를 동시에 증대시킴으로써 사회와 더불어 성장하는 SK의 경영원칙

SK 하이닉스의 각 과제별로 구조/지속가능경영/ESG/환경/기후대응의 예

슬로건/비전 제시	체계적인 기후 대응으로 지구의 건강한 내일을 만듭니다	분야별, 과제별로 세부 내용은 홈페이지 참조
전략	선제적 대응으로 기후 리스크 최소화	
목표	재생에너지 사용 비율 향상과 온실가스 배출 감축 등	
목표치 제시	전 사업장 재생에너지 사용 비율 By 2050 :100% 등	
실적	온실가스 감축,온실가스 배출 원단위 목표 (2016년 기준 원단위: 29.7tonCO$_2$eq./억 원)	
활동	기후변화 대응에 적극적으로 동참 등 다양한 활동 소개	

7. CJ제일제당의 SUSTAIABILITY

1. Overview
2. 전략 & UN SDGs

가. 지속가능경영 전략 : CJ제일제당의 지향점 및 추진전략

나. 주요 전략과제

가치	구분	목표	전략과제	과제내용	UN SDGs
지속가능한	E	환경영향 최소화	기후변화 대응	2050년 탄소중립 달성 및 기후변화 리스크대응	7,13,15
			지속가능한 원재료 조달	추적가능성, 투명성을 강화한 원재료 소싱 확대	12,13
			친환경 패키징	재사용·재활용 가능한 패키징 소재 개발 및 폐기물 저감	12,13

환경			친환경 소재 솔루션 개발	다양한 White BIO기술을 활용한 친환경 소재 솔루션 (PHA 포함) 대형화	12,14, 15
건강과 안전	S	사회적 리더쉽 확보	인권리스크 제로화	이해관계자 대상 인권 리스크의 선제적 관리	5,10
			DEI 존중의 조직문화	다양성, 형평성 및 포용성을 갖춘 조직문화 구축	4,8,16
	G	초격차 역량강화	건강과 영양 증진	CJ영양정책 구축 및 건강지향 제품포트폴리오확장	1,2,3
			지속가능한공급망	협력사 ESG 리스크 조기 파악 및 관리	9,10

다. 지속가능경영 거버넌스

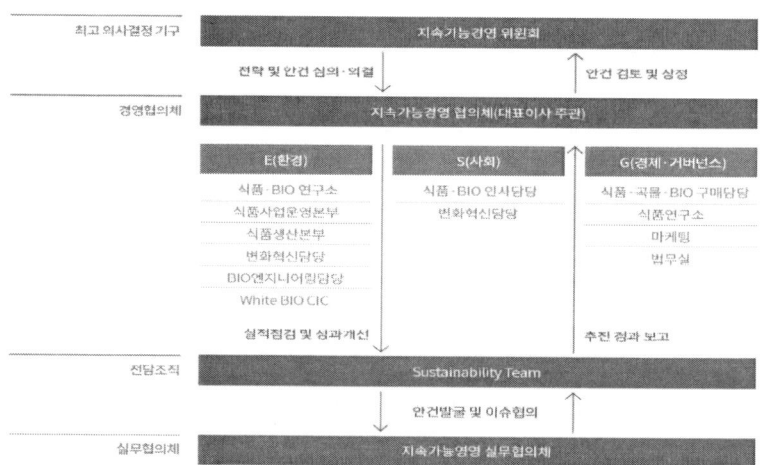

핵심 ESG 아젠다 기반 협의체 구성

라. 리스크 관리

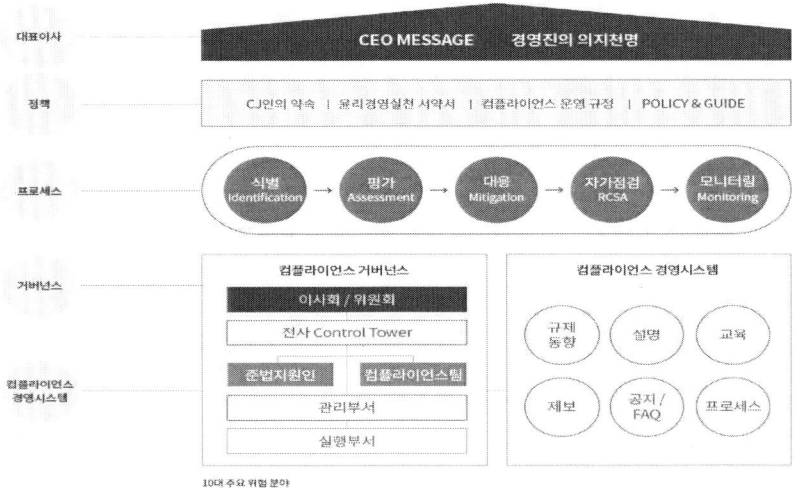

2) Global Compliance Communication Process 정립
3) 리스크 대응 본부
4) 잠재리스크 관리

잠재 리스크	정의 및 영향	관리 정책
원재료 가격 급변 리스크	주요 원재료 가격 급변에 따라 공급 및 원가 리스크가 발생할 수 있으며, 이는 손익에 영향을 미칠 수 있음	· 원재료 가격 모니터링 시스템 구축 · 정량적 시황지표 모니터링 · 정성적 뉴스 모니터링
환율 리스크 관리	환율 변동으로 인하여 불확실성 증가와 더불어 손익에 변동이 발생할 수 있음	· 매칭을 통한 환노출 축소를 우선 실행하여 외환 위험을 축소 등
환경안전	사업장에 적용되는 환경안전 법	· 전사 법규 모니터링 체계 구

법규,정책 변경 리스크	규, 정책 변경에 대한 사전대응이 미흡할 경우 법적 리스크가 발생할 수 있으며, 사업장가동에도 영향	축 : 입법예고 단계부터 당사 적용사항·변경점을 확인하여 사전 적용 검토 및 대응
사업장 안전 리스크	제조 사업장에서 발생가능한 5대 리스크를(환경,화재,산업(중대)재해, 건강장애, 전기요인) 정의하고 있으며,관련 사고로 인한 사회와 임직원의 기업 신뢰도에 영향을미칠 수 있음	· 대형사고 중심 사업장별 Risk Top 관리체계 구축 · SDR(Safety Design Review) 강화 운영 · 안전행동원칙 설정 '노 스탑? 노 터치!'· 전염병 예방관리 단계별 수행
인구구조의 변화	1인 가구 및 여성 근로자 증가 등 인구구조 변화는 식품사업 전반에 영향을 끼치며, 변화되는 트렌드를 바탕으로 고객의 니즈 반영 제품 출시	· 건강과 편의 추구가 반영된 HMR신제품 개발 · HMR 제품 프리미엄화 전략 추진 · Trend 예측반 Next HMR 진화추진
자연재해로 인한 사업 연속성 관리	코로나19 사태 등 자연재해나 질병 등에 의한 사업연속성 관리 리스크가 발생 가능하며, 이는 기업에 손익은 물론 임직원 근무형태 등에 영향	· 위기상황 대응체계 및 시스템 구축 · 글로벌 위기상황 모니터링 · 임직원 대상 안전·보건 관리 교육 강화
기후변화 리스크	자연재해 증가로 물리적 리스크와 기후변화 대응을 위한 이행 과정에서 발생하는 이행 리스크로 인해 사업적, 재무적 영향을 미칠 수 있음	· 국내 온실가스 배출량 관리 · 풍수해 영향 평가 · 협력사 온실가스 배출량 산정 및 모니터링

품질이념: 고객과 임직원 OnlyOne을 경영의 최우선 가치로 하는 安全 第一文化를창조

품질5大원칙

고객만족	원칙준수	진화·혁신	예방관리	상생가치실천
우리는 고객 목소리를 성심껏 경청하며, 고객의 안전을 최우선으로 행동한다.	우리는 고객의 안전을 위해 법적 기준보다 엄격하게 상향 조장한 CJQMS를 기초로 경영 활동.	우리는 고객의 안전을 위해 OnlyOne 정신을 기반으로 끊임없이 개선하고 진화와 혁신 주도.	우리는 고객의 안전을 위해 철저한 품질 리스크 사전 예방 체계를 구축한다.	우리는 협력사와 상생 생태계 조성을 위한 공유가치 창출을 노력한다.

CJQMS[62]/CJ제일제당 밸류체인

연구개발	구매	생산	판매
제품품질 향상연구	협력사 산정 및 품질평가	사업장 검사 및 결함관리	제품유통 안전관리

6) TCFD FRAMEWORK

	현황	계획
지배구조	기후변화 및 환경경영을 포함한 지속가능경영 관련 쟁점 사항을 발굴·파악하고 이와 관련된 성과 및 개선방안을 검토·승인하는 지속가능경영 위원회를 신설하였습니다. 또한 위원회 산하에 대표이사 주관 지속가능 환경경영협의체를 구성하여 기후변화 및 환경경영 관련 이사회 승인 전략을 실행하고 관리합니다.	CJ제일제당의 지향점인 'Nature to Nature' 선순환 체계 실현을 위해 지속가능한 환경경영 프로젝트를 추진하고 있습니다. 프로젝트를 통해 지속가능한 환경 전략·목표 및 실행 체계를 도출하여 지속가능경영 위원회에서 결의할 예정입니다.

---

62) • CJQMS(CJ Quality Management System): 식품안전 통합시스템

	현황	계획
경영전략	단기적으로 온실가스 배출권 할당량 초과에 따른 재무 영향이 없도록 온실가스 감축 및 에너지 절감 전략을 수립하여 관리하고 있습니다. 또한 중장기 환경경영 전략 및 실행체계 구축을 위해 '지속가능 환경경영 프로젝트'를 추진하고 있습니다. 중장기적으로 신재생 에너지 사용 확대 및 바이오에너지 도입과 태양광에너지 추가 도입을 추진하고자 합니다.	2021년 말 '기후변화 대응 특별보고서'를 통해 이사회에서 승인된 환경(기후변화) 정책과 전략, 중장기 목표를 공개할 예정입니다. 기후변화에 따른 리스크 비용 산출 모형(prototype)을 개발하고, 향후 3년 이내에 기후변화 시나리오를 고려한 위험과 기회를 정량적, 정성적으로 파악하여 경영 전략 수립 시 반영할 계획입니다.
위험관리	기후변화에 따른 사업적, 환경적 영향을 완화하고 선제적으로 대응하기 위해 온실가스 배출과 에너지사용량을 모니터링하고 있습니다. 국내 온실가스배출 및 풍수해를 주요리스크로 정의하고 관리하며, 그 경계를 확장하여 협력사 온실가스 배출 리스크까지 관리하고 있습니다.	향후 3년 이내에 기후변화 시나리오를 고려한 위험과 기회를 정량적, 정성적으로 파악하여 전사 위험 관리 프로세스와 통합 관리할 계획입니다.
지표와 감축 목표	온실가스 배출권의 할당 및 거래에 관한 법률(배출권거래법)에 의한 온실가스 배출량을 보고하기 위해, 국가 2030 온실가스 감축 로드맵과 함께 과거 데이터(온실가스 배출량, 배출 원단위, 생산량)를 토대로 2030년까지 BAU 대비 33% 감축 목표를 설정했습니다.	'지속가능 환경경영 프로젝트'를 통해 파리기후변화협약목표 달성에 기여하고, 환경영향을 최소화하는 중장기(2030년, 2050년) 목표를 재수립할 예정입니다. 향후 3년 이내에 전후방산업을 포함한 Scope3 배출량을 측정하고, 중장기 목표 달성을 위한 세부 실행전략을 구체화할 예정입니다.

8. 현대자동차 지속가능경영

Introduction	CEO Message, 회사 개요 및 주요 실적, 2025 전략, ESG Management, ESG 추진방향, ESG 주요 성과
Environmental	환경경영, **탄**소감축, 순환경제, 유해물질 관리 강화
Social	인권, 임직원, 협력사,품질, 고객, 지역사회
Governance	이사회, 윤리·준법경영, 리스크 경영
ESG Fact book	

1. Introduction

가. 2025 전략략/추진배경

자동차 산업	Digital Trasformation	Ontact 밸류체인, 디지털 디바이스 & 플랫폼 비즈니스화
	Energy Shift	화석 에너지에서 전기(재생)에너지로 전환, 수소 경제 부상
고객	ESG 중시	환경 및 사회 이슈 참여 의식 증가, 기업의 지속가능경영 요구

나. ESG 경영/ ESG 추진방향

ESG Mgt.	Approach 1.ESG 리스크 관리/비재무요인으로 인한 재무적 리스크 발생 위험 축소	ESG 거버넌스	이사회보고	지속가능경영 위원회		
			경영층회의	ESG 위원회,기업전략 본부		
			실무분과	E	S	G
	Approach 2.ESG 전략적 활용/사업 연계 신규 기회 창출 및 역량강화			기후변화/사업장환경/제품환경/저탄소제품	인권/인재개발/인사관리/사회공헌/안전보건/고객/품질 관리/공급망 ESG/정보보호/이노베이션	이사회/준법윤리

다. ESG 주요 성과

Environmenta	Socia	Governance
2020년연간 전기차 포함한 전동화 차량 판매대수25.8만대 기록	임직원 인권 리스크 관리 강화	이사회 다양성 제고
유럽시장 차량 탄소 배출량 30% 감축	공급망 ESG 관리 강화	주주의결권 행사 편의 제고
해외 법인 재생에너지 확대	사업장 안전 강화	이사회산하 지속가능경영위원회 설치
전기차 폐배터리 기반 순환 체계 구축	ESG관련 사내교육 실시	ESG 위원회, 분과별 실무협의체 구축
녹색채권 4천억 원 발행	코로나19 극복 지원	이사 선임 가이드라인 보강

2. Environmental

가. 환경경영:환경경영 방침 수립, 사업장 ISO 14001(EMS) 인증

나. 탄소감축/ 1) 기후변화 위험/기회 식별 · 평가 · 관리 프로세스

기후변화관련 전사적이슈파악	위험/기회요인 도출 및영향 평가	우선순위 점검 및 대응 전략 수립	실행계획 수립	각권역/ 조직별 실행	모니터링 및 진단

2) 기후변화 위험/기회 요인 도출 및 영향 평가 기준

- 활용 기후 시나리오: 전환 □ 물리 □
  - 전환: IRENA, EIA, IEA, BP의 전망 보고서1) 및 NDC(국가온실가스감축목표)2)
  - 물리: RCP2.63) (2℃ 이하 시나리오) 및 RCP1.94) (1.5℃ 시나리오)
- 시나리오 분석: 정량 □ 정성 □
- 적용 Timeline: 단기(5년 미만) □ 중기(5~10년) □ 장기(10년 이상) □
- 적용 범위: 사업장 □ 업스트림 □ 다운스트림 □
  - 사업장: 글로벌 전 사업장(신규 사업장 포함, 설비 예상 수명 고려)

- 업스트림: 공급망
- 다운스트림: 운송, 사용(고객), 폐기 및 재활용

1) Renewable Power Generation Costs (IRENA, 2019), Future of Solar Photovoltaic (IRENA, 2019), Annual Energy Outlook (EIA, 2020),
World Energy Outlook (IEA, 2020), Energy Outlook (BP, 2020)
2) Nationally Determined Contributions:파리협정에 의거하여 UN각당사국이 감축,적응,재원,기술,역량 배양,투명성등의 분야에서 취할 노력을 자발적으로 결정하여 제출한 목표
3) IPCC(International Panel on Climate Change)의 AR5(5th Assessment Report)에서 발표된 온실가스 농도에 따른 4가지 시나리오 중 하나이며, 산업화 이전 대비 지구 평균 기온 상승을 2℃ 이하로 유지
4) IPCC 1.5℃ 특별보고서에서 발표한 시나리오이며, 산업화 이전 대비 지구 평균 기온 상승을 1.5℃로 제한하기 위해 2050년까지 순배출 제로(Net-Zero)를 달성

3) 우선순위 점검 및 대응 전략 수립 시 주요 고려사항

국가(지역) 및 산업계 동향, 시장변화, 발생가능성, 예상되는 재무적 영향, 비즈니스 전략과의 연관성, 내부 대응 역량 등

4) 주요 기후변화 위험/기회 및 영향:별첨

5) 온실가스 감축

현대자동차는 가치사슬 전반에서의 온실가스 배출을 관리하기 위해 온실가스 프로토콜에 따라 자체적인 사업 활동에 의한 배출량(Scope 1, Scope 2) 뿐만 아니라 업스트림과 다운스트림 배출량(Scope 3)까지 산정하여 공개하고 있습니다.

온실가스 배출 현황 및 감축 방향
Scope 1: 회사의 조직경계 내에서의 직접적인 배출.
Scope 2: 회사의 조직경계 외부로부터 구매하는 에너지 사용으로 인한 간접적인 배출
Scope 3: Scope 1과 Scope 2를 제외한 가치사슬 상의 모든 간접적인 배출

6) 제품 탄소 감축

  (1) 제품 탄소감축(전기차 전환) 추진 로드맵: 유럽, 중국 시장 중심으로 전기차 전환 추진, 핵심 시장 100% 전기차로 전환

  (2) LCA(Life Cycle Assessment) 수행

  7) 사업장 탄소감축/공장별 탄소감축 및 재생에너지 확대

  8) 수소 생태계 구축,

  9) 제품 전과정 평가/분석(중점추진 과제3),

  10) 분쟁광물 관리(중점추진 과제4)

 다. 순환경제

  1) 제품 재활용: 재활용 고려한 설계, 재활용 소재 적용, 폐차 회수 및 재활용,

   폐배터리 순환체계 구축

  2) 사업장 자원 사용: 에너지, 용수, 원자재 & 폐기물, 오염물질

 라. 유해물질 관리강화

  1) 유해물질 규제 및 국제 이니셔티브, 2) 유해물질 관리 프로세스

5. Social

  가. 인권/인권경영(**중점추진 과제5**),인권 리스크 진단 및 실사

  나. 임직원: 1) 사업장 안전보건, 2) 유연한 조직문화 구축, 3) 인재 채용 및 육성

  다. 협력사: 1) 동반성장 지원, 2) 공급망 ESG 관리

공급망 ESG 관리 체계 구축 성과

• 협력사 행동규범 수립
 - 공급망 ESG 관련 협력사 준수사항 규정(5대 영역 : 윤리, 환경, 노동/인권, 안전/보건,   경영시스템)
• 공급망 ESG 평가/관리 프로세스 수립
 - 평가지표(항목) 선정 : 155문항 (자가진단 평가항목 포함)
 - 외부 평가 및 이니셔티브 요구사항 반영한 당사 평가지표 개발

(DJSI, Drive Sustainability, Ecovadis, RBA 및 법적 요건 반영)
- 공급망 ESG 관리/개선 프로세스 구축

공급망 ESG 평가 · 지원 성과
• 1차 협력사 대상 ESG 평가 실시
 1) ESG 평가: 협력사 자가진단 - 서면/현장평가 - 개선 모니터링
 2) Pilot 평가(2020년) - 대상 : 20개사(현대자동차 및 계열사와 거래중인 협력사중 선정)
     - 내용 : 서면평가 → 현장평가 → 평가결과 분석
• 상생협력 5스타 시행: 1) 목적 : 1차-2차사간 상생협력강화(업체선정시 입찰점수 반영), 2) 대상 : 1차 협력사
 3) 내용 : 상생협력활동(1차사) 및 체감도 평가(2차사 대상 설문)
• 안전보건/환경경영: 협력사 안전보건 현장 순회 지원(2017~), 안전관리 가이드 배포 및 주요 사례 공유, 협력사 생산공정 및 부품에 유해물질 사용 및 포함 금지(2017~), 전 부품 유해물질 함유여부 IMDS1) 시스템 등록 100%, 협력사 안전보건 및 환경경영시스템 인증

라. 품질

 1) 품질 및 안전: 전사적인 안전문화 강화 및 지속가능한
    SMS(Safety Management System)을 2023년까지 구축
 2) 제품의 품질 및 안전 강화/품질과 안전의 토대, 3세대 플랫폼
 3) 신차 안전성 평가/2021 IIHS1) '최고 안전한 차' 선정
 4) 품질관리 및 보증/자발적 리콜

마. 고객

 1) 고객 경험 프로그램/드라이빙 익스피리언스 프로그램

바. 지역사회

 1) CSV 추진 전략/CSV 전략 체계

비전	Progress for Humanity
미션	공유가치 창출을 통한 사회 임팩트 확산과 지속가능한 기업 생태계 구축

가치	혁신		소통	성장	
	창의적이고 혁신적인 접근을통한 가치창출 방안 모색		이해관계자들과의 소통과 협력을 통한 실천	사회와 함께 성장하고 상생하는 미래사회 구현	
전략	비즈니스 연계 및 혁신을 통한 사회적 가치 창출		기업 보유 역량 활용을 통한 사회문제 해결 기여	사회책임의식 기반 지역사회 발전 도모	
영역	친환경	이동혁신	교통안전	미래 세대 성장	지역사회 생성
	친환경 제품 개발, 자원 재활용, 기타환경오염 저감을 위한 활동	이동권 및 이동편의관련 취약계층과 소외지역 대상 솔루션제공	안전 신기술 개발, 사고 예방 및 피해자 지원을 위한 활동	미래사회 주역인 아동, 청소년,청년 층의 성장기회 및 지원	지역사회(커뮤니티,NGO,협력사 등)니즈기반 지원 및 협력 활동
	13,14,15	9,19,11	3,4,11	4,8,10	1,12,17

6. Governnance/지배구조(중점추진 과제7)

   가. 이사회/이사회 중심의 책임경영

   나. 윤리·준법경영: 1) 윤리경영/윤리경영 헌장, 행동강령 시스템

                          2) 공정거래 자율준수/공정거래자율준수프로그램

   다. 리스크 경영: 1) 글로벌 리스크 관리체계

7. ESG Factbook

가. 보고서/보고서 작성 기준

본 보고서는 지속가능경영 국제 보고 가이드라인인 GRI(Global Reporting Initiative) Standards의 핵심적 부합 방법('in accordance' Core)에 따라 작성되었으며, 지속가능경영 설명의무를 담고 있는 AA1000APS(Accountability Principles Standard)의 4대 원칙인 포괄성 (Inclusivity), 중요성(Materiality), 대응성(Responsiveness), 영향도

(Impact)를 충족하고 있다.

또한, TCFD(Task Force on Climate-related Financial Disclosures), SASB(Sustainability Accounting Standards Board), 그리고 WEF IBC Stakeholder Capitalism Metrics의 정보공개 가이드라인을 반영하여 작성되었다.

③ 주요 기후변화 위험/기회 및 영향/주요 기후변화 위험/기회 및 영향

유형		이슈	위협	기회	대응방향	재무적 영향
규제 및 법률	현재	·배출권 거래제 ·차량 CO2 배출 규제	·규제/법률 준수를 위한 배출권/Credit구매 로 운영비증가	·여유 배출권 /Credit판매를 통한 수익창출	·재생에너지사용 확대·차량포트폴리오EV/FCEV비중확대,·내연기관차 연비개선	Mid
	신규	·내연기관차 판매 금지 ·탄소세/탄소국경세	·(EU/미국)내연기관차판매 금지로인한매출하락·증세로인한원가상승및고객전가	·EV/FCEV성능 및가격경쟁력확보를통한판매증가 ·에너지전환 및 CO2배출감축을 통한규제대응비 절감	·지역별차별화된 차량전동화 확대전략수립 ·재생에너지사용 확대	High
기술		·친환경차 관련 기술개발 경쟁 가속화	·경쟁사 제품 대비우수성능(EV주행거리 등)확보시,시장점유율하락	·수소 연료전지 기술 경쟁력 기반의 FCEV 시장 선점	·R&D 투자확대 ·제품경쟁력강화 ·우수기술보유 기업과의제휴추진	High
시장		·고객 선호도 변화로 인한 EV/FCEV판매 증가	·EV배터리 수요증가로 인한공급한계 로원료(리튬, 등)조달비용 상승 ·FCEV수익성 미확보시매출	·렌터카/카쉐어링/ESS1)업체등대규모잠재EV/폐배터리 거래처 확보 ·산업용(선박/UAM2))연료전지 신사업 확대 ·당사 EV/FCEV	·EV전용플랫폼을활용한대량생산체계구축 ·EV브랜드론칭 및전용라인업구축 ·FCEV/연료전지Scale-up	High

- 229 -

유형		이슈	위협	기회	대응방향	재무적영향
평판		•투자자/이해관계자 기후변화대응요구강화	하락 •기후변화대응의지와노력부족시 주가하락, 투자철회 및 고객이탈	제품 매출 증가 •적극적인 기후변화대응활동과 감축성과를 통한 주가상승, 투자확보 및 브랜드이미지제고	•투명한 정보공시 •중장기 감축목표 수립 •녹색금융/투자 활용	Mid-high
물리적환경변화	단기	•태풍/홍수/폭설 등 이상기후 현상 증가	•시설파손으로 인한 공장 가동중단(토네이도위험노출), •원소재/부품공급중단으로 인한 생산차질	•경쟁사 대비 안정적 제품 공급을 통한 시장 점유율 상승	•비상대응매뉴얼 구축, •시설 안정성 강화, •재난대비보험 가입, •원소재/부품실시간 재고관리체계구축, •협력사공급 안정성평가	High
	장기	•평균기온 및 강수량 변화	•가용자원(물/에너지)부족 •수자원위험성 높은 지역(인도 등)식수공급 차질 •생태계 파괴	•자원효율성향상을 통한 운영비절감 •지역사회기후변화적응지원으로 잠재고객 확보 •탄소흡수를 통한 상쇄배출권확보	•물/에너지효율 향상, •자원재활용/재이용기술연구·개발, •개도국 대상 취약계층 식수공급지원 •숲보호활동추진	High

4. (ESG) 대외평가 결과ESG 평가 결과: 생략

5. ESG Factbook

가. GRI Universal Standards

1) Universal Standards

No.	Core	Title
102-40	Core	조직과 관련 있는 이해관계자 집단 리스트
102-41	Core	단체협약
102-42	Core	이해관계자 파악 및 선정
102-43	Core	이해관계자 참여 방식

102-44	Core	이해관계자 참여를 통해 제기된 핵심 주제와 관심사
102-45	Core	조직의 연결재무제표에 포함된 entities(자회사및 합작회사)의 리스트
102-46	Core	보고 내용 및 토픽의 경계 정의
102-47	Core	Material Topic 리스트
102-48	Core	정보의 재기술
102-49	Core	보고의 변화
102-50	Core	보고 기간
102-51	Core	가장 최근 보고 일자
102-52	Core	보고 주기
102-53	Core	보고서에 대한 문의처
102-54	Core	GRI Standards에 따른 보고 방식
102-55	Core	GRI 인덱스
102-56	Core	외부 검증

2) Topic Specific Standards _ Material Topics

GRI Standards		
Issue Name	No.	Title
환경투자(친환경 차량 개발)	103-1	중요 주제와 그 주제의 경계에 대한 설명
	103-2	관리 방식과 그 구성 요소
	103-3	관리 방식의 평가
기술 혁신	103-1	중요 주제와 그 주제의 경계에 대한 설명
	103-2	관리 방식과 그 구성 요소
	103-3	관리 방식의 평가
공급망 ESG 관리	103-1	중요 주제와 그 주제의 경계에 대한 설명
	103-2	관리 방식과 그 구성 요소
	103-3	관리 방식의 평가
	414-2	공급망내 주요 부정적인 사회 영향과 이에 대한 시행 조치

3) Topic Specific Standards _ Non Material Topics

No.	Title
201-1	직접적인 경제적 가치의 창출과 배분
205-2	반부패 정책 및 절차에 관한 공지와 훈련
205-3	확인된 부패 사례와 이에 대한 조치
206-1	경쟁저해행위, 독과점 등 불공정한 거래행위에 대한 법적 조치
301-1	사용된 원료의 중량과 부피
302-1	조직 내부 에너지 소비
302-3	에너지 집약도
303-1	에너지 소비 절감
303-1	공급원별 취수량
305-1	직접 온실가스 배출량(scope 1)
305-2	간접 온실가스 배출량(scope 2)
305-3	기타 간접 온실가스 배출량(scope3)
305-4	온실가스 배출 집약도
305-5	온실가스 배출 감축
305-7	질소산화물, 황산화물 그리고 다른 주요 대기 배출물

4) Topic Specific Standards _ Non Material Topics

No.	Title
306-1	수질 및 목적지에 따른 폐수 배출
306-2	유형과 처리방법에 따른 폐기물
306-3	중대한 유출
307-1	환경 법규 위반
308-1	환경 기준 심사를 거친 신규 공급업체 비율
401-1	신규채용과 이직
401-2	비정규 직원 혹은 파트타임 직원에게는 제공되지 않는 정규직 직원 대상의 보상

401-3	육아휴직
403-2	부상 유형, 부상 발생률, 업무상 질병 발생률, 휴직일수 비율, 결근률, 업무관련 사망자 수
403-3	업무상 질병 발생률 또는 발생 위험이 높은 근로자
404-1	임직원 1인당 평균 교육 시간
404-2	임직원 역량 강화 및 전환 지원을 위한 프로그램
406-1	차별 사건 및 이에 대한 시정조치
407-1	근로자의 결사 및 단체 교섭의 자유가 심각하게 침해될 소지가 있다고 판단된 사업장 및 협력회사
408-1	아동 노동 발생 위험이 높은 사업장 및 협력회사
409-1	강제 노동 발생 위험이 높은 사업장 및 협력회사
411-1	원주민의 권리 침해사고 건수와 취해진 조치
412-2	사업과 관련된 인권 정책 및 절차에 관한 임직원 교육
413-1	지역사회 참여, 영향 평가 그리고 발전프로그램 운영 비율
415-1	정치적 기부
416-1	제품 및 서비스군의 안전보건 영향 평가
417-1	제품 및 서비스 정보와 라벨링
418-1	고객개인정보보호 위반및 고객정보 분실 사실이 입증된 불만건수
419-1	사회적, 경제적 영역의 법률 및 규제 위반

나. TCFD 인덱스

Disclosure Focus Area	Recommended Disclosure
지배구조	기후변화와 관련된 위험과 기회에 대한 이사회의 감독
	기후변화와 관련된 위험과 기회를 평가하고 관리하는 경영진의 역할
전략	조직이 단기,중기및 장기간에 걸쳐 파악한 기후변화와 관련된 위험과 기회
	기후변화와 관련된 위험과 기회가 조직의 사업, 전략 및 재무 계획에 미치는 영향

위험 관리	2℃ 이하의 시나리오를 포함하여 다양한 기후변화와 관련된 시나리오를 고려한 조직 전략의 회복 탄력성
	기후변화와 관련된 위험을 식별하고 평가하기 위한 조직의 프로세스
	기후변화와 관련된 위험을 관리하기 위한 조직의 프로세스
	기후변화와 관련된 위험을 식별, 평가 및 관리하는 프로세스가 조직의 전반적인 위험 관리에 통합되는 방식
지표와 감축 목표	조직이 전략 및 위험 관리 프로세스에 따라 기후변화와 관련된 위험과 기회를 평가하기 위해 사용한 지표
	Scope 1, Scope 2 그리고 Scope 3 온실가스 배출량 및 관련 위험
	기후변화와 관련된 위험, 기회 및 목표 대비 성과를 관리하기 위해 조직이 사용하는 방식

다. SASB 인덱스

		Accounting Metric
제품 안전	TR-AU-250a.1	NCAP(신차안전도평가) 5-star 획득 차종의 비율(지역별)
	TR-AU-250a.2	안전 관련 결함 컴플레인의 수, 컴플레인 중 실제 조사받은 비율
	TR-AU-250a.3	리콜 차량 수
노동 관행	TR-AU-310a.1	노동조합 등 단체교섭 직원 비율
	TR-AU-310a.2	(1) 파업 등 1천명 이상의 근무 단절의 수, (2) 총 손실일수
연비 & 사용 단계 배출	TR-AU-410a.1	판매비중 기준의 평균 승용차 연비(지역별)
	TR-AU-410a.2	(1)무배출 차량,(2)하이브리드,(3)플러그인 하이브리드 차량 판매량
	TR-AU-410a.3	연비 및 탄소배출 리스크와 기회의 관리 전략
원자재 조달	TR-AU-440a.1	희소금속, 분쟁광물 등 광물 사용과 관련된 리스크 관리

원자재 효율 & 재활용	TR-AU-440b.1	제조 시 발생하는 총 폐기물, 재활용 비율
	TR-AU-440b.2	폐차(end-of-life) 후 재사용/활용되는 자재 무게(ton),재활용 비율
	TR-AU-440b.3	판매 차량의 평균 재활용 가능률
기본지표	TR-AU-000.A	차량 생산대수
	TR-AU-000.B	차량 판매대수

라. WEF IBC Stakeholder Capitalism Metrics

Theme	Metrics
리스크/기회 분석	리스크/기회 분석의 경영체계 통합
기후변화	온실가스 배출,TCFD 연계 공개
생태계 훼손	토지사용 및 생태민감도
깨끗한 물	수자원 민감지역 용수 사용
존엄성과 평등	다양성 및 평등성,급여평등, 임금비율, 아동, 강제 노동 리스크
보건과 웰빙	보건/안전
미래역량	교육시간
경제가치 창출과 고용	일자리 창출, 경제 기여, 투자 기여
제품/혁신 서비스	R&D비용
지역사회와 사회 활력	총 납세

마. 이해관계자 커뮤니케이션

구분	주요 이해관계자 그룹의 정의	주요 이해관계자 그룹별 커뮤니케이션 채널	주요 이해관계자 그룹별 관심이슈
고객·딜러	딜러: 고객에게 현대자동차의 제품과 서비스를 전달하고, 고객은 전달된 제품과 서비스에 대	모터쇼 및 신차발표회,시승회,비포서비스, 고객만족도 조사,동호회,온라인(SNS),웹사	친환경 차량 생산, 차량연비개선,고객및 제품안전,고객커뮤니케이션,생산품질관

구분	주요 이해관계자 그룹의 정의	주요 이해관계자 그룹별 커뮤니케이션 채널	주요 이해관계자 그룹별 관심이슈
	한 정보를 바탕으로 구매 의사를 결정.	이트,스포츠 후원 및 스폰서,딜러 관련행사	리,브랜드평판,제품유해물질최소화
임직원	제품을 개발·생산·판매하는 활동은 물론 이를 지원하는 모든 활동의 주체가 되는 이해관계자로, 이들의 역량이 곧 당사의 역량.	노사협의회,직원만족도 조사,각종 간담회 행사,고충처리제도,산업안전보건 위원회,직무 관련 교육·훈련	인적자본개발,근로자인권 보호,직원성과보상,노사관계관리,사업장안전보건온실가스/에너지관리,
협력사	당사가 우수한 제품을 생산할 수 있도록 부품이나 자재를 공급하는 이해관계자로, 이들의 품질 경쟁력은 당사의 품질에도 영향을 미침	동반성장 포털 사이트,HMG파트너시스템,투명구매실천센터 사이트,글로벌상생협력센터(GPC포털),세미나 및 교육	동반성장,공급망지속가능성
지역사회	사업장 인근 지역 주민은 물론, 당사의 활동에 영향을 받는 모든 글로벌 시민을 의미	지역사회 공헌 프로그램,사업장 인근 지역사회 소통 활동, 채용 프로그램, 가족초청행사	고용창출및유지,사회공헌,폐수/폐기물저감,수자원관리,생물다양성보호,사업장유해물질 관리
정부	자동차산업관련 법규제 정하거나,기업운영에 관한 규제수준을 결정함으로써 당사의 사업활동에 영향을 미칠수 있는 이해관계자	정책수립 공청회, 정책 간담회 및 설명회	반부패/윤리경영, 인프라 구축, 대기오염 저감
주주·투자자	현대자동차가 다양한 전략을 추진하거나 사업을 운영하며 성장 동력을 유지할 수 있도록 당사에 재무 자본을 제공	반부패/윤리경영, 인프라 구축, 대기오염 저감	지배구조, 재무성과창출기술 혁신, 리스크 관리

바. 중대성 평가
1) 중대성 평가 프로세스

Step 01(이슈 풀 구성) 주요 지속가능경영 이슈 풀 34개를 구성
Step 02(이슈 분석)
비즈니스 영향도(Impact on business) 분석
• 내부 현황 분석: ESG위원회 등 경영층 지시사항 및 관련자료 분석
• 동종업계 벤치마킹:경쟁사 최근지속가능보고서, 중요 보고이슈 분석
• 외부 전문가 분석자료: 증권사 애널리스트 분석 보고서 및 전문가칼럼 콘텐츠분석
이해관계자 관심도(Importance to stakeholders) 분석
•국제표준분석:GRI,DJSI,SASB 등 국내외주요지속가능성,이니셔티브및 ESG평가분석
• 미디어 리서치: 2020년 보도된 국내 주요언론사 기사 9,119건 분석
• 과거 지속가능성보고서: 지난 5개년동안 발간된 보고서의 보고이슈 및 콘텐츠분석
Step 03(이해관계자 설문) 지속가능성 Task Force와 외부 지속가능경영 전문가 대상
Step 04(이슈우선순위결정) 비즈니스 영향도와 이해관계자 관심도 측면의 우선순위를 판단
Step 05(중대성 평가 결과) 이슈별 관리방향, 핵심 성과, 중장기 계획 등을 수록하여 공개

2) 중대 이슈 관리

이슈 관리방향	핵심 성과	중장기 계획
1.공급망 ESG 관리		
•공급망 리스크의 사전예방, •공급망ESG관리 정책프로세스 수립 •윤리,환경,노동/인권, 안전/보건,경영영역리스크 관리	•협력사 행동규범 제정 •1차 협력사 안전보건시스템인증100% 달성 •협력사ESG평가지표개발 완료.•협력사ESG파일럿평가실시	• 1차 협력사 환경경영시스템 인증100% 달성 • 협력사 ESG진단평가 대상 100% 달성 (2019-2023, 매년1차협력사20% 대상실시)

2.기술 혁신		
•인공지능/자율주행/빅데이터/커넥티비티등기반의 스마트 모빌리티 디바이스 및 서비스 개발 •연비 개선 및 CO2 배출량 감축을 위한 기술 혁신	•수소연료전지시스템 최초수출, •고객응대서비스 로봇 Dal-e 개발 및 전시장 투입 •대한민국기술대상 수상 •엔진다운사이징,공력개선,주행저항개선,차량경량화등연비 20% 이상 개선 (3세대 G80)	•수소연료전지시스템공장(HTWO),싱가포르글로벌 혁신 센터 완공 •모든 차량에 인공지능 기반 커넥티드카운영체제 적용 •국가별연비/CO2 배출량 규제 준수
3.환경 투자		
•CO2 규제 강화 및 내연기관 차량 판매 금지 정책,전동화 차량으로 전환 불가피. •전동화 차량 라인업 확대 위해 환경투자 확대 추진	•전기차 전용 플랫폼 'E-GMP' 기반 전용 전기차 아이오닉 5 출시 •제네시스 브랜드 첫 전기차 모델 출시	•2025년까지 전동화 차량 개발에 10.8조 원 투자 •2025년까지 E-GMP 기반 12개이상 전기차 모델 출시

6. ESG 관련 인증제도

ESG 관련 인증제도는 매우 많아 옥석을 가리기 쉽지 않고 그 유효성 평가도 쉽지 않아 혼란스럽다. 다음과 같이 정리하여 제시하니 참고하기 바란다

< ESG 관련 인증제도 목록 >

가. ESG_경영·평가_대응을_위한_ISO·IEC_국제표준_100選	
나. 「정부혁신 종합추진계획(2018)」에 의한 사회적 가치 실현을 위한 전략과 체계	
다. 표준화, ISO와 인증제도	
라. ESG 국제 인증	1) ISO 14001(환경), 2) GMS(녹색경영), 3) OHSAS 18001(안전보건), 4) ISO 22301(비즈니스연속성), 5) ISO 26000(사회적책임), 6) ISO/IEC 27001(정보보안), 7) ISO 31000(리스크), 8) ISO 37001(부패), 9) ISO 37301(준법), 10) ISO 44001(상생), 11) ISO 45001(안전보건), 12) ISO 45003(심리사회적위험), 13) ISO 50001(에너지), 14) SA 8000(사회적책임), 15) SR10(사회적책임),
마. ESG 국내인증	1) 인권경영인증, 2) 가족친화 인증, 3.1) 바른채용경영인증, 3.2) 공정채용 인증, 4) 노사관계우수기업 인증, 5) 재해경감우수기업 인증, 6) 실내공기질 인증, 7) 라돈안전인증, 8) 로하스인증 제도
바. 에너지, 건축, 자동차	1) 녹색건축인증, 2) 건축물에너지 효율등급 인증, 3) 건축물 에너지 효율등급 인증, 4) 에너지절약 계획서, 5) 자동차 배출가스 등급제, 6) 장수명주택 인증, 7) 장애물없는 생활환경인증, 8) 교육시설안전 인증,
사. 공급망평가	1) RBA평가(공급망), 2) EcoVadis(공급망 ESG평가), 3) 공급망 ESG 평가
아. 품질, 위생	1) ISO 9001(품질), 2) ISO 10002(고객만족), 3) IATF 16949(자동차품질), 4) ISO 22001(식품안전), 5) FSSC22000(Food Safety System Certification)

가. ESG_경영·평가_대응을_위한_ISO·IEC_국제표준_100選[63].

1) 특징: E(환경보호), S(사회적책임), G(지배구조)를 고려한 기업·국가 경영·평가와 투자의 화두로 떠오르고 있는 비재무적 요소가 포함되어 있다.

구분		ISO·IEC 국제표준
(E) 환경경영 (40종)	환경경영 (2종)	ISO 14001(환경경영시스템), ISO 50001 에너지경영시스템
	기후변화 (10종)	ISO 14064-1 온실가스 산정, ISO 14067 탄소발자국 ISO FDIS 14030-1 녹색채권 등
	자원보호 (7종)	ISO 14046 물발자국, ISO 46001 물효율관리, ISO 희토류재활용 등
	환경오염 (5종)	ISO 21070 해양-선상쓰레기, ISO CD 24161 폐기물 수집수송, ISO 전기전자 유해물질 등
	친환경기술 (13종)	IEC 62430 친환경설계, ISO 13065 바이오에너지, ISO 52000-1 건물에너지 성능
	이해관계 (3종)	ISO 14063 환경경영의사소통, ISO 14044 환경 전 과정 평가, ISO WD 59004 순환경제 프레임워크
(S) 사회적 책임 (30)	책임경영(2)	ISO 26000 사회적책임, ISO IWA 26 사회적책임경영
	인권노동(4)	ISO 37500 아웃소싱지침 ISO TR 30406 지속가능 고용, ISO 30415 인적 다양성 및 포용
	안전보건(3)	ISO 45001 안전보건경영시스템, ISO 16000-40 실내공기질, ISO 45003 안전보건경영-심리적 건강관리,
	제품안전(13)	ISO 20400 지속가능구매, ISO 10004 고객만족
	정보보호(3)	ISO/IEC 20000-1 정보기술서비스, ISO/IEC 정보보호경영, ISO/IEC 27701 개인정보보호
	이해관계(5)	ISO 37101 지속가능발전경영, ISO 20121 이벤트지속가능경영, ISO 39001 도로교통안전경영

---

63) 국가기술표준원과 한국표준협회는 ESG_경영·평가_대응을_위한_ISO·IEC_국제표준_100選_가이드를 발간하였다.

구분		ISO·IEC 국제표준
(G) 지배 구조 (30)	윤리경영(3)	ISO 37001 부패방지경영, ISO 37301 준법경영 ISO FDIS 37002 내부고발관리
	조직구조(19)	ISO 리스크평가기법, ISO 21500 프로젝트관리, ISO FDIS 조직거버넌스
	재무회계(4)	ISO 17442-1 금융서비스-법인식별기호(LEI) ISO TR 32220 지속가능금융
	이해관계(4)	ISO/IEC 38500 IT거버넌스 ISO 60300-1신뢰성경영

나. 「정부혁신 종합추진계획(2018)」에 의한 사회적 가치 실현을 위한 전략과 체계[64]

<정부혁신 비전 체계도>정부혁신 3대 전략 핵심: "사회적 가치"
비전:"국민이 주인인 정부" 실현
목표: 참여와 신뢰를 통한 공공성 회복
OECD 더 나은 삶의 질 지수 10위권
OECD 정부 신뢰도 10위권
부패인식지수 20위권 진입
3대전략
사회적가치 중심 정부(인사운영,조직관리,재정배분,성과평가)
참여와 협력
신뢰받는 정부
사회적가치 관련 경영체계 구축 및 운영: 조직관리>체계 운영>성과평가 및 개선
청렴:ISO 37001(부패방지 경영체계)->ISO 37001인증제도 소개 참조
공정:ISO 30405(바른채용 경영체계)->ISO 30405인증제도 소개 참조
상생협력:ISO 26000(사회적 책임)->ISO 26000인증제도 소개 참조
지속가능:ISO 22301(업무연속성 경영체계)->ISO 22301인증제도 소개 참조
제3자 인·검증
기대효과:사회적가치 실현, 공신력 확보

---

[64] 한국생산성본부인증원

다. 표준화, ISO와 인증제도[65]

1) 표준화
(1) 의의 : 사물, 개념, 방법 및 절차등의 기준을 정하고, 기준에 맞추는 것
(2) 한국산업 표준의 분류: 제품표준, 방법표준, 전달표준
(3) 표준유형별 구분
  ① 국가표준: ANSI, BSI, CNS, DIN, JIS 등
  ② 세계표준: IAEA, ICAO, IES, ISO, ITU 등
  ③ 기관표준: ASME, ASTM, FDA, EE, UL 등

2) ISO ISO(International Organization for Standardization)
ISO는 국제표준화기구로 비정부 간 기구로서 설립 목적은 다음과 같다.
  ① 물자 및 서비스의 국제적 교환의 용이성
  ② 지적, 과학적, 기술적 및 경제적 활동 분야에 있어서 국제간의 협력의 조장
  ③ 세계적 규격의 심의 제정의 촉진

3) 경영시스템 국제 표준의 역사

(1) 경영시스템 국제 표준의 효시 - ISO 9000
'품질시스템(quality system)'을 키워드로 하는 경영 관리 방법에 대한 국제표준은 처음이있다. 따라서 경영시스템 국제표준의 효시는 ISO 9000이라고 할 수 있다.

(2) 경영시스템 국제표준의 첫 파생 - ISO 14000
당시 ISO 9000 국제표준은 '20가지 요구사항을 나열한 구조'이었으나, ISO 14000은 요구사항을 6가지 범주로 구성한 구조'로 되어 있었다.

---
[65] 유영준, 할랄,HACCP,ISO,인증제도 실무자료집, 서울, 미래인증교육컨설팅, 2017

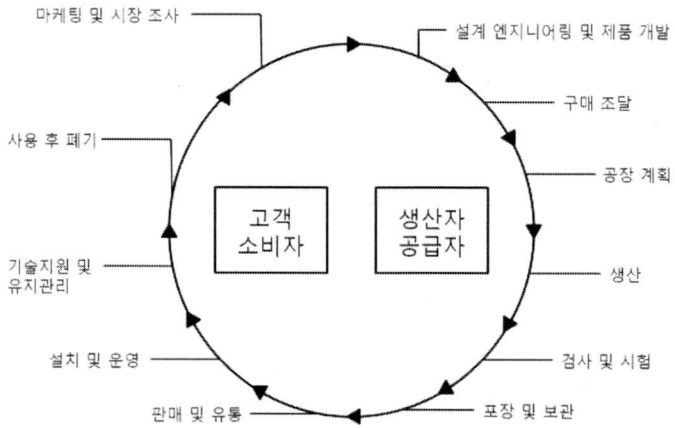

<그림 1-2> ISO 9000:1987 품질시스템 국제 표준 구조

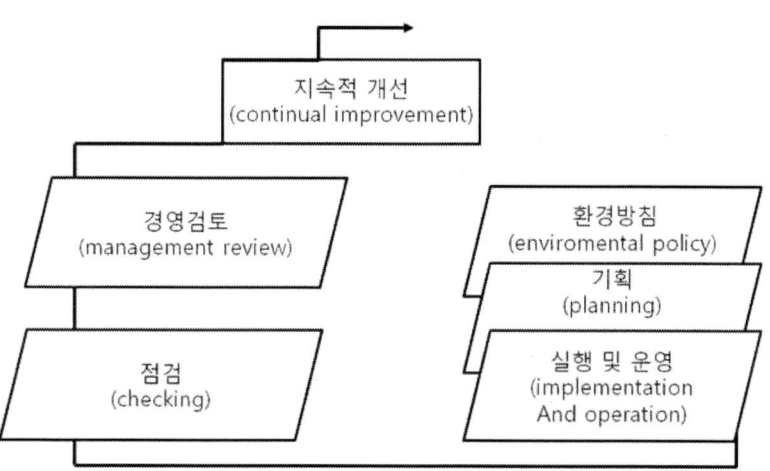

<그림 1-3> ISO 14000 환경경영시스템 국제표준 구조

(3) 최초 제정 연도를 기준으로 한 주요 경영시스템 국제표준들.

연도	규격번호	규격명칭
1987년	ISO 9001	품질(Quality management system)
1996년	ISO 14001	환경(Environamental management system)
2005년	ISO 22000	식품안전(Food safety management system)
2005년	ISO/IEC 27001	정보보호(Information security management system)
2005년	ISO/IEC 20000-1	정보기술 서비스(IT service management system)
2007년	ISO 28002	공급사슬보안(Security mgt. systems for the supply chain)
2009년	ISO 30000	선박재활용(Ship recycling management sysrems)
2011년	ISO 30301	기록(Management systems for records)
2011년	ISO 39001	도로교통안전(Road traffic satety management system)
2012년	ISO 22301	사업연속성(Business continuity management system)
2012년	ISO 20121	이벤트지속 가능성(Event sustainability mgt. system)
2012년	ISO 50001	에너지(Energy management system)
2014년	ISO 55001	자산(Asset management system)
2014년	ISO 34001	보안(Security management system)
2014년	ISO 21101	모험관광 안전(Adventure tourism-safety mgt system)

(4) 파생표준

지금까지 제정된 경영시스템 표준을 유형별로 구분해 보면 품질, 환경, 식품안전 등이 '주제별 표준'과 '업종별 적용 지침 표준', 업종별 단체나 분야별 전문기관에서 해당 업종에 특화된 요구사항을 추가한 '파생표준'이 있다.

ISO 9001 국제표준을 기반으로 한 대표적인 파생표준을 열거하면 다음과 같다.

규격번호	규격명칭	규격번호	규격명칭
ISO/TS 16949	자동차 생산 및 서비스 부품	ISO/IEC 17025	시험 및 교정기관
ISO/TS 29001	석유화학	ISO/IEC 17065	인증기관
ISO 13485	의료기기	ISO/WA 1	의료(Healthcare)
ISO/IEC 90003	소프트웨어	ISO/WA 2	교육(Education)
ISO/IEC 17020	검사기관	ISO/WA 4	지방자치단체

(5) 경영시스템표준의 상위수준 구조 - HLS

경영시스템의 구조를 표준화하기 위한 방법으로 개별 표준보다 상위의 개념에서 공통되는 내용을 정한 것이 'HLS(High Level Structure)'이다. 따라서 HLS는 국제 표준화기구에서 제시하는 '경영 시스템 국제표준의 기본 틀'이다.

라. ESG 관련 인증제도[66]들의 구조/요구사항 비교(1)

ISO 14001 (환경경영시스템)	ISO 22301(비즈니스연속성경영시스템)	ISO 37001 (부패방지경영시스템)	ISO50001 (에너지경영시스템)	인권경영 우수기업인증
1.적용범위	1.적용범위	1.적용범위	1.적용범위	1.적용범위
2.참조규격	2.참조규격	2.참조규격	2.참조규격	2.참조규격
3.용어의 정의	3.용어의 정의	3.용어의 정의	3.용어의 정의	3.용어의 정의
4.조직의 상황	4.조직의 상황	4.조직의 상황	4.조직의 상황	4.조직의 상황
4.1 조직과 조직상황에 대한 이해	4.1 조직과 조직상황에 대한 이해	4.1 조직과 조직상황에 대한 이해	4.1 조직 및 조직 상황의 이해	4.1 조직과 조직상황에 대한 이해
4.2 이해관계자의 니즈와 기대이해	4.2 이해관계자의 니즈와 기대 이해	4.2 이해관계자의 니즈와 기대 이해	4.2 이해관계자의 니즈 및 기대의 이해	4.2 이해관계자의 니즈와 기대 이해
4.3 환경경영시스템 적용범위결정	4.3비즈니스연속성관리시스템의 적용범위 결정	4.3 부패방지경영시스템 범위결정	4.3 에너지경영시스템	4.3 인권경영시스템의 적용범위결정
4.4 환경경영시스템	4.4 비즈니스연속성경영시스템	4.4 부패방지경영시스템		4.4 인권경영시스템
		4.5부패리스크 평가		4.5 인권영향평가
5.리더십	5.리더십		5.리더십	5.리더십
5.1 리더십과 의지표명	5.1 리더십과 의지표명	5.1 리더십과 공약	5.1 리더십과 의지표명	5.1 리더십과 의지표명
5.2 환경방침	5.2 경영자 의지표명	5.2 반부패방침	5.2 에너지방침	5.2인권방침 (인권경영선언문)
5.3조직의 역할,책임 및 권한	5.3 정책	5.3조직의 역할,책임 및 권한	5.3조직의 역할,책임 및 권한	5.3조직의 역할,책임 및 권한
	5.4조직의 역할, 책임 및 권한			
6.기획	6.기획	6.기획	6.기획	6.기획

66) 인증 관련 자료들은 한국표준협회, 생산성본부인증원,한국경영인증원, 한국품질재단 등 인증 관련 여러 조직의 ISO 인증별 자료를 저자가 편집하였음

ISO 14001 (환경경영시스템)	ISO 22301(비즈니스연속성경영시스템)	ISO 37001 (부패방지경영시스템)	ISO50001 (에너지경영시스템)	인권경영 우수기업인증
6.1리스크 및 기회를 다루기 위한 조치	6.1리스크 및 기회를 다루기 위한 조치	6.1리스크 및 기회를 다루기위한 조치	6.1리스크 및 기회를 다루기 위한 조치	6.1리스크 및 기회를 다루기 위한 조치
6.2 환경목표와 달성기획	6.2 2 비즈니스연속성목표 및 목표를 달성하기 위한 계획	6.2반부패 목표와목표 달성 기획	6.2목표 및 에너지세부목표 달성을 위한 기획	6.2인권경영시스템 목표와 목표달성 기획
			6.3에너지 검토	
			6.4에너지성과 지표	
			6.5에너지 베이스라인	
			6.6에너지 데이터 수집을 위한 기획	
7.지원	7.지원	7.지원	7.지원	7.지원
7.1 자원	7.1 자원	7.1 자원	7.1 자원	7.1 자원
7.2 역량	7.2 역량	7.2 역량	7.2 역량	7.2 역량
7.3 인식	7.3 인식	7.3 인식	7.3 인식	7.3 인식
7.4 의사소통	7.4 의사소통	7.4 의사소통	7.4 의사소통	7.4 의사소통
7.5 문서화된 정보	7.5 문서화된 정보	7.5 문서화된 정보	7.5 문서화된 정보	7.5 문서화된 정보
8.운용	8.운용	8.운용	8.운용	8.운용
8.1 운용기획 및 관리	8.1 운용기획 및 통제	8.1 운용기획 및 관리	8.1 운용기획 및 관리	8.1 운용기획 및 관리
8.2 비상사태 대비 및 대응	8.2 비즈니스 영향분석및리스크평가	8.2 실사	8.2 설계	8.2 외줄로세스
	8.3 비즈니스 연속성 전략	8.3 재정관리	8.3 구매	8.3 문제/우려사항 제기
	8.4 비즈니스 연속성절차수립 및 실행	8.4 비재무적관리		8.4 구제절차

ISO 14001 (환경경영시스템)	ISO 22301(비즈니스연속성 경영시스템)	ISO 37001 (부패방지경영시스템)	ISO50001 (에너지경영시스템)	인권경영 우수기업인증
	8.5 연습 및 시험실시	8.5 관리되는 조직과 사업 당사자에 의한 뇌물방지 관리의 실행		8.5 인권경영 전과정 공개
		8.6 뇌물 수수방지 약속		
		8.7 선물,접대, 기부및 유사한혜택		
		8.8 뇌물방지 관리의 부적절한 관리		
		8.9 우려제기		
		8.10 조사및 조치		
9.성과평가	9.성과평가	9.성과평가	9.성과평가	9.성과평가
9.1 모니터링, 측정, 분석 및 평가	9.1 모니터링, 측정, 분석 및 평가	9.1 모니터링, 측정, 분석 및 평가	9.1 모니터링, 측정, 분석 및 평가	9.1 모니터링, 측정, 분석 및 평가
9.2 내부심사	9.2 내부심사	9.2 내부심사	9.2 내부심사	9.2 내부심사
9.3 경영검토	9.3 경영검토	9.3 경영검토	9.3 경영검토	9.3 경영검토
		9.4 반부패 준수기능에 대한 검토		4. 지배기구 검토
10 개선	10 개선	10 개선	10.개선	10.개선
10.1 일반사항	10.1 일반사항	10.1 부적합 및 시정조치	10.1 부적합 및 시정조치	10.1 부적합 및 시정조치
10.2 부적합 및 시정조치	10.2 부적합 및 시정조치	10.2 지속적 개선	10.2 지속적 개선	10.2 지속적 개선
10.3 지속적 개선	10.3 지속적 개선			

1) ISO 14001(환경경영시스템)

1992년 리우지구정상회의를 계기로 조직에게 경제적 수익성 뿐만 아니라 환경적 지속가능성을 포괄하는 경영전략을 도입할 것을 강력히 요구하고 있다. ISO 14001 환경경영시스템은 전 직원의 참여를 통해 사전에 환경문제를 관리하는 시스템적 접근방법이다. 폐기물 및 에너지 소비 최소화를 통한 직접비용 절감, 환경사고의 사전 예방 및 최소화, 환경법규 준수, 환경성과의 지속적 개선을 통한 환경 문제점 해결, 국제적 신뢰 획득을 통한 대외 무역장벽 극복, Green 기업으로 이미지 개선 등이 기대가 된다다.

ISO14001:2015 환경 경영 시스템 요구사항

1. 적용범위,2. 인용표준,3. 용어와 정의
4. 조직의 상황:4.1 조직 및 조직 상황의 이해,4.2 이해관계자의 니즈 및 기대의 이해, 4.3 품질경영시스템의 적용범위 결정,4.4 환경경영시스템.
5. 리더십:5.1 리더십 및 공약,5.2 환경방침,5.3 조직의 역할, 책임 및 권한
6. 기획:6.1 리스크및 기회를 다루기위한 조치,6.2 환경목표 및 품질목표 달성을 위한기획.
7. 지원:7.1 자원,7.2 적격성,7.3 인식,7.4 의사소통,7.5 문서화된 정보,7.5.1 일반사항, 7.5.2 작성 및 개정,7.5.3 문서화된 정보의 관리
8. 운영:8.1 운영 기획 및 관리,8.2 비상사태 대비 및 대응,
9. 성과 평과:9.1 모니터링, 측정, 분석 및 평가,9.1.1 일반사항,9.1.2 고객 만족,9.2 내부심사, 9.2.1 일반사항,9.2.2 내부심사 프로그램,9.3 경영검토
10. 개선:10.1 일반사항,10.2 부적합 및 시정조치,10.3 지속적 개선

---

2) 녹색경영시스템(GMS : Green Management System) 인증

녹색경영[67]은 조직이 경영활동에서 자원과 에너지를 절약하고 효율적으로 이용하며 온실가스 배출 및 환경오염의 발생을 최소화하면서 사회적, 윤리적 책임을 다하는 경영을 의미한다. 녹색경영시스템(GMS : Green Management System) 인증이란 조직이 수립하고 운영하며 유지하는

---

[67] 저탄소 녹색성장 기본법 제2조

녹색경영시스템이 정해진 표준의 요구사항을 만족하고 있는지를 적격한 제3자가 심사하고 보장하여 주는 것으로, 조직이 녹색경영 성과의 지속적인 개선을 위해 꾸준히 노력하고 있음을 객관적으로 보여주는 것이다.

< 녹색경영 표준 요구사항 >

환경경영시스템 요구사항(KS I ISO 14001)		
추가 요구사항		
시스템 요구사항	성과평가 요구사항	
에너지경영 필수 요소, 온실가스 배출·제거 관리 필수 요소, 환경과 관련된 사회적 책임 필수요소		
녹색경영시스템 요구사항	녹색경영시스템 제1부: 요구사항 및 사용지침	녹색경영시스템 제2부: 녹색경영 성과평가

3) OHSAS 18001 (안전보건경영시스템) 인증제도

기술적 안전관리(방호장치 등 안전조치)의 한계를 극복하고 조직이 안전보건상의 문제를 지속적으로 감소시키기 위해서 시스템적인 접근의 필요성에 의해 개발된 산업 보건 및 안전경영시스템(Occupational Health and Safety Assessment System, OHSAS) 표준이다. 안전보건상의 유해·위험요인을 지속적으로 파악하고 리스크 관리를 통하여 사고발생을 원천적으로 봉쇄하거나 최소화하며 법률을 준수하고 전반적인 안전보건상의 성과개선을 통하여 안전하고 건강한 작업환경조성을 이루는데 있으

OHSAS 18001 (안전보건경영시스템)규격 요구사항의 구성
1. 안전보건방침, 목표수립 및 관리, 2. 리스트(위험성) 평가(대상)직업, 활동 및 서비스,(적용)허용 불가능한 리스크 도출 및 관리, 3. 법규 및 그 밖의 요구사항 파악, 관리 및 준수평가, 4. 조직의 자원, 역할, 책임, 의무 및 권한, 5. 적격성, 교육훈련 및 인식, 6. 안전보건상의 운영관리 기준 결정, 7. 비상사태 대비 및 대응,   8. 성과측정 및 모니터링, 9. 내부심사, 10. 경영검토

며 나아가서 이를 통한 고객 및 이해관계자 만족을 추구할 수 있다.

이 OHSAS 18001 표준은 ISO 45001: 2018표준으로 대체·적용되기 때문에 기존 OHSAS 18001 인증을 받은 기업은 2018년 3월 12일을 기준으로 하여 3년간 전환을 완료해야 한다. OHSAS 18001과 ISO 45001의 차이는 HLS(High Level Structure) 적용, 관리직의 참여와 협의에 대한 책임 강조 및 정규 고용인력 외에 고용자에 대한 규정 등이다.

4) ISO 22301(비즈니스연속성 경영시스템 인증)

2000년 러시아 핵잠수함 쿠르스크호 침몰사건, 2001년 911테러를 포함한 각종 테러와 자연재해의 위험이 대두되면서, ISO는 사회 안전 분야의 ISO 22301(비즈니스연속성경영시스템-요구사항) 국제표준이 발간되었다. ISO 22301(BCMS)은 공공분야의 사회 안전 확보와 협력사의 부품조달이 필수적인 민간기업의 요구에 부응할 수 있다.

중단적 사고가 발생했을 때 조직이 이에 대한 방어, 발생가능성의 감축, 대비, 대응 및 복구를 하도록 돕고 훨씬 더 복원력이 있는 사회에 공헌하는 것을 목적으로 한다. 비즈니스연속성경영은 조직에 대한 잠재적 위협과 그 위협이 실제로 발생할 경우 야기될 수 있는 비즈니스 운영 위협에 대한 영향을 파악하고 조직의 핵심 이해관계자 이익, 조직의 명성, 브랜드 및 가치창조 활동을 보호하는 효과적인 대응능력을 갖고 조직 회복력을 구축하는 프레임워크를 제공하는 총체적 관리 프로세스를 뜻한다.

ISO 22301(비즈니스 연속성 경영)요구사항 구조

1. 적용범위,2. 인용표준,3. 용어와 정의
4.조직의 상황:4.1 조직 및 조직의 상황 이해,4.2 이해당사자의 니즈 및 기대 이해,4.3 비즈니스연속성 관리시스템의 적용범위 결정, 4.4 비즈니스연속성 관리시스템
5.리더십: 5.1 리더십 및 의지표명, 5.2 경영자 의지표명, 5.3 정책, 5.4 조직의 역할, 책임 및 권한

> 6.기획: 6.1 리스크 및 기회를 다루기 위한 조치,6.2 비즈니스연속성 목표 및 목표를 달성하기 위한 계획
> 7.지원: 7.1 자원,7.2 역량, 7.3 인식, 7.4 의사소통, 7.5 문서화된 정보
> 8.운영: 8.1 운영 기획 및 통제, 8.2 비즈니스 영향 분석 및 리스크 평가, 8.3 비즈니스 연속성 전략, 8.4 비즈니스연속성 절차 수립 및 실행,
> 9.성과 평가: 9.1 모니터링, 측정, 분석 및 평가, 9.2 내부 심사, 9.3 경영검토
> 10.개선: 10.1 부적합 및 시정조치, 10.2 지속적 개선

5) ISO 26000인증

조직이 지속가능 발전에 기여하도록 돕고 사회적 책임이 필수 요소임을 인식시키며, 법 준수 이상의 활동을 하도록 권장할 목적으로 ISO가 제정한 사회적 책임에 대한 국제 표준으로 기업, 정부, NGO등 사회를 구성하는 모든 조직이 7개 핵심주제(지배구조, 인권, 노동, 소비자, 공정운영, 환경, 지역사회참여와 발전)에 대해 준수해야 할 사항이 규정되어 있다. ESG/CSR 사회적 가치 체계 제시, 체크리스트를 통해 조직의 ESG(CSR)수준 진단 및 개선과제 도출, ESG 경영, 사회적가치에 대한 성과 측정, 역량강화, KPI 도출 등이 기대된다.

< KSI 모델 측정 요인 및 측정 항목[68] >

조직거버넌스	이사회의 책임성 강화,기업 경영의 투명성,다양한 이해관계자 집단의 참여
인권	차별과 취약그룹 보호,시민의 정치적 권리 보장,경제, 사회, 문화적 권리 보장, 근로에서의 기본원칙과 권리보장
노동관행	공정한 고용 및 고용관계 보장, 근로조건의 질 향상,사회적 보호 책임,사회적 대화 보장,보건과 안전 보장,인적개발과 교육 훈련 기회 제공
환경	환경오염 방지,지속가능한 자원이용, 기후변화 완화 노력, 환

---
[68] KSA(한국표준협회)와 KDI(한국개발연구원) 국제정책대학원의 정권 교수가 함께 개발

	경보호 및 자연 서식지 복원 노력
공공운영 관행	부패방지에 대한 노력, 책임있는 정치참여 활동, 공정경쟁, 사회적 책임 촉진, 재산권 존중
소비자 이슈	공정마케팅, 소비자 보건 및 안전 보호, 지속가능한 소비권장, 소비자 서비스, 지원 및 불만 분쟁 해결, 소비자 데이터와 프라이버시 보호, 필수 서비스에 대한 접근 보장, 소비자 교육
지역사회 참여와 발전	지역사회발전 참여, 지역사회 교육과 문화발전에 기여, 고용창출 기회의 극대화, 기술개발과 접근성, 지역사회와 부와 소득 창출, 지역 보건 증진, 지역 사회 사회적 투자

6) ISO/IEC 27001(정보보안경영시스템) 인증제도

조직이 비즈니스 위험 접근법을 기본으로, 정보보안의 확립, 구현, 운용, 모니터링, 검토, 유지하며 개선하기 위한 경영시스템이다. 조직이 보유한 정보자산의 기밀성, 무결성, 가용성 유지를 위한 모든 보안관리 활동을 체계화하고, 조직에서의 업무, 조직, 장소, 자산과 기술적 특성을 고려하여 구현 범위 설정하여야 한다.

ISO/IEC 27001(정보보안경영시스템) 모델

이해관계자 (정보보안 요구사항)	01계획 (ISMS수립)	04조치 (ISMS유지,개선)	이해관계자 (안정된 정보보안시스템)
	02실행 (ISMS구현,운영)	03점검 (ISMS모니터링,검토)	

ISO27001을 통해 정보 보안에 대한 법적 및 계약 요구사항에 대한 적합성 향상, 실질적인 정보보안 수준 향상, 정보보호 위험관리를 통한 비즈니스 안정성 제고, 윤리 및 투명 경영을 위한 정보보호 법적 준거성 확보, 침해사고, 집단소송 등에 따른 사회·경제적 피해 최소화, 정보보호 대외 이미지 및 신뢰도 향상 등이 기대된다.

> **ISO/IEC 27001(정보보안경영시스템)요구사항**
> 1. 적용범위,2. 인용표준,3. 용어와 정의
> 4. 조직상황:4.1 조직과 상황에 대한 이해,4.2 이해당사자의 요구와 기대에 대한 이행,4.3 정보보호 경영시스템의 범위 결정,4.4 정보보호 경영시스템
> 5. 리더십:5.1 리더십과 의지,5.2 정책,5.3 조직의 역할, 책임, 권한
> 6. 계획:6.1 위험과 기회에 따른 조치,6.2 정보보호 목표 및 달성 계획
> 7. 지원:7.1 자원,7.2 적격성,7.3 인식,7.4 의사소통,7.5 문서 정보
> 8. 운용:8.1 운영 계획 및 통제,8.2 정보보호 위험평가,8.3 정보보호 위험처리
> 9. 성과 평가:9.1 모니터링, 측정, 분석 및 평가,9.2 내부심사,9.3 경영진 검토
> 10. 개선:10.1 부적합 및 시정 조치,10.2 지속적 개선.
> 부속서 A(규정) 참조 통제 목적과 통제
> A.5 정보보호 정책,A.6 정보보호 조직,A.7 인적자원 보안,A.8 자산관리,A.9 접근통제,A.10 암호화,A.11 물리적 및 환경적 보안,A.12 운영 보안,A.13 통신 보안,A.14 시스템 도입, 개발, 유지보수,A.15 공급자 관계,A.16 정보보호 사고 관리,A.17 업무연속성 관리의 정보보호 측면,A.18 준거성

7) ISO 31000(리스크경영시스템)

위험을 보다 효과적으로 관리하기 위해 제정되었다. ISO 31000:2018은 모든 비즈니스 활동에서 발생하는 모든 종류의 리스크를 관리하기 위한 가이드라인을 제공하는 국제 표준이다. 이 표준은 리스크관리, 의사결정, 목표설정, 목표달성 및 성과개선을 통해 조직의 가치를 창출한다.

조직 전반적 위험을 식별 및 처리할 필요성을 인식하여 기회와 위협 식별 능력을 향상시켜 조직에 적절한 위험 관리를 할 수 있게 된다. 관련된 법규/규제 요구사항 및 국제 기준 준수할 수 있으며 위험 처리를 위해 효과적인 자원을 배분 및 활용하고 손실 방지 및 사고 관리능력으로 손실 최소화 등이 기대된다.

8) ISO 37001(부패 방지 경영 시스템 (Anti-bribery management system)

국제 표준으로 부패 방지를 위해 각국 조직이 실행해야 하는 구체적인 실행 방안을 담고 있다. 조직의 활동 전 부문에서 발생할 수 있는 부패 방지를 위한 요구 사항으로 부패 방지 관리 시스템의 수립을 통해 전 세계적으로 부패에 대한 긍정적인 인식을 이끌어 나갈 수 있으며 이해관계자들 간의 법규 위반 리스크를 감소하여 신뢰를 증대시킬 수 있는 효과를 기대할 수 있다.

ISO 37001(부패방지 경영시스템) 요구사항

1. 적용범위, 2. 인용표준, 3. 용어와 정의
4 조직의 상황:4.1 조직과 조직 상황에 대한 이해,4.2 이해관계자의 니즈 및 기대의 이해, 4.3 뇌물방지경영시스템 범위 결정,4.4 뇌물방지경영시스템,4.5 뇌물 리스크 평가
5 리더십:5.1 리더십과 공약,5.1.1 이사회,5.1.2 최고경영자,5.2 뇌물방지 방침,5.3 조직의 역할, 책임 및 권한,5.3.1 역할 및 책임,5.3.2 뇌물 수수 방지 기능,5.3.3 위임된 의사 결정
6 기획:6.1 리스크와 기회를 다루는 조치,6.2 뇌물방지 목표 및 뇌물방지 목표 달성 기획
7 지원:7.1 자원,7.2 역량/적격성,7.2.1 일반사항,7.2.2 고용 프로세스,7.3 인식 및 교육훈련,7.4 의사 소통,7.5 문서화된 정보,7.5.1 일반사항,7.5.2 작성 및 개정,7.5.3 문서화된 정보의 관리,
8 운영:8.1 운영 기획 및 관리,8.2 실시, 8.3 재정 관리,8.4 비재무적인 관리,8.5 관리되는 조직과 사업당사자에 의한 뇌물방지 관리의 실행,8.6 뇌물 수수 방지 약속,8.7 선물, 환대, 기부 및 이와 유사한 혜택,8.8 뇌물방지 관리의 부적절한 관리,8.9 우려 제기,8.10 뇌물 수수 조사 및 처리
9 성과 평가:9.1 모니터링, 측정, 분석 및 평가,9.2 내부심사,9.3 경영검토,9.3.1 최고경영자 검토,9.3.2 이사회 검토,9.4 뇌물방지 준수 기능 검토
10 개선:10.1 부적합 및 시정조치,10.2 지속적 개선

9) ISO 37301(준법경영시스템)

 조직의 컴플라이언스 관련 요구 사항을 향상시키고 모든 컴플라이언스 의무의 전반적인 경영을 개선하는 데 도움을 주는 이 표준은 조직의 활동의 유형, 규모 및 특성, 조직이 공공, 민간 또는 비영리 부분에 관계없이 모든 유형의 조직에 적용 가능하다.

긍정적인 컴플라이언스 문화를 개발하고 확산하고 투명하고 건전한 지배구조 확보를 위한 시스템 개선 지원하여, 컴플라이언스 리스크를 효과적이고 효율적으로 경영하려는 조직의 의지를 실증할 수 있다. 조직이 컴플라이언스 리스크를 예방, 탐지 및 대응할 수 있는 합리적이고 비례적인 조치를 수행하는 체계 수립이 가능하다.

공급망 전체에 걸쳐 컴플라이언스 리스크를 효과적을 파악하고 관리가 가능하며, 문제 발생시 사업의 중단, 조사 및 처리로 인한 자원과 비용의 손실을 감소시킬 수 있다

ISO 37301(준법경영시스템) 요구사항
1. 적용범위, 2. 인용표준, 3. 용어와 정의
4.조직 상황: 4.1 조직과 조직상황의 이해, 4.2 이해관계자의 니즈와 기대 이해, 4.3 컴플라이언스 경영시스템 적용범위 결정, 4.4 컴플라이언스 경영시스템, 4.5 컴플라이언스 의무, 4.6 컴플라이언스 리스크 평가
5.리더십: 5.1 리더십과 의지표명, 5.2 방침, 5.3 역할, 책임 및 권한
6.기획: 6.1 리스크와 기회를 다루는 조치, 6.2 컴플라이언스 목표와 이를 달성하기 위한 기획, 6.3 변경 기획
7.지원: 7.1 자원, 7.2 역량/적격성, 7.3 인식, 7.4 의사소통, 7.5 문서화된 정보
8.운용: 8.1 운용 기획 및 관리, 8.2 관리 및 절차 수립, 8.3 우려제기, 8.4 조사 프로세스
9.성과평가: 9.1 모니터링, 측정, 분석 및 평가, 9.2 내부 심사, 9.3 경영검토
10:개선, 10.1 지속적 개선, 10.2 부적합 및, 시정조치

10) ISO 44001(상생경영)

 조직이 두 개 이상의 비즈니스 협업 관계를 수립하고 잘 관리하며 마무리되도록, 유연하고 단단한 시스템을 이행할 수 있도록 도와주는 비즈니스 도구를 제공한다.
관계 관리에 의한 비즈니스 목표 달성 방법을 식별하며, 비용, 자원 및 책임의 공유로 개별 또는 다수의 파트너십 참여에 따른 이점을 얻을 수 있다. 조직의 전략 목표를 달성하기 위한 적합한 파트너의 선정을 도우며, 상생 등이 기대된다.

11) ISO 45001(안전보건경영시스템)

 사업장에서 발생할 수 있는 각종 위험을 사전 예측 및 예방하여 궁극적으로 기업의 이윤창출에 기여하고 조직의 안전보건을 체계적으로 관리하기 위한 요구사항을 규정한 국제표준이다. 안전보건에 대한 노조의 요구와 정부규제가 강화되는 대내외적인 환경도 안전보건의 중요성을 증가시키는 요인이 되고 있다.
 사업장 자율 안전보건경영시스템의 구축 및 지속적 개선 추구, 안전보건리스크를 정량적으로 평가하여 안전보건 관련 사고에 대한 예방대책 마련, 안전보건과 관련된 법적 요건 및 요구사항을 고려한 체계적인 프로세스 수립, 재해율 및 작업손실률 감소를 통한 생산성 향상, 작업장 환경개선에 따른 불량률 감소, 근로자를 포함한 모든 계층이 안전보건과 관련된 문제해결에 적극적인 참여보장 등이 기대된다.
K-OHSMS 18001과 ISO 45001의 차이점은 근로자 참여의 중요성을 강조하고 근로자의 권리 및 법적 요구사항 준수를 더욱 강화하고 있다.

> **ISO 45001:2018(안전보건경영시스템) 요구사항.**
> 1. 적용범위,2. 인용표준,3. 용어와 정의
> 4. 조직상황: 4.1 조직 및 조직상황의 이해,4.2 근로자 및 기타 이해관계자의 니즈와 기대 이해, 4.3 안전보건경영시스템 적용범위 결정,4.4 안전보건경영시스템
> 5. 리더십과 근로자 참여: 5.1 리더십과 의지표명,5.2 안전보건 방침,5.3 조직의 역할, 책임 및 권한, 5.4 근로자 협의 및 참여
> 6. 기획: 6.1 리스크 및 기회를 다루는 조치,6.2 안전보건 목표와 목표 달성 기획
> 7. 지원: 7.1 자원,7.2 역량/적격성,7.3 인식,7.4 의사소통,7.5 문서화된 정보
> 8. 운용: 8.1 운용 기획 및 관리,8.2 비상시 대비 및 대응
> 9. 성과 평가: 9.1 모니터링, 측정, 분석 및 평가,9.2 내부심사,9.3 경영검토
> 10. 개선: 10.1 일반사항,10.2 부적합 및 시정조치,10.3 지속적 개선

12) ISO 45003(심리사회적위험관리)

ISO 45001을 기반으로 하는 산업안전보건(OH&S) 관리 시스템 내에서 심리사회적 리스크를 관리하기 위한 가이던스를 제공한다. 심리사회적 리스크를 제거하거나 관리하기 위해 효과적인 관리를 실행하고 경영시스템 구축을 위한 가이던스를 제공한다.

결근, 이직, 직장내 소송 방지, 조직의 평판 손상 예방, 제품 또는 서비스 품질 저하 예방, 직업 만족도 향상, 생산성 향상, 근로기준법, 근로복지기본법 및 산업안전관련 법규/규제 요구사항 준수 등이 기대가 된다

13) ISO 50001(에너지 경영시스템) 인증

조직이 구축·운영하는 에너지경영시스템에 대하여 공인기관이 그 EnMS 표준 요구사항 이행에 대한 제3자 적합성 평가 ·인증을 말하며, 에너지경영시스템(EnMS, Energy Management System)은 조직이 원가절감

을 위해 에너지효율향상 활동을 통합적이고 체계적인 경영전략으로 구축하여 전사적 지속적으로 추진할 수 있는 기술측면과 경영측면이 조화된 에너지관리 시스템 표준이다.

구매/설계 및 에너지 사용을 포함한 전과정적 접근, 구매/설계 및 에너지 사용을 포함한 전과정적 접근, 목표관리제 및 규제에 대응, 녹색성장 전략적 활용, 녹색기술 개발 및 상품화, 농색경영 핵심인력 양성 및 녹색성과 커뮤니케이션 등이 기대된다.

ISO 50001(에너지 경영시스템 인증) 요구사항

1. 적용범위, 2. 인용표준, 3. 용어와 정의
4. 조직의 상황: 1 조직 및 조직 상황의 이해, 4.2 이해관계자, 의 니즈 및 기대의 이해, 4.3 에너지경영시스템
5. 리더십: 5.1 리더십과 의지표명, 5.2 에너지방침, 5.3 조직의 역할, 책임 및 권한
6. 기획: 6.1 리스크 및 기회를 다루기 위한 조치, 6.2목표 및 에너지 세부목표 달성을 위한 기획, 6.3 에너지 검토, 6.4 에너지 성과지표, 6.5 에너지 베이스라인, 6.6 에너지 데이터 수집을 위한 기획
7. 지원: 7.1 자원, 7.2 역량, 7.3 인식, 7.4 의사소통, 7.5 문서화된 정보
8. 운용: 8.1 운용기획 및 관리, 8.2 설계, 8.3 구매 9.3 경영검토
9. 성과평가: 9.1 모니터링, 측정, 분석 및 평가, 9.2 내부심사
10. 개선: 10.1 부적합 및 시정조치, 10.2 지속적 개선

---

14) SA 8000(사회적 책임) 인증

SA 8000은 전 세계적으로 작업장 표준을 세울 뿐만 아니라 국제 노동기구, 세계 인권 선언 및 유엔 아동 권리 협약을 포함한 기존 국제 협정을 포괄한다.

이 표준은 경제 최우선 협의회(CEP: Council on Economic Priorities) 산하 기관인 사회적 책임 국제기구(SAI: Social Accountability

International)에 의하여 개발되었으며, 세계적으로 가장 인정받는 독립적인 작업장 표준으로 간주되고 있다. 작업 환경의 개선을 위한 표준으로 범위, 산업 및 장소에 관계없이 전 세계 모든 규모의 회사에 적용될 수 있다.

SA 8000의 요소
1. 아동 근로자, 2. 강제 노동, 3. 건강과 안전,
4. 노동 조합 및 단체 교섭권, 5. 차별, 6. 근무시간,
7. 징계 사례, 8. 보수, 9. 경영시스템

---

15) SR 10 (Social Responsibilty 10; 사회적책임경영 시스템)[69] 인증

SR 10 (사회적 책임 경영시스템 인증)은 사회적 이해관계자를 만족시키기 위해 준수해야하는 사회적 책임 경영시스템의 요구사항을 정의한 IQNet에서 개발한 인증규격으로 이 인증규격은 조직이 사회적 책임 경영시스템 체제를 수립하고 지속가능한 경영성과를 달성하는 사업전략을 추진하고 있음을 이해관계자에게 의사소통하는 방법으로 인증을 취득할 수 있다.

지속적인 개선의 PDCA 사이클에 따라 사회적 책임 요구사항을 통합하는 경영도구로 조직의 크기, 복잡성 또는 사업 법위에 관계없이 모든 조직에 적용가능하며, 모든 사회적 이해 관계자의 요구사항을 해소하며, 사회적 책임 경영시스템을 이행함으로써 조직은 사회적으로 책임 있는 그리고, 조직의 경쟁력 제고와 모든 이해관계자 에게 조직의 긍정적인 인식을 제고시킬 수 있는 효과가 기대된다.

SR 10 Guideline Foucs
1) SR 10 Guideline 요구사항 문서화, 2) 사회적 책임 경영 실행상태
3) 사회적 책임 경영 성과확인,   4) 이해관계자 만족 및 지속적 개선 활동등

---

[69] 한국품질재단(KFQ)

마. ESG 관련 국내 인증

1) 인권경영 인증

UN의 '세계인권선언문'에서 시작된 '기업과 인권 이행 원칙(UNGP's) 등장, OECD의 '다국적기업 가이드라인'을 통해 기업의 인권실사(Due Diligence)를 위한 실질적 이행방안을 제시하는 등 국제사회에서 기업의 인권존중 책임 요구를 하고 있다. 정부는 '제3차 국가인권정책기본계획' 을 통해 인권 보호 증진을 위한 정부 의지와 국가 인권정책 방향의 지속적 표명 및 기업 인권경영 확산을 위해 노력하고 있다.

인증 대상은 국가인권위원회의 '공공기관 인권경영매뉴얼'을 실천하고 있거나 인권경영을 계획하고 있는 공공기관 및 공기업으로 사회적 책임의 핵심과제인 인권경영을 추진하고 있거나 계획 중인 민간기업 등이다.

인권이슈에 대한 리스크를 사전에 예방하여 지속가능한 경영체계 구축, 근로자의 사기진작 및 직무몰입도 증가로 조직의 생산성 향상, 인권존중 문화조성의 선도적 참여로 조직의 사회적 가치 및 신뢰도 향상 등이 기대된다.

인권경영 인증 요구사항

1. 적용범위, 2. 인용표준, 3. 용어와 정의
4. 조직 상황: 조직과 조직상황의 이해, 이해관계자의 니즈와 기대 이해, 인권경영시스템의 적용 범위 결정, 인권경영시스템, 인권영향평가
5. 리더십: 리더십과 의지표명, 인권방침(인권경영시스템), 조직의 역할, 책임 및 권한
6. 기획: 리스크 및 기회를 다루기 위한 조치, 인권 목표 및 목표 달성을 위한 기획,
7. 지원: 자원, 역량/적격성, 인식 및 교육훈련, 의사소통, 문서화된 정보
8. 운용: 운용기획 및 관리, 인권영향평가,외주 프로세스, 문제/우려사항 제기, 구제절차, 통제받는 조직과 비즈니스 관련자의 인권 침해방지 관리실행. 인권경영 전 과정 공개
9. 성과평가: 모니터링, 분석 및 평가, 내부심사, 경영검토.지배기구 검토

10.개선: 부적합 및 시정조치, 지속적 개선

2) 가족친화 인증

　가족친화 사회환경의 조성 촉진에 관한 법률 제 15조를 근거로 하여 자녀출산 및 양육지원, 유연근무제도, 가족친화직장문화조성 등의 가족친화제도를 모범적으로 운영하는 기업 및 공공기관에 대하여 심사를 통해 인증을 부여하는 제도이며 인증주체는 여성가족부장관이다.

신청 대상

신규인증 (3년)	가족친화관련 법규요구사항을 충족한 기업 및 기관
유효기간 연장 (2년)	18년 신규인증 획득 기업 및 기관
재인증 (3년)	18년 재 인증 획득, 19년 유효기간 연장 획득 기업 및 기관

가족친화 인증 기대효과

근로자	근로자의 삶의 질 향상.근로자의 직무만족도 증가, 근로자의 경력계발, 동료 및 상사와의 관계 증진, 근로자의 가족생활 만족 증가, 근로자의 스트레스 감소
사회	가족친화 사회환경 조성 촉진, 취업률과 잠재노동력의 이용률 증가, 저출산과 고령화 해소에 따른 국가경쟁력 강화
기업	기업의 사회적 이미지 개선, 우수인력의 채용 및 확보, 결근율과 이직률 감소, 근로자의 사기 증가, 근로자의 직무몰입 증가, 생산성 증가

인증기준(중소기업)

심사요소(심사항목)
1. 최고경영층의 리더십(20):1.1 최고경영층의 관심 및 의지

2. 가족친화제도 실행(60): 2.1 여성근로자의 육아휴직 또는 육아기 근로시간 단축 이용률(10),2.2 남·여 근로자 육아휴직 후 복귀율(10),2.3 출산전·후 휴가 후 고용유지율(10),2.4 배우자출산휴가 10일 이상 이용률(5),2.5 임신기 근로시간 단축 이용률(5),2.6 유연근무제 활용률 (시차출퇴근제, 재택근무제, 시간제 근무, 스마트워크 등)(10),2.7 정시퇴근 ('가족사랑의 날', 'PC OFF' 등 시행)(10)	
3. 가족친화경영 만족도(20):3.1 자녀 출산 및 양육 지원, 유연근무제도, 가족친화 직장문화 조성 관련 직원 만족도(20)	
가점(최대 15): 직장어린이집 설치 (※ 의무이행사업장 제외)(8), 가족친화 관련 프로그램 시행 (7가지, 각 1점)(7),남성근로자 육아휴직 이용(8),가족돌봄휴직 이용 또는 가족돌봄휴가 이용(5),가족친화 직장교육 실시(5),고용노동부 주관「남녀고용평등 우수기업」선정(3), 경영혁신형 중소기업(3), 근무혁신인센티브제 우수기업(3), 연차 활용률(3), 노동시간단축 조기도입 시행(2), 자동육아휴직제 시행(2), 대체인력 채용(2), 조기퇴근제 시행(2), 청년친화강소기업(2), 근로자 휴가지원사업(2), 여성관리자 비율목표제 시행(2)	

3.1) 바른채용 경영시스템

 기업 및 기관이 공정하고 올바른 채용을 위해 체계적으로 채용절차를 운영하고 있음을 제 3자로부터 인증받는 제도이며, 바른채용경영시스템 도입을 통해 우수한 인재 확보를 위한 업무 체계를 갖출 수 있고, 이를 인증받음으로써 채용활동에 대한 신뢰를 향상시킬 수 있다.

바른 채용 경영시스템은 국제표준의 채용 프로세스에 PDCA(계획-실행-검토-조치) 프로세스를 적용하였으며, 품질, 환경, 안전보건경영시스템 등의 경영시스템과의 통합운영이 가능합니다.

< 바른 채용 경영체계 인증기준 >

ISO 30405	인적자원관리-채용에 대한 국제 가이드라인 반영

ISO 37001	부패방지경영체계-요구사항 및 사용지침 반영
바른채용평가기준	채용전문기관이 개발한 바른 채용기준 평가기준 반영
채용절차법	채용절차의 공정화에 관한 법률(법률 제 12326호)의 조항 참조
ISO Directive Part1	ANNEX SL의 HLS 구조 반영(1항.적용범위 1-10항.개선)

3.2) 공정채용 인증

채용에 편견적 요소를 배제하고 직무능력중심의 공정채용을 모범적으로 운영하는 공공기관 및 기업에 대하여 제3자가 심사하여 인증을 부여하는 제도이다

< 평가항목 >

구분	항목	배점
채용시스템	프로세스 규정,시스템 관리	30%
채용운영	채용공고 및 원서접수,서류전형,필기시험,면접시험,합격자 결정 발표	50%
채용 성과	신규채용자 만족도, 재직율 (최근 3년)	20%
감점 요인	채용비리	-10%
합계		100%

4) 노사관계우수기업 인증

노사 간 상호존중과 신뢰를 바탕으로 상생과 협력의 노사관계 및 미래지향적 노사관계를 형성한 조직을 인증하는 제도로 소모적 갈등 해소, 상호존중과 신뢰의 노사관계 형성, 근로 사기 진작 및 조직 생산성 향상 및 협력적 노사관계 형성 등이 기대된다.협력적 노사관계유지를 위해 체계적인 노력을 추진하고 있는 모든 조직들이 인증을 받을 수 있다.

평가항목은 다음과 같다

구분	평가항목	배점
노사대표자 리더십	최고경영자 근로자(노동조합) 대표	10점 (각 5점)
노사관계 성숙도	협력(노사 파트너십 등),신뢰(노사 간 합의 사항준수 등), 소통(노사 간 정보공유 등), 참여(노사관계 활동 참여 등)	70점
노사관계 성과	무분규 기간	20점 (각 10점)
	전반적 만족도	

5) 재해경감우수기업 인증

'재해경감을 위한 기업의 자율활동 지원에 관한 법률' 제7조를 근거로 하여 조직이 중단적 사고에 대한 대처, 손실 가능성의 축소, 각종 대응 및 사업의 원상회복을 위해 문서화된 경영시스템을 수립, 실행, 운영, 모니터링 및 지속적인 개선활동에 관해 평가를 받고 그 결과를 토대로 재해경감 우수기업 인증을 부여하는 제도이다.

인증대상은 기업 및 정부·공공기관 등이며, 인증 주체는 행정안전부장관이다.

기대효과

지원내용	기대효과
가산점 부여: 관련 입찰 참여시 보험료 할인: 보험료율을 차등 적용 세제지원: 조세특례한법 또는 지방세특례제한법 등의 세제상의 지원 자금지원 우대: 기술신용보증기금 등의 우대 재해경감 설비자금등의 지원: 설비투자관련 자금을 지원	통합적인 위기대응체제 확보 조직의 리스크 식별 및 관리능력 함양 모의훈련을 통한 업무복구시간 단축 대응능력 향상 및 복구비용 절감 비즈니스 회복력 입증을 통한 경쟁우위 조직의 명성 및 신인도 향상

기업재난관리표준70)은 재해경감활동관리체계의 수립, 운영 및 실행, 교육과 훈련, 감시 및 검토, 유지관리 및 지속적 개선 등을 위한 프로세스 접근방법을 적용한다.

기업재난관리 표준 구성체계

1.재해경감 활동 관리체계 기획	1.1 기업 경영현황 이해 1.1.1 기업 경영현황 분석,1.1.2 이해관계자 및 법적, 제도적 요구사항,1.1.3 리스크와 기회의 식별,1.2 재해경감활동체계의 범위설정,1.3 재해경감활관리체계,1.4리더십,1.4.1 최고관리자의 책무,1.4.2 정책,1.4.3 최고관리자의 역할, 책임 및 권한,1.4.4 재해경감활동 조직체계 구성,1.5운영지원,1.5.1 자원,1.5.2 수행능력,1.5.3 인지,1.5.4 의사소통,1.5.5 문서화된 정보
2.목표달성 계획수립	2.1 목표설정,2.2 목표달성 계획
3.운영 및 실행	3.1 운영계획 및 통제관리,3.2 업무영향분석,3.3 리스크 평가,3.4 사업연속성 전략 수립,3.4.1 전략결정 및 선택,3.4.2 소요자원 파악,3.4.3 경감계획,3.4.4 2차 피해방지,3.4.5 재무관리,3.5 재해경감활동 절차 및 계획 수립, 실행,3.5.1 재난(사고)대응체계,3.5.2 경보 및 의사소통,3.5.3 대응 및 사업연속성확보계획,3.5.4 복구계획
4.교육 및 훈련	4.1 교육프로그램 개발 및 운영,4.2 연습 및 훈련평가,4.2.1 연습과 시험
5.수행평가	5.1 모니터링, 측정, 분석 및 평가, 5.2 재해경감활동 평가, 5.3 내부감사, 5.4 경영진 검토
6.개선	6.1 부적합사항 및 시정조치, 6.2 지속적 개선

6) 실내 공기질 인증(Indoor Air Quality Certification)

WHO는 실내공기를 UN헌장에서 명시하고 있는 '인간의 기본권'차원에서 다룰 것을 요구하며 건강한 실내공기에 대한 권리(The Right to

---
70) 기업재난관리표준 [국민안전처고시]행정안전부(예방안전과), 044-205-4518, 4519

Healthy Indoor Air)'라는 선언문을 채택하였다.

다중이용시설 등의 실내공기질 관리법에 따라 해당 대상시설물은 전문기관에 의뢰, 측정하여 익년 1월 31일 까지 시·군·구청에게 보고하여야 한다.

모두가 더불어 잘 사는 늘 푸른사회, 건강사회, 행복사회를 조성하기 위해 기업 및 단체의 매장과 시설 등 이용공간의 실내 공기질과 그 관리수준을 객관적으로 평가하고 그 우수성을 인증하는 제도로 인증대상은 작업장,사무실, 학교, 신축건물,다중이용시설 및 그 외 실내공기질의 우수성을 공인받기 원하는 모든 시설이다.

현장[운영부문 및 측정]심사

소유 또는	분야	항목
운영 분야 심사	Ⅰ. 실내환경 경영관리 시스템 (150점)	1. 경영자 및 책임자의 인식
		2. 조직 및자원관리(20점)[가점부여시 : 25점]
		3. 내·외부 의사소통, 이해관계자 서비스 대응(30점)
		4. 규정 및 절차수립 (30점)
		5. 실내공기질 개선을 위한 구매및 기술적용성(40점)
	Ⅱ. 운영관리 및 모니터링 (150점)	6. 운영관리(60점)
		8. 모니터링 현황 및 측정기기 관리(40점)
		9. 성과평가 및 개선관리(20점)
		10. 시설의 편의성(10점)
측정 심사	Ⅲ. 실내공기질 측정(700점)	실내 환경(700점)[71]

7) 라돈안전 인증

실내공간에서 자연적으로 발생할 수 있는 방사능물질인 라돈은 각종

---

[71] [유지기준 6개 항목측정] 미세먼지 PM10, 미세먼지 PM2.5, 이산화탄소(CO_2), 포름알데히드(HCHO), 총부유세균, 일산화탄소(CO)[권고기준 4개 항목측정] 이산화질소(NO_2), 라돈(Rn), 총휘발성유기화합물(TVOC), 곰팡이[추가] 당일 온도 및 상대습도 등 12개 항목

암을 유발시키고, 특히 여성 폐암 원인 1위인 1급 발암물질이다. 성장기인 아이들에게 가장 치명적이다. 라돈 안전 평가모델(RnS)[72]로, 주거시설, 상업시설, 공공시설, 기타 시설의 실내공간과 제품의 라돈 농도 및 그 관리수준을 국제기준보다 강화된 인증기준에 의거, 객관적으로 평가하여 인증하는 제도이다.

라돈안전은 [공간]인증, 라돈안전 [제품]인증이 있다.

공간 및 제품에 대한 인증을 통해 공급자는 경쟁력을 가지게 되고, 이용자의 불안감을 해소시킬 수 있으며, 소비자는 라돈으로부터 안전한 환경에서 생활하고, 제품을 구매할 수 있는 효과가 기대된다.

8) 로하스 인증

21세기 모두가 더불어 잘 사는 늘 푸른 사회·건강 사회·행복 사회를 만들기 위하여 로하스(LOHAS) 정의에 따라 노력하고 성과를 보인 기업 및 단체의 제품, 서비스, 공간에 대하여 인증하는 제도이다.

인증대상 : 건강·환경·사회 지향적인 → 제품, 서비스, 공간

인증효과: 고객가치 제고로 기업 경쟁력 확보 및 매출 증대, 구매를 위한 판단 기준 제공으로 소비자 유인 효과 극대화, 소비자 신뢰도 향상으로 충성 고객 확보, 사회적 책임 실천으로 기업·기관 이미지 향상, 로하스인증 홈페이지 등 다양한 홍보 채널 확보, 보다 건강한 삶을 영위하기 위한 녹색소비문화 확대에 기여 등이다.

인증 분야는 음·식료품,섬유제품,자동차 관련,가정용품,미용제품,가구,산업용품,건설,숙박, 리조트 등이다.

심사항목 구성은 리더십 및 전략(100점), LOHAS R&D(100점), 커뮤니케이션(100점), 제품(700점)으로 되어 있다.

[72) "한국표준협회"와 "연세대학교 라돈안전센터"가 공동으로 개발

마. 에너지,건축,국내 인증제도

1) 녹색건축 인증[73]

녹색건축물 인증제도: 설계와 시공 유지, 관리 등 전 과정에 걸쳐 에너지 절약 및 환경오염 저감에 기여한 건축물에 대한 친환경 건축물 인증을 부여하는 제도이다. 또한, 지속 가능한 개발의 실현을 목표로 인간과 자연이 서로 친화하며 공생할 수 있도록 계획된 건축물의 입지, 자재선정 및 시공, 유지관리, 폐기 등 건축의 전 생애(Life Cycle)를 대상으로 환경에 영향을 미치는 요소에 대한 평가를 통하여 건축물의 환경성능을 인증하는 제도를 말한다.

<관계법령>

「녹색건축물 조성 지원법」국토교통부 (2020.10)

「녹색건축 인증에 관한 규칙」환경부, 국토교통부령 (2021.4)

「녹색건축 인증 기준」 환경부, 국토교통부 고시 (2021.4)

인증대상 및 등급

인증 의무 대상 : 공공기관에서 발주하는 연면적 3,000㎡ 이상 건축물

신축건축물	주거용 건축물(공동주택, 일반주택), 단독주택
	비주거용 건축물(일반건축물,업무용 건축물, 학교시설, 숙박시설, 판매시설)
기존건축물	주거용 건축물(공동주택, 일반주택), 단독주택
	비주거용 건축물(일반 건축물, 업무용 건축물, 학교시설, 숙박시설, 판매시설)
그린리모델링	주거용 건축물, 비주거용 건축물

인증등급

녹색건축인증	녹색건축인증	녹색건축인증	녹색건축인증
최우수(그린1등급)	우수(그린2등급)	우량(그린3등급)	일반(그린4등급)

[73] 한국환경산업기술원

2) 건축물 에너지 효율등급 인증[74]

건물의 에너지소요량 및 이산화탄소 발생량을 포함한 건물의 에너지 성능을 평가하여 인증함으로써 에너지이용효율 향상 도모를 목적으로 모든 용도의 신축 및 기축 건물을 대상으로 건물의 설계 도서를 통하여 난방, 냉방, 급탕 등 에너지소요량과 이산화탄소 발생량을 평가하여 인증한다

평가대상은 「녹색건축물 조성 지원법」에 따른 건축물이며, 에너지효율등급 인증 및 제로에너지건축물 인증은 「건축법 시행령」 별표 1 각 호에 따른 건축물을 대상으로 한다.

인증대상은 주거용 건축물(단독주택 및 공동주택), 주거용 이외용도 건축물(주거용 건축물을 제외한 건축물) 및 기타 냉, 난방 면적이 500㎡ 이상인 건축물이다

인증 의무 표시 대상은 녹색건축물 조성 지원법, 시행령 및 별표 1, 법 제17조제6항 전단에 따라 에너지효율등급 인증 또는 제로에너지건축물 인증을 받아 그 결과를 표시해야 하는 건축물은 각각 별표 1 각 호의 요건을 모두 갖춘 건축물이다.

<법적근거>
「녹색건축물 조성 지원법」
「건축물 에너지효율등급 인증 및 제로에너지건축물 인증에 관한 규칙」
「건축물 에너지효율등급 인증 및 제로에너지건축물 인증 기준」

3) 에너지절약계획서[75]

「녹색건축물 조성 지원법」에 의한 건축물의 효율적인 에너지 관리를 위

---

[74] 건축물 에너지효율등급 인증 및 제로에너지건축물 인증에 관한 규칙, 한국에너지공단
[75] 국토교통부, 에너지절약계획서온라인검토시스템 사용자매뉴얼(민원인)

하여 열손실 방지 등 에너지절약 설계에 관한 기준, 에너지절약계획서검토 및 설계 검토서 작성기준에 따라 해당 건축물은 에너지절약계획서를 제출해야 한다

법적 기준

녹색건축물 조성 지원법 제14조(에너지 절약계획서 제출)

녹색건축물 조성 지원법 시행령 제10조(에너지 절약계획서 제출 대상 등)

녹색건축물 조성 지원법 시행규칙 제7조(에너지 절약계획서 등)

건축물의 에너지절약설계기준(국토교통부고시 제2017-881호)

제출대상: 연면적의 합계가 500㎡이상인 건축물, 공동주택, 교육연구시설(바닥면적3,000 m2이상), 의료시설, 숙박시설(2,000 m2), 목욕장,수영장(500 m2),판매시설(3,000 m2), 문화 및 집회시설, 종교시설, 교육연구시설, 장례시설(10,000 m2)

4) 자동차 배출가스 등급제[76]

자동차 배출가스 등급 산정방법에 관한 규정'에 따라 운행 중이거나 제작 단계에 있는 모든 차량을 유종(휘발유, 경유, LPG 등), 연식(생산연도), 미세먼지와 질소산화물 등 오염물질의 배출 정도에 따라 5개 등급으로 분류하는 제도를 말한다.

< 근거 >

▷수도권 대기환경개선에 관한 특별법 29조(자동차 및 자동차 연료의 정보공개)

▷수도권 대기환경개선에 관한 특별법 시행령 30조(자동차의 대기오염물질 배출등급) ▷자동차 배출가스 등급 산정기준에 관한 규정

---

[76] pmg 지식엔진연구소

배출가스는 자동차에서 배출되는 가스상 물질 및 입자상물질 중 일산화탄소(CO), 탄화수소(HC), 질소산화물(NOx), 알데히드, 입자상물질(PM)이다.

5) 장수명주택 인증

장수명 주택이라 함은 내구성, 가변성, 수리용이성 확보한 주택을 말한다. 국가적 차원에서 양질의 주택재고를 확보함으로써 유한 자원 및 에너지를 절약할 뿐만 아니라 개인의 자산가치 상승과 국민의 주택관리비용을 절감하는데 있다. 장수명 주택은 공동주택의 내구성, 가변성, 수리용이성을 추구함을 목적으로 한다.

법적기준
주택법 제21조 (법률 제1215호)
주택건설기준 등에 관한 규칙 16조 (국토교통부령 제156호)
주택건설기준 등에 관한 규정 65조 (국토교통부령 제25882호)
장수명 주택 건설·인증기준 (국토교통부고시 제2014-847호)
제출대상은 「주택법」 제16조에 따라 사업계획승인을 받아 건설하는 1,000세대 이상의 공동주택이다.

6) 장애물 없는 생활 환경 인증

1974년 로날드 메이스의 "장애물 없는 건축설계(Barrier Free Design)" 보고서에서 본격화 되었다. 장애인, 노인, 임산부, 어린이 등 사회적 약자뿐만 아니라 모든 사람들이 개별시설물이나 지역을 접근·이용·이동함에 있어 불편을 느끼지 않도록 계획·설계·시공·관리 등을 공신력 있는 기관에서 평가하여 인증하는 제도이다.

법적근거

「장애인·노인·임산부 등의 편의증진 보장에 관한 법률」 제10조의2

「교통약자의 이동편의 증진법」 제17조의2

「장애물 없는 생활환경 인증에 관한 규칙」

인증대상:

개별시설 인증 중 건축물(공공건물, 공중이용시설, 공동주택)

「장애인·노인·임산부 등의 편의증진 보장에 관한 법률」제10조의2 제3항에 해당되는 건축물은 의무적으로 인증을 받아야 함

국가, 지방자치단체,공공기관의 장애물 없는 생활환경 인증 의무시설	
제1종 근린생활 시설	식품·잡화·의류·완구·서적·건축자재·의약품·의료기기 등 일용품을 판매하는 등의 소매점, 이용원·미용원·목욕장,지역자치센터, 파출소, 지구대, 우체국, 보건소, 공공도서관, 국민건강보험공단·국민연금공단·한국장애인고용공단·근로복지공단의 사무소, 그 밖에 이와 유사한 용도의 시설, 대피소, 공중화장실, 의원·치과의원·한의원·조산원·산후조리원, 지역아동센터
제2종 근린생활	일반음식점, 휴게음식점·제과점 등 음료·차(茶)·음식·빵·떡·과자 등을 조리하거나 제조하여 판매하는 시설,안마시술소
문화,집회	공연장 및 관람장,집회장,전시장,동·식물원
노유자 시설	아동 관련 시설, 노인복지시설, 사회복지시설 (장애인복지시설 포함)
업무시설	국가 또는 지방자치단체의 청사,금융업소, 사무소, 결혼상담소 등 소개업소, 출판사, 신문사, 오피스텔, 그 밖에 이와 유사한 용도의 시설,국민건강보험공단·국민연금공단·한국장애인고용공단·근로복지공단의 사무소
기타	종교시설, 판매시설, 의료시설, 교육연구시설, 수련시설, 운동시설,숙박시설, 공장, 자동차 관련 시설, 방송통신시설, 교정 시설, 묘지 시설, 관광 휴게시설, 장례식장

7) 교육시설안전 인증[77]

---

[77] 교육부

교육시설의 안전 수준을 확인하고 취약점을 개선하기 위해 교육시설법에 따라 실시하는 인증제도로 종합적인 교육시설 안전 확보를 위하여 교육시설 전반에 대한 위해요인을 전문가가 검증하여 학생들의 안전이 지속되도록하기 위한 제도이다.

인증대상은 다음과 같다.

o 교육시설 등의 안전 및 유지관리 등에 관한 법률」 유치원 및 학교 : 100㎡ 이상

o 「지방교육자치에 관한 법률」 제32조에 따른 교육기관의 시설 : 1,000㎡ 이상

o 위 시설 외의 연면적 3,000㎡ 이상의 교육시설

< 근거 법령 >

교육시설 등의 안전 및 유지관리 등에 관한 법률(교육시설법),시행령,시행규칙

교육시설안전 인증 운영 규정

바. 공급망 CSR 평가

1) RBA평가[78](공급망 평가)

공급망 ESG평가에 대응하여 회원사들이 공급망(협력업체)을 평가할 수 있는 프로그램과 도구이다.

· 공급망 CSR평가 (RFI, Responsible Factory Initiative) - VAP/SAQ
· 강제노동 (RLI, Responsible Labor Initiative)
· 분쟁광물 (RMI, Responsible Mineral Initiative) - RMAP,RRA

< RBA SAQ-VAP 평가 프로세스 >

---
78) 한국경영인증원

STEP 01	RBA-ONLINE 가입	RBA-ON 가입, 프로필 작성, VA요청 및 RBA와 계약 진행
STEP 02	자기평가설문지 (SAQ)작성	노동, 윤리 등 RBA 행동규범, 5가지 부문에 해당하는 현황작성 증빙서류 제출
STEP 03	현장감사 실시	AUDIT PM과 감사 일정 수립, 현장감사 실시, 단일사업장 기준 2~5일
STEP 04	감사보고서 발행	AUDIT PM의 검토를 거쳐 발행, MINOR/MAJOR/PRIORITY로 결과 분류
STEP 05	결과 개선	조사 결과 개선 및 후속 조치, 수정활동계획(CAP)수립 및 섬토 CLOSURE 감사 실시
STEP 06	평가 결과 공유	평가 결과 공유, 모기업은 실시간으로 공급업체 평가 결과 및 위험 요소 분석

RBA 정회원	공급 업체
VAP(SAQ 포) 프로세스 의무 연간 회비 35,000 ~ 45,000 달러 지불(신입 회원은 신청비 5,000달러 지불)	SAQ 기본적으로 작성 결과에 따라 제 3자 평가가 필요한지 판단 감사기관은 RBA에서 주관

< RBA행동규범(RBA 6.0) >

경영 시스템	기업의 준수의지, 경영진의 의무와 책임, 법률 및 고객 요구사항, 위험 평가 및 관리, 개선목표, 의사소통,근로자 피드백과 참여 및 고충 처리 등
환경	환경 인허가 및 보고, 오염방지 및 자원사용 저감, 유해 물질, 폐수 및 고형 폐기물, 대기 오염, 제품 함유 물질 규제
노동	자발적 근로, 아동노동착취금지, 근로시간, 임금 및 복리 후생, 차별 금지, 결사의 자유
윤리	업무상 청렴성, 부당 이익 금지, 정보 공개, 지적 재산,공정 거래, 보복 금지, 신원 보호, 광물자원개발상 윤리적 책임, 개인 정보보호, 광고 및 경쟁

| 건강 및 안전 | 산업 안전, 비상 사태 대비, 산업 재해 및 질병, 산업 위생, 육체적 과중 업무, 기계 안전 보호 장치 |

2) EcoVadis[79]

온라인 평가에 기반한 협력업체 ESG평가 플랫폼을 제공하는 기관으로 전세계 기업들이 활용하는 대표적 공급망 ESG평가 제도이다. 평가툴은 윤리, 노동인권, 환경, 조달 4가지 영역으로 구성되며,각 기업은 규모 및 위치, 산업과 관련된 이슈에 대해 평가를 받는다. 평가결과는 스코어카드(ESG점수)로 제공된다.

EcoVadis 평가 프로세스

등록	온라인 등록
데이터 수집	분야, 규모, 운영국가에 맞춤, 온라인 설문 응답
분석	ECOVADIS 전문가 분석, 평균(4~6주 소요)
결과	분석결과 스토어카드 온라인 제공

개별 ESG항목 방향성 제시, 공급망 / ESG프로세스 및 시스템 수준확인, 지속가능경영 및 ESG 데이터 수집 프로세스 구축, 기업의 자발적 수행 능력 및 경쟁력 강화 등이 기대된다

< EcoVadis 평가항목 예시 >

일반 (3문항)	국내외 CSR과 연관된 국제 또는 산업 분야, 이니셔티브, 원칙, 헌장,기본 틀 준수여부, 공식적인 CSR 책임자 선정 여부, 외부에 공개하는 CSR 연관 보고 현황 등
환경 (14문항)	환경정책, 에너지소비 및 온실가스 측정현황, 수자원관리 현황, 유해 물질 및 폐기물관리, 제품사용의 환경영향, 제품수명, 고객안전, 외부공개하는 환경보고현황, 유럽환경규제 준수 및 CDP 대응여부 등
노동관행	노동관행 및 인권 정책, 차별 및 성희롱 방지조치현황, 부상일

---

79) 한국경영인증원

및 인권정책 (9문항)	수 및 시간손실사고 강도율 등 외부에 공개하는 노동관행 및 인권관련 보고지표,최고경영자의 여성비율, 안전보건경영시스템 인증여부 등
공정한 비즈니스 관행 (7문항)	공정한 비즈니스 관행과 관련된 정책, 부패 및 반경쟁적 관행 관련 대응활동, 부패와 뇌물방지 조치현황, 정보보안 관련조치 사항, 기업 윤리관련 외부 시스템인증여부, 비즈니스 윤리연관 법적 사항 등
지속 가능한 조달 (6문항)	지속가능 및 책임구매 연관정책, 제품의 분쟁광물포함 여부 및 관리현황, 공급업체 환경 및 사회부문 관행 관리현황, REACH 대응여부 및 현황 등

3) 공급망 ESG 평가

기업의 공급망(협력회사)을 대상으로 지배구조, 경제, 사회, 환경 넓은 영역에서 기업이 처할 수 있는 모든 ESG 리스크를 투명하고 윤리적인 행동을 통해 평가하고 관리하여 공급망 리스크를 최소화하여야 한다.

인공지능, 빅데이터 등 기술발달로 기업의 평가 자동화되고 있고, SNS의 발달로 인해 부정이슈 발생시 불매운동, 주가폭락 등으로 확대되며, 공급망 ESG관리를 통한 리스크 사전 예방과 ESG공시 및 보고 의무화되고, 고객의 ESG관리 수준 보고 및 ESG평가결과 제출을 요청받고 있어 CSR(ESG)평가가 필요하다.

조직의 사회적가치 및 신뢰도 향상, 우수인재 지원가능성 확대, 기업의 경쟁력 제고 및 조직의 사회적가치 및 신뢰도 향상 등이 기대된다

사. 품질, 위생안전, 서비스 인증제도

1) ISO 9001(품질경영시스템)인증 제도

ISO 9001 품질경영은 국제표준화기구(ISO)에서 최초로 제정한 품질경영에 대한 국제규격으로, 고객에게 제공되는 제품/서비스가 규정된 요구사

항을 만족하고 지속적으로 적합하게 유지되고 있음을 제3자 인증기관에서 객관적으로 평가하여 인증해주는 제도이다.

고객중심, 리더십, 인원의 적극 참여, 프로세스 접근법, 개선, 증거기반 의사결정, 관계관리・관계경영의 품질경영 7대 원칙을 기본으로 하고 있다

고객 요구사항, 적용되는 법적 및 규제적 요구사항에 적합한 제품 및 서비스를 일관되게 제공할 수 있어 고객만족을 증진하기 위한 기회 촉진 등이 기대된다.

ISO 9001(품질경영시스템)요구사항

1. 적용범위, 2. 인용표준, 3. 용어와 정의.
4.조직상황:4.1 조직 및 조직 상황의 이해, 4.2 이해관계자의 니즈 및 기대의 이해, 4.3 품질경영시스템의 적용범위 결정, 4.4 품질경영시스템 및 그 프로세스
5.리더십: 5.1 리더십 및 공약, 5.2 방침, 5.3 조직의 역할, 책임 및 권한
6.기획: 6.1 리스크 및 기회를 다루기 위한 조치, 6.2 품질목표 및 품질목표 달성을 위한 기획, 6.3 변경에 대한 기획
7.지원: 7.1 자원, 7.2 적격성, 7.3 인식, 7.4 의사소통, 7.5 문서화된 정보
8.운용: 8.1 운영 기획 및 관리, 8.2 제품 및 서비스에 대한 요구사항, 8.3 제품 및 서비스의 설계 및 개발, 8.4 일반사항, 8.5 생산 및 서비스 제공, 8.6 제품 및 서비스의 불출, 8.7 부적합 출력의 관리
9.성과평가: 9.1 모니터링, 측정, 분석 및 평가, 9.2 내부심사, 9.3 경영검토
10.개선: 10.1 일반사항, 10.2 부적합 및 시정조치, 10.3 지속적 개선

---

2) ISO 10002(고객만족경영)

이 표준은 기획, 설계, 운영, 유지 및 개선을 포함한 조직 내의 제품 관련 불만처리 프로세스에 대한 지침을 제공한다.

공개성, 접근성, 대응성, 객관성, 비용, 기밀성, 고객중심 접근방법, 책임, 지속적 개선을 불만처리 기본원칙으로 하고 있다.

고객불만을 체계적으로 다루는 경영체제 확보가 되어 체계적인 고객불만 처리는 물론 고객별 만족도 향상, 전체 고객만족 성과 개선, 기존 고객의 이탈방지, 고객불만의 체계적인 대응과 관리를 통한 타사와의 경쟁에서 우위 확보 및 고객만족경영의 지속적 개선 등이 기대된다

3) IATF 16949(자동차품질경영시스템)

자동차 부품 관련 조직의 지속적 개선, 부적합 예방과 산포 및 낭비의 감소를 목적으로 GM, FORD 등 세계적인 자동차생산기업들로 구성된 IATF와 ISO에 의해 개발된 자동차부품 공급체인에 적용되는 자동차분야 품질경영시스템 규격이다.

고객 요구사항, 적용되는 법적 및 규제적 요구사항에 적합한 제품 및 서비스를 일관되게 제공할 수 있으며, 공급자, 외주업체간의 공급체계에서 공통의 품질시스템적 접근과 일관성 유지할 수 있어 공급망내의 모든 고객의 특정요구사항의 효과적인 관리를 통해 고객만족을 증진시킬 수 있고, 품질경영시스템(자동차산업 추가요구사항 포함) 요구사항에 적합 실증 등이 기대된다

4) ISO 22000(식품안전경영시스템)

이 표준은 최종 소비시점까지 식품사슬의 식품안전을 보장하기 위한 핵심요소(선행요건프로그램, 위해요소중점관리기준)를 식품안전경영시스템에 대한 요구사항으로 규정하고 있다.

소비자들의 식품 안전성 의식확대 및 요구 대응하며, 국/내외 식품 안전규정 및 법규강화에 대응하며, 국제 무역장벽에 대한 능동적인 대처가 가능하다. 식품안전사고의 사전예방 및 비상사태에 대한 대응을 통해 HACCP, BRC, Europ GAP, GMP 등에 대응 가능 등이 기대된다.

ISO 22000:2018 요구사항
1. 적용범위, 2. 인용표준, 3. 용어와 정의, 4. 조직 상황, 5. 리더십 6. 기획, 7. 지원, 8. 운용, 9. 성과 평가, 10.개선
이 규격은 식품 체인 내 직접 또는 간접 관여된 모든 조직에 적용 가능하다. 1. 농장, 어류 및 낙농장,2. 고기, 어류 및 사료 생산, 3. 빵, 씨리얼, 음료 및 냉동식품 제조사, 4. 레스토랑, 패스트푸드 체인점, 병원, 호텔 및 출장 연회를 포함한 식품 서비스 제공자, 5. 식품 보관 및 납품, 식품 가공 기계, 첨가제, 원재료, 청소 및 살균 제품 및 포장지 납품업체

5) FSSC 22000(Food Safety System Certification)

이 표준은 식품제조회사들에게 가장 영향력 있는 국제식품안전기구 (GFSI: Global Food Safety Initiative)가 식품산업 전반에 적합한 식품 안전인증제도를 도입하기 위하여 승인한 식품 안전 표준이다.

FSSC 22000 추가 요구사항
서비스의 관리, 제품 라벨링, 식품 방어, 식품 사기 완화, 로고 사용, 알레르기 유발물질의 관리, 환경 모니터링 (카테고리 C, I에 해당), 운송 및 배송 (카테고리 FI에 해당)이다

권말 부록 1
ESG 경영 매뉴얼

ESG 경영 매뉴얼

표지
제 개정 현황
목차

Ⅰ. 총칙편

1. 전문
가. ESG 경영의 의의와 필요성, 나. ESG 경영의 목적
다. ESG 경영관련 법규, 국제기준 및 이해관계자 요구사항
 1) 국내 법규,2) 국제 기준, 3) 이해관계자 요구사항
라. ESG 경영 적용 범위

2. 용어의정의: 경영 용어, 환경 용어, 사회 용어, 지배구조 용어

3. 리더십
가. 리더십과 의지: 1) 일반사항, 2) ESG 중심
나. 방침: ESG 방침 개발, ESG 방침에 대한 의사소통
다. ESG 경영 책임과 권한: 일반 사항, 대표 책임과 권한, 경영대리인 책임과 권한, 4) 부서장 책임과 권한, 담당자의 책임과 권한

4. ESG 위험관리
가. ESG 위험과 기회의 식별, 평가 및 관리
 1) ESG 위험 및 기회 파악 ; 위험과 기회 식별 필요성, 프로세스 구축, 환경영향 규명
 2) ESG 위험 및 기회 우선순위 선정: 위험과 기회 우선순위 도출
 3) 환경 위험 및 기회 활용 및 관리: 위험 및 기회 관리체계, 친환경 자금 조달
나. ESG 위험관리 체계
 1) ESG 사전관리시스템 구축, 실행: 사전관리시스템 구축 필요성, 위험 예방 전략 수립 및 추진, 환경 위험 대응
 2) ESG 비상사태 및 사고 대응 절차 수립: 단계별 대응 절차 수립, 유형별·단계별 시나리오 수립.
 3) ESG 법규 위반 및 ESG 사고 관리체계 구축: 사후 조치 즉각 이행, ESG 책임 보험

5. ESG 지원
가. ESG 지원: 일반사항, ESG 인원, ESG 기반구조, ESG 프로세스운영

환경
　나. ESG 적격성, 다. ESG 인식, 라. ESG 의사소통
　마. ESG 문서화된 정보: 일반 사항, 작성 및 갱신, 문서화된 정보관리
6. **ESG 운용 기획과 관리**: ESG 관리
7. **ESG 성과 평가**: ESG 모니터링,측정,분석,평가, ESG 내부심사 및 경영 검토, ESG 외부검증, ESG 개선
8. **ESG 이해관계자와의 소통 및 정보공시**
　가. ESG 이해관계자와의 소통: 이해관계자 설정과 식별, 이해관계자 의사소통, 이해관계자 이니셔티브 참여
　나. ESG 정보 공개
　1) 정보공시 형식: 정보공시 방식, 정보공시 주기, 정보공시 범위
　2) 정보공시내용: 핵심이슈 및 KPI
　3) 정보공시 검증: 정보공시 검증

Ⅱ. 환경편

1. **전문**
　가. 환경경영의 의의 및 필요성. 나. 환경경영의 목적
　다. ESG 경영관련 법규, 국제기준 및 이해관계자 요구사항: 국내 법규, 국제 기준, 이해관계자 요구사항, 라. 적용범위
2. **용어의 정의**: 환경 용어
3. **환경경영 리더십과 거버넌스**
　가. 환경경영 리더십
　1) 최고경영진의 환경경영 의지 표명과 리더십 발휘: 최고경영진의 환경경영 의지 표명, 최고경영진의 리더십
　2) 환경방침: 환경방침 수립의 의의, 환경방침의 문서화,) 환경방침의 내용 및 요건, 환경방침의 이행
　나. 환경경영 전략 및 목표
　1) 환경경영 추진 전략 수립: 환경경영 전략 수립, 지속가능성에 대한 고려, 환경경영과 경영전략과의 일관성
　2) 환경목표 수립 및 세부 추진 계획 수립, 관리: 환경경영 목표 수립, 환경목표 관리 체계, 세부 추진 계획 수립

환경경영 목표	환경경영 목표 수립, 환경경영 추진체계
원부자재	원부자재 사용량, 재생 원부자재 비율
온실가스	온실가스 배출량 (S1 & S2), 온실가스 배출량 (S3),

	온실가스 배출량 검증
에너지	에너지 사용량, 에너지 효율, 재생에너지 사용 비율
용수	용수 사용량, 재사용 용수 비율
폐기물	폐기물 배출량, 폐기물 재활용 비율
오염물질	대기오염물질 배출량, 수질오염물질 배출량
환경 라벨링	친환경 인증 제품 및 서비스 비율
기후변화 대응	산림탄소흡수량
환경법규제	환경 법/규제 위반

다. 환경경영 거버넌스
1) 의사결정 체계 구축, 실행 및 유지: 전사적 환경경영체계 구축, 운영 효율성 제고
2) 이사회: 이사회의 역할
3) 인적자원 배분, 환경경영 전담 실무조직 구축 운영: 환경경영 추진조직 구축, 전담 실무 조직 구성 및 운영
4) 환경인식 수준: 환경경영 기업문화 조성의 필요성, 환경경영 교육, 환경경영 목표 및 계획 공유, 임직원 참여 유도

4. 위험관리
가. 환경 위험과 기회의 식별, 평가 및 관리
1) 환경 위험 및 기회 파악: 위험과 기회 식별의 필요성, 프로세스 구축, 환경영향 규명
2) 환경 위험 및 기회 우선순위 선정: 위험과 기회 우선순위 도출:
3) 환경 위험 및 기회 활용 및 관리: 위험 및 기회 관리체계, 친환경 자금 조달
나. 환경위험 관리체계
1) 사전관리시스템 구축, 실행: 사전관리시스템 구축 필요성, 위험예방전략 수립 및 추진, 환경위험 대응
2) 비상사태 및 사고대응 절차수립: 단계별 대응절차 수립, 유형별·단계별 시나리오 수립
3) 환경법규 위반 및 환경사고 관리체계 구축: 사후 조치 즉각 이행, 환경 책임 보험

5. 운영 및 성과
가. 친환경 제품 및 서비스

1) 친환경 설계: 친환경 설계 의, 친환경 설계를 통한 순환경제 구현
  2) 친환경 제품 및 서비스 공급: 친환경 제품 및 서비스 정의, 친환경 인증
 나. 친환경 공급망
  1) 친환경 공급망관리체계 구축: 친환경 공급망 관리의 의의
  2) 협력업체와의 상생경영: 협력업체 환경경영의 필요성, 협력사 평가 및 평가결과 활용, 협력사 지원
  3) 친환경 제품 유통: 친환경 소비문화 기반 조성, 신(新)경제체제와의 연계
  4) 친환경 구매 활동: 친환경 구매의 의의, 친환경 구매 지침
 다. 친환경 사업장
  1) 친환경 사업장 구현: 친환경 생산의 필요성, 친환경 사업장 구현
  2) 기후변화 대응 활동: 온실가스 정의, 온실가스 배출 구분, 온실가스 관리 시스템 구축, 에너지 이용 및 관리, 신재생에너지 개발 및 이용, 온실가스 감축 수단 활용
  3) 자연자원 이용 효율성 극대화: ·부자재 및 용수 사용 절감, 자원순환형(Closed-loop System) 사업장 구축, 원·부자재 및 용수 재활용 설비 도입
  4) 환경오염물질 발생 및 배출 최소화: 환경오염물질의 관리
  5) 폐기물 및 폐수 관리: 폐기물 및 폐수 적법 처리
  6) 화학물질 관리: 화학물질 인벤토리 구축, 화학물질 규제 위험, 유해화학 물질 정의 및 관리 필요성, 유해화학물질 이용 및 배출 저감, 비상사태 대비 및 대응, 화학물질 사고에 대한 피해보상
 라. 성과관리
  1) 환경성과 관리: 환경성과 모니터링 및 측정
  2) 환경성과평가시스템: 환경성과평가의 의의, 환경성과평가 고려사항
  3) 내부환경심사: 내부환경심사의 의의, 내부환경심사 요건
  4) 환경성과평가 및 내부환경심사 결과의 의사결정자에게 보고: 환경성과평가 및 내부환경심사의 활용, 환경성과평가 및 내부심사 보고, 사후 개선 및 사전예방 조치, 내부성과평가시스템과 연계
 마. 환경회계
  1) 환경 원가 및 편익 측정과 활용: 환경회계의 정의 및 필요성, 환경회계 운영 및 활용
  2) 탄소 위험 측정 및 관리: 탄소가격 의미, 내부탄소가격 도입

바. 생태계 보전
  1) 생태계의 중요성을 인지하고, 이를 보전하기 위한 활동: 자연자원 관리, 생물다양성보전, 산림생태계 보전, 해양생태계 보전

6. 이해관계자와의 소통 및 정보공시
  가. 이해관계자와의 소통: 이해관계자 설정과 식별, 이해관계자 의사소통, 이해관계자 이니셔티브 참여
  나. 정보공시
    1) 정보공시 형식: 정보공시 방식. 정보공시 주기, 정보공시 범위
    2) 정보공시내용: 핵심이슈 및 KPI
    3) 정보공시 검증: 정보공시 검증

7. 부록
  가. 법규:
    ①대기환경보전법, ②물환경보전법, ③생물다양성 보전 및 이용에 관한 법률,
    ④신에너지 및 재생에너지 개발·이용·보급 촉진법, ⑤에너지이용합리화법, ⑥저탄소녹색성장기본법, ⑦폐기물관리법, ⑧화학물질관리법, ⑨화학물질의 등록 및 평가 등에 관한 법률
  나. 국제기준[80]
    ①BNBP(Biz N Biodiversity Platform, 기업과 생물다양성 플랫폼), ②CDP(Carbon Disclosure Project) Climate Change, ③Water, Forest, Supply Chain, Cities, Carbon Action, ④EV100(Electric Vehicle 100%), ⑤Getting to Zero 2030 Coalition(탄소배출제로연대), ⑥NPEGC(New Plastics Economy Global Commitment, 새로운 플라스틱 경제 글로벌공약), ⑦RC(Responsible Care), ⑧RE100(Renewable Energy 100%), ⑨SBTi(Science Based Targets Initiative, 과학기반 온실가스 감축목표 이니셔티브), ⑩TCFD(Task Force on Climate-Related Financial, ⑪Disclosures, 기후변화 재무정보 전담협의체), ⑫UNEP FI(유엔 환경 계획 금융이니셔티브), ⑬고농도 계절 미세먼지 저감을 위한 자발적 협약
  다. 인증제도
    ①ISO 13065 바이오에너지, ②ISO 14001(환경경영시스템), ③ISO FDIS 14030-1 녹색채권 등, ④ISO 14044 환경전과 평가, ⑤ISO 14046 물발자

국, ⑥ISO 14063 환경경영의사소통, ⑦ISO 14064-1 온실가스 산정, ⑧ISO 14067 탄소발자국, ⑨ISO 21070 해양-선상쓰레기, ⑩ISO CD 24161 폐기물수집수송, ⑪ISO 46001 물효율관리, ⑫ISO 50001 에너지경영시스템, ⑬ ISO 52000-1 건물에너지 성능, ⑭ ISO WD 59004 순환경제 프레임워크, ⑮IEC 62430 친환경설계, ⑯ ISO 전기전 유해물질, ⑰ISO 희토류재활용
라. 관련 규정
　①산업안전관리규정, ②신재생에너지관리규정, ③에너지관리규정, ④오염물질관리규정, ⑤온실가스관리규정, ⑥용수관리규정, ⑦폐기물관리규정, ⑧화학물질관리규정, ⑨환경경영규정, ⑩환경법규관리규정, ⑪환경회계규정

Ⅲ. 사회편

1. 전문
가. 사회적책임 경영의 의의와 필요성, 나. 사회적책임 경영의 목적
다. 사회적책임 경영관련 법규,국제기준 및 이해관계자 요구사항: 국내 법규, 국제 기준, 이해관계자 요구사항
라. 사회적책임 경영 적용 범위
2. **용어의 정의**: 사회적책임경영 용어
3. **리더십과 거버넌스**
가. 사회적책임경영 리더십
　1) 최고경영진의 사회적책임경영 의지 표명과 리더십 발휘: 최고경영진의 사회적책임 경영 의지 표명, 최고경영진의 사회적책임 경영 리더십
　2) 사회적책임 방침: 사회적책임 방침 수립의 의의, 사회적책임 방침의 문서화, 사회적책임 방침의 내용 및 요건, 사회적책임 방침의 이행

나. 사회적책임경영 전략 및 목표
　1) 사회적책임경영 추진 전략 수립: 사회적책임경영 전략 수립, 지속가능성에 대한 고려, 사회적책임경영과 경영전략과의 일관성
　2) 사회적책임경영목표 수립 및 세부 추진 계획 수립, 관리: 사회적책임경영 목표 수립, 사회적책임경영목표 관리체계, 세부 추진 계획 수립

목표	목표 수립 및 공시
노동	신규채용 및 고용유지,정규직비율,자발적이직률, 교육훈련비,복리후생비, 결사의 자유보장,정규직 중 고졸자 비율,여가친화 경영,50세 이상 비자발적 이직예정자 중 재취업지원 제공 비율

다양성 및 양성평등	여성구성원 비율, 여성급여 비율(평균급여액 대비), 장애인 고용률
산업안전	안전보건 추진체계, 산업재해율
인권	인권정책 수립, 인권 리스크 평가
동반성장	협력사 ESG 경영, 지원, 협약사항, 동반성장
지역사회	전략적 사회공헌, 구성원 봉사참여, 농어촌지역 상생협력 및 ESG 활동(균형발전), 산학협력 활성화 기여, 미래세대 성장 및 교육 기여
정보보호	개인정보보호를 위한 자율적 노력 및 활동, 정보보호 시스템 구축, 개인정보 침해 및 구제,
소비자	소비자정보 제공, 소비자안전, 고객만족 대응체계 운영
사회법/규제	사회법/규제 위반

다. 사회적책임 경영 거버넌스
 1) 의사결정체계 구축, 실행 및 유지:전사적 사회적책임 경영체계 구축, 운영 효율성 제고
 2) 이사회: 이사회의 역할
 3) 인적자원 배분. 사회적책임경영 전담조직 구축운영: 사회적책임 경영 추진 조직 구축, 전담 실무 조직 구성 및 운영
 4) 사회적책임인식 수준: 사회적책임경영 기업문화 조성의 필요성, 사회적 책임경영 교육, 사회적책임 경영 목표 및 계획 공유, 임직원 참여 유도

4. 사회적 책임 위험 관리
 가. 사회적 책임 위험과 기회의 인식: 사회적책임 이슈 식별, 위험과 기회 요인 파악, 사회적책임 위험요인과 기회요인의 전략 반영: 위험 요인, 기회 요인
 나. 사회적 책임 위험의 대응
  1) 사회적책임 위험의 부정적 영향 최소화: 수준별 사회적책임 위험 대응
  2) 사회적책임 위험대응 방안 목표 달성도 파악 및 전략 수정, 사회적 책임 위험 평가 및 전략 수정:
  3) 사회적책임 위험 의사결정체계와 대응방안을 이해관계자에게 공개
 다. 사회적책임 위험관리체계
  1) 사회적책임 사전관리시스템 구축, 실행: 사전관리시스템 구축 필요성, 사회적책임 위험 예방 전략 수립 및 추진, 사회적책임 위험 대응

2) 사회적책임 비상사태 및 사고 대응 절차 수립: 단계별 대응 절차 수립, 유형별·단계별 시나리오 수립
3) 사회적 책임 법규 위반 및 사회적 책임 사고 관리체계 구축: 사후 조치 즉각 이행, 사회적 책임 책임보험

5. 운영 및 성과
가. 인권
1) 최고경영진의 인권경영 의지 표명과 대내외 이해관계자에게 공개
2) 인권 이슈 정책 수립과 이해관계자와 공유: 인권 정책 수립, 인권 정책의 대상 범위
3) 인권 이슈 전담 실무부서 설치
4) 인권영향평가와 인권위험 사전 파악: 인권영향평가 실시, 인권영향평가 대상 범위
5) 인권 위험을 해소
6) 인권 관련 고충처리채널 운영
7) 인권경영 효과성 평가 및 관리, 정보 이해관계자와 공유: 인권경영 효과성 관리, 인권경영 현황 공개

나. 노동관행
1) 고용 증진, 인재 유지 및 공정한 성과관리 체계: 공정한 고용과 차별 없는 급여, 합리적인 성과평가와 보수
2) 노동기본권 보장과 건전한 노사관계 형성: 노동기본권 보장, 건전한 노사관계 형성
3) 근로자 역량개발 및 지원
4) 안전하고 건강하게 일할 수 있는 근무환경 제공: 안전보건 거버넌스 구축, 안전보건시스템, 안전보건 성과지표
5) 일과 생활의 균형 지원

다. 공정운영관행
1) 공급망 관리: 공급망관리전략 수립, 공급망 행동강령 수립 및 지원, 공급망 위험관리
2) 공정 거래, 자유 경쟁 도모 및 경제활동 기본질서 준수: 공정거래질서 확립, 시장 지배적 지위의 남용 금지, 부당공동행위 금지, 불공정거래 행위 금지
3) 동반성장 추구

라. 지속가능한 소비
1) 소비자 부당한 피해 방지: 소비자 권익침해 방지, 윤리적인 마케팅 실

시
   2) 소비자 안전: 소비자 안전을 고려한 사업 운영, 제품 및 서비스 안전성 관리, 소비자안전에 대한 정확한 정보 제공
   3) 소비자 소통: 소비자 소통 채널 구축, 소비자 의견 반영
   4) 소비자 피해 보상체계: 적극적 피해보상 노력, 효과적인 피해보상 체계 마련
   5) 사회적 가치를 고려한 제품 및 서비스 제공
 마. 정보 보호
   1) 정보 자산 보호 체계와 절차: 이사회의 역할, 정책 및 관리체계 수립, 전문인력 및 재원의 확보, 협력사 정보 보호 점검
   2) 개인정보 보호: 개인정보 보호 정책 수립, 개인정보 보호 책임자, 개인정보 위험 관리, 수집 및 활용, 모니터링 체계 구축
   3) 개인정보 보호 공개, 정보주체의 정당한 자유와 권리 보장: 개인정보 처리 투명성확보, 정보주체의 권리 보장,
 바. 지역사회 참여 및 개발
   1) 지역사회 참여 전략 수립
   2) 임직원 지역사회 참여 활동 장려, 지역사회 참여 성과 관리: 임직원 참여도 제고, 지역사회 참여 성과 관리
   3) 사회책임경영 이니셔티브 참여

6. 이해관계자와의 소통 및 정보공시
 가. 이해관계자와의 소통: 이해관계자와의 커뮤니케이션 방법 개발 유지
 나. 정보공시
   1) 정보공시 형식: 정보공시 방식, 정보공시 주기, 정보공시 범위
   2) 정보공시내용: 핵심이슈 및 KPI
 다. 정보공시 검증: 정보공시 검증

7. 부록
 가. 법규
   ①개인정보 보호법, ②고용상 연령차별금지 및 고령자고용촉진에 관한 법률, ③기간제 및 단시간근로자 보호 등에 관한 법률, ④남녀고용평등과 일·가정 양립 지원에 관한 법률, ⑤대·중소기업 상생협력 촉진에 관한 법률, ⑥독점규제 및 공정거래에 관한 법률, ⑦온라인플랫폼 중개거래의 공정화에 관한 법률, ⑧장애인차별금지 및 권리구제 등에 관한 법률, ⑨전자상거래등

에서의 소비자 보호에 관한 법률, ⑩파견근로자 보호 등에 관한 법률, ⑪하도급거래 공정화에 관한 법률
  나. 국제기준
  ①BSR, UNGC, 2015, "Supply Chain Sustainability: A Practical Guide for Continuous Improvement, Second Edition",②Dodd-Frank Wall Street Reform and Consumer Protection Act, Section 1502[분쟁광물 관련 규제 및 가이드라인],③ International Labour Organization, 1998, "ILO Declaration on Fundamental Principles and Rights at Work, ④OECD (2011),OECDGuidelines for Multinational Enterprises, ⑤OECD (2018), OECD Due Diligence Guidance for Responsible Business Conduct Responsible Business Alliance, ⑥United Nations, 1948, "Universal Declaration of Human Rights", ⑦United Nations Global Compact,

  다. 인증제도
  ①ISO IWA 26 사회적책임경영, ②ISO 10004 고객만족, ③ISO 16000-40 실내공기질,
  ④ISO/IEC 20000-1 정보기술서비스, ⑤ISO 20121 이벤트지속가능경영, ⑥ISO 20400 지속가능구매, ⑦ ISO 26000 사회적 책임, ⑧ISO/IEC 27701 개인정보보호, ⑨ISO TR 30406 지속가능고용, ⑩ISO 30415 인적다양성 및 포용, ⑪ISO 37101 지속가능발전경영, ⑫ISO 37500 아웃소싱지침, ⑬ISO 39001 도로교통안전경영, ⑭ISO 45001(안전보건경영 체계), ⑮ISO 45003 안전보건경영-심리적 건강관리, ⑯ISO/IEC 정보보호경영
  ⑰소비자중심경영 인증제도

  라. 규정
  ①동반성장규정, ②산업안전보건규정, ③인권규정, ④정보보호규정, ⑤지역사회지원규정

IV. 지배구조편
1. 전문
 가. 지배구조 경영의 의의와 필요성, 나. 지배구조 경영의 목적
 다. 지배구조 경영 관련 법규,국제기준 및 이해관계자 요구사항: 국내 법규, 국제 기준, 이해관계자 요구사항

라. 지배구조 경영 적용 범위
2. **용어의정의**: 지배구조 용어
3. **지배구조 경영 리더십과 거버넌스**
 가. 지배구조 경영 리더십
  1) 최고경영진의 지배구조 경영 의지 표명과 리더십 발휘: 최고경영진의 지배구조 경영의지 표명, 최고경영진의 지배구조 경영 리더십
  2) 지배구조 경영 방침: 지배구조 경영 방침 수립의 의의, 지배구조 경영 방침의 문서화
   지배구조 경영 방침의 내용 및 요건, 지배구조 경영 방침의 이행
 나. 지배구조 경영 전략 및 목표
  1) 지배구조 경영 추진 전략 수립: 지배구조 경영 전략 수립, 지배구조에 대한 고려, 지배구조 경영과 경영전략과의 일관성
  2) 지배구조 경영 목표 수립 및 세부 추진 계획 수립, 관리: 지배구조 경영 목표 수립, 지배구조 경영 목표 관리체계

목표	목표 수립 및 공시
이사회 구성	이사회 내 ESG 안건 상정, 사외이사 비율, 대표이사 이사회 의장 분리, 이사회 성별 다양성, 사외이사 전문성
이사회 활동	전체 이사 출석률, 사내이사 출석률, 이사회 산하위원회, 이사회 안건 처리
주주권리	주주총회 소집공고, 주주총회 개최일, 집중/전자/서면투표제, 배당정책 및 이행
윤리경영	윤리규범 위반사항 공시, 윤리경영/반부패 관련 법규/행동강령 등 준수
감사기구	부감사부서 설치, 감사기구 전문성(감사기구 내 회계/재무 전문가)
경영진	경영진 성과평가 및 보상
지배구조법/규제	지배구조 법/규제 위반

 다. 지배구조 경영 거버넌스
  1) 지배구조 경영 의사결정 체계 구축, 실행 및 유지: 전사적 지배구조 경영 체계 구축, 지배구조 경영 운영 효율성 제고, 지배구조 경영 세부 추진 계획 수립
  2) 이사회: 이사회의 역할
  3) 지배구조 경영 인적자원 배분, 전담 실무조직 구축 운영: 지배구조 경영 추진조직구축, 지배구조 경영 전담 실무조직 구성 및 운영

4) 지배구조 경영 인식 수준: 지배구조 경영 기업문화 조성의 필요성, 지배구조 경영 교육, 지배구조 경영 목표 및 계획 공유, 임직원 참여 유도

4. 위험관리
가. 사회적 책임 위험의 통합적 관리
1) 재무 위험과 사회적 책임 위험을 함께 고려한 경영판단: 이사회의 역할
2) 사회적 책임 위험도 충실히 관리되고 있는지 감독: 이사회의 감독 의무
3) 전사적 위험관리체계 통합 관리: 전사적 위험관리체계로의 통합

나. 사회적 책임 위험과 기회의 인식
1) 사회적 책임 이슈 식별, 위험과 기회 요인 파악
2) 사회적 책임 위험요인과 기회요인의 전략 반영: 위험 요인, 기회 요인,

다. 지배구조 위험관리체계
1) 지배구조 사전관리시스템 구축, 실행: 지배구조 사전관리시스템 구축 필요성, 지배구조 위험 예방 전략 수립 및 추진, 지배구조 위험 대응
2) 지배구조 비상사태 및 사고 대응 절차 수립: 단계별 대응 절차 수립, 유형별·단계별 시나리오 수립

5. 운영 및 성과
가. 이사회 리더십: 이사회의 역할과 책임, 이사의 역할과 책임, 이사회의 구성, 사외이사, 이사회의 운영, 이사회 내 위원회
나. 주주권: 주주의 권리, 주주총회,
다. 감사: 내부감사, 외부감사
라. 주주 및 이해관계자와의 소통: 주주 및 이해관계자와의 직접 소통, 정보 공개

6. 이해관계자와의 소통 및 정보공시
가. 이해관계자와의 소통: 이해관계자 설정과 식별, 이해관계자 의사소통, 이해관계자 이니셔티브 참여
나. 정보공시:
1) 정보공시 형식: 정보공시 방식, 정보공시 주기, 정보공시 범위

2) 정보공시내용: 핵심이슈 및 KPI
3) 정보공시 검증: 정보공시 검증

7. 부록
가. 법규
①금융위원회, 2014, "금융회사 지배구조 모범규준", ②상법, ③자본시장과 금융투자업에 관한 법률, ④주식회사 등의 외부감사에 관한 법률, ⑤한국기업지배구조원, 2015,"감사위원회 모범규준", ⑥한국기업지배구조원, 2016, "기업지배구조 모범규준", ⑦한국기업지배구조원, 2007,"이사회평가 가이드라인"

나. 국제기준
①COSO, 2018, "Enterprise Risk Management", ②FRC, 2018, "Guidance onBoard Effectiveness, ③ICGN, 2017, "Global governance principles"

다. 규정
①윤리규정규정, ②이사회규정, ③주주관리규정

---

80) 이 ESG 경영매뉴얼은 한국기업지배구조원 ESG 모범규준, 산업통상자원부 K-ESG 가이드라인, 맬콤볼드리지 MB 모델 워크북, ISO 경영시스템을 바탕으로 하여 (생산관리전공)경영학박사/ISO선임심사원 유영준박사의 오랜 컨설팅 활동의 결과물임. 유영준의 경영학박사학위 논문은 "경영방침 관리 시스템에 관한 실증적 연구"(1993)임

부록 2 ESG경영 관련 규정 사례

1. 환경경영규정
2. 지속가능경영규정
3. 인권경영규정
4. 윤리경영규정
5. 리스크경영규정
6. 반부패경영규정
7. 안전보건경영규정
8. 협력사 행동규범
9 품질경영규정
10. 고객만족경영규정

다음에 제시하는 여러 규정/절차서들은 사례에 불과하니
이들을 참고로 하여, 해당 조직의 특성, 규모 등을 고려하여
해당 규격의 요구사항을 만족하도록 최고경영자의 의지를 담아
전 구성원들의 지혜를 모아 작성되어야 함

1. 환경경영규정

제1조 (환경경영 일반)

① 조직은 KS A/ISO 14001의 요구사항에 부합되는 환경경영계획을 수립하고 문서화하여 실행·유지하며 지속적으로 개선하여야 한다.

② 조직은 환경경영에 필요한 업무절차를 정기적으로 점검하여 그 상호작용, 효과적인 운용관리방법 결정, 모니터링, 측정 및 분석 등을 통하여 개선에 필요한 조치를 실행하여야 한다.

제53조 (환경방침)

① 조직은 경영의 효율성을 높이기 위하여 다음 각 호의 사항을 고려하여 환경방침을 수립하고 운용하여야 한다.

1. 조직의 활동, 제품의 특성 등에 대한 환경영향
2. 환경경영의 지속적인 개선과 환경오염 방지에 대한 의지
3. 환경관련 법령 등 준수 결의
4. 환경목표 및 세부목표 설정을 위한 검토
5. 문서화와 임직원 전달 6. 필요시 고객(이해관계자 포함)에 열람

② 제1항의 환경방침은 별지 제2호서식에 따른다.

제2조 (환경경영계획)

① 조직은 조직의 조직 및 업무활동이 환경에 미치는 영향을 파악하기 위한 절차를 수립하여 실행하여야 하며 그 기록을 유지하여야 한다.

② 중요한 환경영향과 관련된 환경측면(환경과 상호작용을 하는 조직의 업무활동, 조직의 제품 및 서비스의 구성요소를 말한다)을 각 부서의 환경목표 설정 시 고려하여야 한다.

③ 조직은 조직의 조직, 제품 또는 서비스의 환경측면에 직접 적용되는

법령 및 그 밖의 요건(산업표준, 공공기관과의 합의서 및 내부적 기준)을 파악하여 업무에 활용될 수 있도록 하여야 한다.

④ 제3항의 환경법령 등은 최신본이 각 업무단위에서 적기에 사용될 수 있도록 조직의 「법규정보시스템」에 게시하여 유지·관리하여야 한다.

제3조 (환경목표 및 세부목표)

각 부서장은 제53조의 환경방침에 맞고 문서화된 환경목표 및 세부목표를 수립하고 유지하여야 하며, 환경목표의 수립 시에는 다음 각 호의 사항을 고려하여야 한다.

1. 관련 법령 및 그 밖의 요건
2. 각 부서의 중요한 환경 측면
3. 각 부서의 기술적 대안
4. 각 부서의 운영 및 사업상의 요건
5. 이해관계자의 견해

제4조 (환경경영 추진계획)

① 각 부서장은 주기적으로 환경목표 및 세부목표의 달성을 위한 환경경영추진계획을 수립하고 관리하여야 한다.

② 제58조의 환경경영대리인은 각 부서의 환경경영추진계획을 감안하여 조직의 환경경영추진계획을 수립하여 관리하여야 한다.

③ 환경경영추진계획은 다음 각 호의 내용을 포함하여야 한다.

1. 환경측면 파악
2. 환경방침, 환경목표, 세부목표
3. 주요 추진계획(주요사업 및 자원관리에 대한 환경경영계획)
4. 추진계획에 대한 이행실적 점검5. 환경경영 조직

제5조 (구조 및 책임)

① 조직은 환경경영을 효과적으로 추진하기 위해 책임 및 권한을 규정하

고 이를 문서화하여 임직원에게 전달하여야 하며 환경경영의 실행과 관리에 필요한 자원을 제공하여야 한다.

② 환경경영의 구조 및 책임에 필요한 자세한 사항은 「직제규정」에 따른다.

제6조 (환경경영대리인)

① 조직은 환경경영 업무를 수행하는 환경경영대리인을 선임하여야 한다.

② 환경경영대리인은 모든 영향평가 담당 임원으로 하며 다음 각 호의 책임과 권한을 갖는다.

1. 환경경영에 필요한 업무절차의 수립, 실행 및 유지
2. 환경경영의 개선 필요성 및 성과의 보고
3. 환경경영운영부서 지정 및 운영

제7조 (훈련, 인식 및 자격)

조직은 환경경영과 관련하여 임직원에게 필요한 교육훈련을 실시하고 성과를 평가하여야 하며, 교육훈련에 관한 자세사항은 「교육훈련규정」에 따른다.

제8조 (의사소통)

① 조직은 환경경영의 수행과 관련하여 조직내부 및 이해관계자(고객, 국가 등 공공기관 및 그 밖의 이해관계자 포함)의 요구를 접수하여 회신하는 문서화된 절차를 수립하여 적절한 의사소통이 실현되도록 하여야 한다.

② 제1항의 의사소통에 관련된 사항은 「문서규정」,「민원사무처리 및 정보공개 규정」등에 따른다.

제9조 (환경경영 문서)

① 조직은 환경경영의 수행에 필요한 사항을 문서화하여 관리하여야 한

다.

1. 환경방침 및 환경목표
2. 환경경영에서 요구하는 문서화된 절차
3. 환경경영의 기획, 운영 및 관리를 보장하기 위한 문서

② 제1항의 환경경영의 문서화와 관련된 사항은 「문서규정」에 따른다.

제10조 (환경경영의 운영)

① 환경경영담당부서장은 조직의 환경방침, 환경목표 및 세부목표에서 검토되는 중요한 환경측면을 파악하고 각 부서의 환경경영 업무활동을 총괄·관리하여야 한다.

② 환경경영의 운영관리에 필요한 자세한 사항은 관련 규정에 따른다.

제11조 (비상시 대비 및 운영)

① 조직은 사고 및 비상사태의 잠재적 발생가능성 파악과 그에 대한 대응, 관련 발생 가능한 환경영향을 방지하거나 완화시키기 위한 절차를 수립하고 유지하여야 한다.

② 비상시 대비 및 대응에 필요한 자세한 사항은 관련 규정에 따른다.

제12조 (측정)

① 조직은 환경경영에 필요한 모니터링 및 측정을 실시하여야 한다.

② 감시 장비는 교정·검사되고 적정한 상태로 유지되어야 하며, 이 과정에 대한 기록은 유지되어야 한다.

③ 감시 및 측정에 필요한 자세한 사항은 제44조에 따른다.

제13조 (부적합 시정 및 예방조치)

① 조직은 부적합으로 인해 발생된 환경 영향 완화 조치, 시정조치, 예방조치의 개시와 완료에 필요한 책임과 권한을 규정한 절차를 수립하고 유지하여야 한다.

② 실제적 또는 잠재적 부적합 사항의 원인제거를 위해 취하는 모든 시

정조치 또는 예방조치는 적절한 수준으로 하여야 한다.

③ 부적합 시정조치 및 예방조치에 필요한 자세한 사항은 관련규정에 따른다.

제14조 (환경경영 내부심사)

① 환경경영대리인은 다음 각 호의 사항을 결정하기 위하여 정기적으로 내부심사를 실시하여야 한다.

1. 환경경영이 제36조제4항에 따라 결정된 사항에 적합 여부
2. KS A/ISO 14001 규격의 요구사항에 적합 여부
3. 시스템이 효과적으로 실행·유지되는지 여부

② 각 부서장은 내부심사에서 발견된 부적합 사항에 대해 적시에 시정조치를 하여야 하며, 후속 조치는 취해진 조치의 검증 및 검증결과 보고를 포함하여야 한다.

③ 환경경영에 대한 내부심사와 관련된 세부사항은 관련규정에 따른다.

제15조 (경영검토)

환경경영의 지속적인 개선을 위한 경영검토 지침에 따른다.

제16조 (기록)

각 부서장은 환경경영의 효과적인 운영에 필요한 기록을 작성하고 유지하여야 하며, 기록의 유지 및 관리에 관하여는 「문서규정」에 따른다.

2. 지속가능경영 규정

제1조 (지속가능경영 일반)

① 당사는 국제 기준에 부합되는 지속가능경영계획을 수립하고 문서화하여 실행·유지하며 지속적으로 개선하여야 한다.

② 당사는 지속가능경영에 필요한 업무절차를 정기적으로 점검하여 그

상호작용, 효과적인 운용관리방법 결정, 모니터링, 측정 및 분석 등을 통하여 개선에 필요한 조치를 실행하여야 한다.

제2조 (지속가능경영 방침)

당사는 경영의 효율성을 높이기 위하여 다음 각 호의 사항을 고려하여 지속가능경영방침을 수립하고 운용하여야 한다.

조직 거버넌스	이사회의 책임성 강화,기업 경영의 투명성,다양한 이해관계자 집단의 참여
인권	차별과 취약그룹 보호,시민의 정치적 권리 보장,경제, 사회, 문화적 권리 보장,근로에서의 기본원칙과 권리보장
노동관행	공정한 고용 및 고용관계보장,근로조건의 질 향상,사회적 보호 책임,사회적 대화 보장,보건과 안전 보장,인적개발과 교육훈련 기회제공
지속가능	지속가능오염 방지,지속가능한 자원이용,기후변화 완화노력,지속가능보호 및 자연서식지 복원 노력
공공운영관행	부패방지에 대한 노력,책임있는 정치참여활동,공정경쟁,사회적 책임 촉진,재산권존중
소비자 이슈	공정마케팅,소비자 보건 및 안전 보호,지속가능한 소비권장,소비자 서비스, 지원 및 불만분쟁해결,소비자 데이터와 프라이버시 보호,필수서비스에 대한 접근보장,소비자 교육
지역사회 참여와 발전	지역사회발전 참여,지역사회 교육과 문화발전에 기여,고용창출 기회의 극대화,기술개발과 접근성,지역사회와 부와 소득 창출,지역 보건증진,지역사회 사회적투자

제3조 (지속가능경영계획)

당사는 당사의 조직 및 업무활동이 지속가능에 미치는 영향을 파악하기 위한 절차를 수립하여 실행하여야 하며 그 기록을 유지하여야 한다.

제4조 (지속가능경영목표 및 세부목표)

각 부서장은 지속가능경영방침에 맞는 문서화된 지속가능목표 및 세부목표를 수립하고 유지하여야 하며, 지속가능목표의 수립 시에는 다음 각 호의 사항을 고려하여야 한다.

제5조 (지속가능경영 추진계획)

 각 부서장은 주기적으로 지속가능경영 목표 및 세부목표의 달성을 위한 지속가능경영추진계획을 수립하고 관리하여야 한다. 지속가능경영대리인은 각 부서의 지속가능경영추진계획을 감안하여 당사의 지속가능경영추진계획을 수립하여 관리하여야 한다.

제6조 (구조 및 책임)

 당사는 지속가능경영을 효과적으로 추진하기 위해 책임 및 권한을 규정하고 이를 문서화하여 임직원에게 전달하여야 하며 지속가능경영의 실행과 관리에 필요한 자원을 제공하여야 한다.

제7조 (지속가능경영대리인)

 당사는 지속가능경영 업무를 수행하는 지속가능경영대리인을 선임하여야 한다. 지속가능경영대리인은 모든 영향평가 담당임직원으로 하며 다음의 책임과 권한을 갖는다.

1. 지속가능경영에 필요한 업무절차의 수립, 실행 및 유지
2. 지속가능경영의 개선 필요성 및 성과의 보고
3. 지속가능경영운영부서 지정 및 운영

제8조 (훈련, 인식 및 자격)

당사는 지속가능경영과 관련하여 임직원에게 필요한 교육훈련을 실시하고 성과를 평가하여야 하며, 교육훈련에 관한 자세한 사항은 「교육훈련규정」에 따른다.

제9조 (의사소통)

 당사는 지속가능경영의 수행과 관련하여 조직내부 및 이해관계자의 요구를 접수하여 회신하는 문서화된 절차를 수립하여 적절한 의사소통이 실현되도록 하여야 한다. 의사소통에 관련된 사항은 별도 규정에 따른다.

제10조 (지속가능경영 문서)

 당사는 지속가능경영의 수행에 필요한 문서를 관리하여야 한다.

1. 지속가능방침 및 지속가능목표
2. 지속가능경영에서 요구하는 문서화된 절차
3. 지속가능경영의 기획, 운영 및 관리를 보장하기 위한 문서

제11조 (지속가능경영의 운영)

 지속가능경영담당부서장은 당사의 지속가능방침, 지속가능목표 및 세부목표에서 검토되는 중요한 지속가능측면을 파악하고 각 부서의 지속가능경영 업무활동을 총괄·관리하여야 한다.

제12조 (비상시 대비 및 운영)

 당사는 사고 및 비상사태의 잠재적 발생가능성 파악과 그에 대한 대응, 관련 발생 가능한 지속가능영향을 방지하거나 완화시키기 위한 절차를 수립하고 유지하여야 한다.

제13조 (측정)

 당사는 지속가능경영에 필요한 모니터링 및 측정을 실시하여야 한다.

제14조 (부적합 시정 및 예방조치)

 당사는 부적합으로 인해 발생된 지속가능 영향 완화 조치, 시정조치, 예방조치의 개시와 완료에 필요한 책임과 권한을 규정한 절차를 수립하고 유지하여야 한다.

제15조 (지속가능경영 내부심사)

 지속가능경영대리인은 다음 각 호의 사항을 결정하기 위하여 정기적으로 내부심사를 실시하여야 한다.

제16조 (경영검토)

지속가능경영의 지속적인 개선을 위한 경영검토를 하여야 한다.

제17조 (기록관리)

각 부서장은 품질경영에 필요한 기록을 작성하고 유지하여야 한다.

3. 인권경영규정

제1조(목적)

이 규정은 조직의 인권경영헌장을 이행함에 있어서 임직원을 비롯한 모든 이해관계자의 인권보호 및 증진에 관한 정책의 수립 및 시행에 필요한 사항을 규정하는 것을 목적으로 한다.

제2조(정의)

이 규정에서 사용하는 용어의 뜻은 다음 각 호와 같다.

1. "인권"이란 헌법 및 법률에서 보장하거나 대한민국이 가입·비준한 국제인권조약 및 국제관습법에서 인정하는 인간으로서의 존엄과 가치 및 자유와 권리를 말한다.
2. "임직원"이란 조직에 근무하는 임원과 직원을 말한다.
3. "이해관계자"란 조직의 경영활동에 의해 자신의 인권에 영향을 받는 자로서, 임직원과 노동조합, 협력회사와 그 직원, 지역주민, 소비자 등을 포함한다.
4. "인권경영"이란 '세계인권선언', 유엔 '글로벌콤팩트(UNGC) 10대원칙'과 유엔 '기업과 인권이행원칙(UNGPs)'등 국제적으로 인정된 인권규범에 따라 조직 내·외부의 모든 이해관계자의 인권을 존중하는 경영활동을 의미한다.
5. "협력회사"란 조직과 사업관계를 맺고 있는 회사로서, 국내외 자회사, 출자회사, 공급망 거래회사, 입주사, 고객사 등을 포함한다.

제3조(고용상의 비차별)

① 조직은 성별, 인종, 종교, 신체조건, 장애, 학력, 연령, 출신지역, 출

신국가, 정치적 견해 등을 이유로 노동자의 고용, 승진, 교육 등에서 차별대우를 하지 않는다.
② 조직은 비정규직 노동자를 부당하게 차별하지 않는다.

제4조(모성 및 부모권보호)
① 조직은 여성 노동자의 모성보호와 일·가정 양립을 위해 노력한다.
② 조직은 부모권 보호를 위해 노력하며, 육아휴직 등에서 남녀 차별을 하지 않는다.

제5조(산업안전보장)
① 조직은 노동자에게 안전하고 위생적인 작업 환경을 제공하며 안전에 대한 권리와 휴식권을 보장하며, 작업장에서 발생한 사고나 질병에 대해서「산업안전보건법」등 관련법에 따라 조치를 취한다.
② 조직은 규정된 사업을 진행함에 있어서 모든 이해관계자의 안전을 보장하는 제도와 환경을 조성한다.

제6조(정보인권)
① 조직는「개인정보보호 규정」에 따라 경영활동중 취득한 개인정보를 보호한다.
② 조직은 장애인 등 취약계층을 포함한 모든 입주민이 주거생활에 필요한 정보를 적절히 제공받고 요청할 수 있도록 정보접근권을 보장한다.

제7조(노동3권 보장)
① 조직은 협력회사를 포함한 모든 노동자가 자유롭게 노동조합을 결성하는 것을 보장하며 노동조합에의 가입이나 활동을 이유로 불이익을 주지 않는다.
② 조직은 노동자 대표를 통해 단체교섭 할 권리를 보장한다.
③ 조직은 노동자 대표에게 노동조합 활동 수행에 필요한 정보와 자원을 제공한다.

제8조(강제 및 아동노동 금지)

① 조직은 노동자의 자유의사에 어긋나는 강제노동을 금지한다.

② 조직은 연소자를 고용하여 노동하도록 해서는 안된다.

제9조(직원의 인권 보호)

조직은 협력회사를 포함한 모든 직원의 인격권, 건강권, 휴식권 등 우호적 노동환경 조성을 위한 적극적 인권 보호 의무를 지닌다.

제10조(주거권의 보장

조직은 주택 가격 및 임대료의 적정성, 안전성 및 쾌적성, 주변 시설의 적절성 및 지리적 접근성, 장애인 등 취약계층의 이용 적합성 등을 고려하여 주택을 공급하도록 노력한다.

제11조(현지주민의 인권 보호)

① 조직은 경영활동이 일어나는 지역에서 현지 문화·제도·관습 및 현지주민의 생명권, 개인의 안전에 대한 권리 및 재산권을 존중하고 보호하도록 노력한다.

② 공공필요에 의한 재산권의 수용·사용 또는 제한시에는 정당한 절차를 따른다.

제12조(환경권 보장)

① 조직은 경영활동이 일어나는 지역에서 현지 주민들이 유해 물질과 소음 등을 비롯한 각종 고충을 겪지 않도록 예방적 접근의 원칙을 견지한다.

② 조직은 환경경영체제를 수립 및 유지하고 지속적으로 관련 정보를 대내외에 공개한다.

제13조(책임있는 협력회사 관리)

① 조직은 모든 협력회사에 평등한 기회를 보장하며, 투명하고 공정한 거래를 한다.

② 조직은 경영활동이 일어나는 지역에서 협력회사를 포함하여 인권침해가 발생하지 않도록 유의한다.

③ 조직은 다양한 이해관계자에게 조직의 인권경영 정책을 알리고 이의 이행을 위해 지원하고 협력한다.

제14조(구제조치)

조직은 경영활동에서 발생하는 인권침해에 대해 구제 조치를 제공한다.

제15조(인권경영헌장)

① 조직은 경영활동에서 인간의 존엄과 가치를 보장하기 위하여 별지 서식의 인권경영헌장을 선포하고, 임직원은 헌장을 인권경영의 행동규범 및 가치 판단 기준으로 삼고 실천한다.

② 조직은 헌장에 대해 정기적으로 재검토하여 개정한다.

제16조(계획 수립)

사장은 인권경영을 효과적으로 추진하기 위하여 정기적인 계획을 수립하고, 계획에는 다음 각 호의 사항을 포함한다.

1. 인권경영의 기본방향 및 목표
2. 인권경영 추진과제 및 실행전략
3. 인권영향평가에 관한 사항
4. 그 밖의 인권보호와 증진을 위하여 필요한 사항

제17조(인권경영활동 지원 등)

사장은 이해관계자의 인권보호 및 가치 증진을 위하여 필요한 경우 행정적 지원을 할 수 있다.

제18조(인권교육)

① 인권경영 주관부서는 모든 임직원의 인권 의식을 높이기 위해 년 1회 이상의 인권관련 교육을 실시한다.

② 인권경영 주관부서는 인권존중 문화를 확산시키기 위하여 이해관계자

와 협력회사를 대상으로 하는 인권교육을 실시할 수 있다.

제19조(인권영향평가)

① 조직은 전사적으로, 또는 특정 정책이나 사업을 대상으로 인권영향평가를 실시하되, 제16조에 따라 수립된 계획에 맞춰 정기적으로 실시한다.

② 인권영향평가는 인권경영 주관부서에서 담당하며, 이를 위하여 관련 자료를 각 부서에 요청할 수 있다.

③ 조직은 협력회사에 대한 인권영향평가를 실시하거나, 협력회사가 인권영향평가를 실시할 수 있도록 지원할 수 있다.

제20조(협력회사의 인권존중 책무 이행)

① 조직은 협력회사가 인권경영을 실천할 수 있도록 요구하고 필요한 경우 지원을 제공한다.

② 조직은 설문이나 현장 방문 등의 방법을 통해 협력회사의 인권존중 여부를 점검할 수 있다.

제21조(인권경영 보고서 발간)

조직은 인권경영의 이행에 관한 연례보고서를 발간할 수 있다.

제22조(인권경영위원회 설치 및 기능)

조직은 인권경영의 효율적 추진을 위한 자문기구로서 인권경영위원회를 둘 수 있으며, 위원회는 임직원을 포함한 이해관계자의 인권 보호 및 증진을 위하여 다음 각 호의 사항을 심의한다.

1. 인권경영 계획 수립에 관한 사항
2. 인권경영 추진을 위한 중요정책에 관한 사항
3. 인권개선 권고에 관한 사항
4. 그 밖에 사장 또는 위원장이 심의가 필요하다고 결정한 사항

제23조(구성)

위원회는 다음과 같이 구성한다.

1. 위원회는 위원장 1인을 포함하여 5인 이상 15인 이내의 위원으로 구성한다.
2. 위원은 내부위원과 외부위원으로 구성한다.
3. 외부위원은 인권관련 분야 전문성과 감수성을 갖춘 자로 하고, 임기는 2년으로 하되 연임할 수 있다.

제24조(소집 및 회의)

① 위원회의 회의는 정기회의와 임시회의로 구분한다.
② 위원회는 연 1회 이상 정기회의를 개최한다.
③ 위원회의 회의는 재적위원 과반수의 출석과 출석위원 과반수의 찬성으로 의결하며, 가부동수인 경우에는 1차에 걸쳐 재상정한다. 단, 재상정에서도 가부동수인 경우는 부결된 것으로 한다.

제25조(의견청취)

위원장은 필요한 경우 회의안건의 당사자 또는 관련자를 출석하게 하여 의견을 청취할 수 있다.

제26조(이익 충돌 회피)

위원장은 특정 안건과 이해관계가 있는 위원을 해당 안건 논의에서 배제해야 한다.

제27조(비밀누설 금지)

위원회의에 참석한 위원 및 관련자는 직무상 알게 된 비밀을 누설해서는 안된다.

제28조(위원의 해촉)

사장은 위원이 다음 각 호의 어느 하나에 해당하는 때에는 임기만료 전이라도 해당위원을 해촉할 수 있다.

1. 임무를 성실히 수행하지 아니한 때

2. 직무상 알게 된 비밀을 누설한 때

3. 질병 등의 사유로 직무를 수행하기 어려운 때

4. 인권침해에 연루된 경우

5. 외부위원이 선임 당시의 직위에서 변동사항이 발생하였을 때

6. 그 밖의 품위 손상 등으로 직무수행이 적합하지 않다고 판단되는 때

제29조(인권침해구제 절차)

① 조직은 인권피해자가 신분보장을 받으면서 자유롭게 진정할 수 있는 구제절차를 만들고 이를 공지한다.

② 경영활동에 영향을 받는 모든 이해관계자는「인권경영헌장」을 포함한 국제인권규범 및 실정법에서 보장된 인권을 침해당하거나 차별행위를 당한 경우 권리의 구제를 받을 수 있도록 진정제도를 이용할 수 있다.

③ 조직은 진정제도가 효과적으로 운영될 수 있도록 필요한 인적, 재정적 지원을 제공한다.

제30조(인권침해구제위원회)

① 조직은 진정처리를 위한 내·외부 전문위원 (법률가, 노무사 등)으로 구성된 인권침해구제위원회를 두며, 인권침해구제 위원회가 고충의 신고, 심사, 협의 및 조정의 전 과정을 독립적이고 공정하게 심의할 수 있도록 보장한다.

② 인권침해구제에 대한 절차와 방법은 세부매뉴얼을 정하여 운영할 수 있다.

③ 사장은 인권침해구제위원회 및 인권침해 구제절차의 구체적 운영방법을 별도로 정할 수 있다.

제31조(인권피해자의 보호)

① 조직은 인권피해자의 신분을 적절히 보호 하고 추가피해가 발생되지 않도록 한다.

② 조직은 피해자가 국가인권위원회의 진정, 사법제도 등 다른 구제절차를 이용하고자 할 경우 충분히 조력하여야 한다.

4. 윤리경영규정

제1조 (임직원의 기본윤리)
① 임직원은 조직 임직원으로서의 긍지와 자부심을 가지며 항상 정직하고 성실한 자세를 유지하여야 한다.
② 임직원은 높은 윤리적 가치관을 가지고 조직의 명예를 유지·발전시킬 수 있도록 노력하여야 한다.
③ 임직원은 직무를 수행할 때 관련 법령과 규정을 준수하며 양심에 어긋나지 않도록 행동하여야 한다.
④ 임직원은 조직의 이해관계를 갖는 모든 자에게도 윤리경영을 이해시키고 적극적으로 동참할 수 있도록 노력하여야 한다.

제2조 (윤리헌장 및 임직원 행동강령)
① 조직은 윤리경영의 효과적인 시행을 위해 윤리헌장, 임직원 행동강령을 제정하여야 하며, 제정 기준은 다음 각 호와 같다.
1. 윤리헌장은 윤리경영 추진의 근본취지와 정신 및 기업운영의 신념을 담아야 한다.
2. 임직원 행동강령은 준수해야 할 행동기준을 구체적으로 담아야 한다.
② 제1항에 따라 윤리헌장 및 행동강령을 제정하는 경우에는 윤리경영위원회의 심의를 거쳐야 한다.

제3조 (임직원의 청렴의무)
 모든 임직원은 다음 각 호의 청렴의무를 준수하여야 한다.
1. 조직 임직원으로서 직무의 청렴성과 품위유지

2. 직무 관련자로부터 금품 및 향응의 수수 금지

3. 직위를 이용한 이권개입, 알선, 청탁 등 부당행위 금지

4. 직위를 남용한 직무관련자의 권리행사 방해 금지

5. 직무관련 취득정보의 유출 또는 부당이용 금지

제3조 (윤리경영위원회의 설치)

① 윤리경영의 원활한 추진을 위하여 윤리경영위원회를 둔다.

② 위원회는 내부위원과 외부자문위원을 포함하여 구성하며, 그 위원은 내부위원 :

과 외부자문위원으로 한다

제4조 (위원회의 기능)

위원회는 다음 각 호의 사항을 심의·의결한다.

1. 윤리경영 추진에 관한 중요정책 결정

2. 윤리헌장 및 임직원 행동강령의 제정 또는 중요사항 개정

3. 윤리실천사무조직의 운영에 관한 사항

4. 임직원 행동강령 실천 및 해석에 관한 사항

5. 반부패 청렴시책 수립에 관한 사항

6. 부패행위 신고자 보상금 지급에 관한 사항

7. 그 밖에 위원장의 요청이 있는 사항

제5조 (윤리실천사무조직)

① 위원회는 위원회의 업무를 효율적으로 수행하기 위하여 윤리실천사무조직을 둔다.

② 사무국은 다음 각 호의 업무를 맡아 처리한다.

1. 윤리경영 추진계획 수립·시행

2. 윤리경영시스템 구축·운영 및 개선

3. 윤리경영 교육계획 수립·시행

4. 윤리경영실적 점검 및 평가

5. 윤리문제 상담 및 윤리경영 홍보 업무

제5조 (윤리경영책임자)

① 각 부서는 윤리경영에 관한 업무를 담당할 윤리경영책임자를 두어야 한다.

② 윤리경영책임자는 다음 각 호의 업무를 맡아 처리한다.

1. 부서의 윤리교육 총괄

2. 부서 직원의 윤리경영 관련 자문 및 상담

3. 부서 직원의 윤리경영 준수여부 점검

4. 그 밖의 윤리경영 및 청렴시책 관련 업무

제12조 (관련지침 등)

위원회의 회의소집 및 의결절차, 청렴옴부즈만 운영 등 윤리경영의 효율적인 실천과 운영에 필요한 세부사항은 사장이 따로 정한다.

5. 리스크관리규정

제1조 (용어의 정의)

1. "리스크"란 경영계획의 이행 및 목표 달성을 저해하는 모든 위협, 불확실성 및 기회상실 요소를 말한다.

2. "위기(Crisis)"란 당사 경영활동 및 이미지에 중대한 손실을 가져오는 사태로서 리스크가 현재화된 것을 말한다.

제2조 (리스크관리체계)

 사장은 리스크관리위원회를 의사결정 기구로 두고, 당사의 리스크에 대하여 총괄 및 지원업무를 수행하는 리스크총괄팀을 설치하며, 각 부서에 리스크관리 담당을 지정하여 상시 리스크를 관리하고 리스크 발생시 신속하게 대응할 수 있도록 한다.

제2조 (리스크관리위원회)
리스크관리위원회는 당사의 리스크 정책, 전략 및 대응방침을 결정하는 리스크관리 최고 의사결정기구로서, 위원장회를 두어야 한다.

제3조 (리스크총괄팀)
리스크총괄팀은 당사의 리스크를 총괄하여 리스크관리위원회가 신속한 의사결정을 내릴 수 있도록 지원하는 리스크관리 총괄업무를 담당한다.

제4조 (리스크관리)
리스크관리는 리스크식별, 리스크평가, 리스크대응, 리스크모니터링, 리스크재식별의 순환구조로 수행한다. 리스크식별은 리스크총괄팀에서 전사적인 리스크를 식별하고, 각 부서 리스크관리 담당이 사업 또는 지원 관련 리스크를 식별하는 것으로 구분된다.

제5조 (위기관리)
위기관리는 위기징후포착, 위기상황분석, 위기대응, 사후관리의 단계로 수행한다. 각 부서는 위기징후포착을 통하여 위기를 사전에 예방하고, 신속하게 위기에 대응하기 위하여 노력한다.

제6조 (기록관리)
각 부서장은 품질경영에 필요한 기록을 작성하고 유지하여야 한다.

부칙
이 규정은 2022년 1월 1일부터 시행한다.

6. 반부패경영규정

1. 목적

조직은 다양한 이해관계자의 믿을 수 있는 파트너가 되고, 고객의 가치를 높일 수 있도록 투명경영 및 윤리경영 확립을 위하여 노력한다.

본 규정은 회사의 유무형 자산에 피해를 주고 구성원의 공정한 직무수행을 저해하는 경제적 범죄 행위인 부패 및 뇌물 관행의 발생을 방지하고, 구성원이 윤리·도덕적 가치 기준에 따라 적극 실천하도록 함을 그 목적으로 한다.

조직 전 직원과 비즈니스 파트너는 조직의 업무를 수행함에 있어 해당되는 관련 법 및 규정 일체를 반드시 준수하여야 한다. 여기에는 미국 해외부패방지법(FCPA, Foreign Corrupt Practice Act)과 영국 뇌물 방지법(UK Bribery Act)을 비롯하여 국내 형법상 배임수재 및 업무상 배임, 부정청탁 및 금품 등 수수의 금지에 관한 법률과 기타 현지 부패 방지법이 모두 포함된다.

본 정책이 현지 국가의 법규와 상충되는 경우에는 현지 법규를 우선적으로 준수하고, 해당 국가에서 요구하는 법규 및 산업 특성을 반영하여 본 정책을 개정하여 사용할 수 있다.

2. 범위

본 규정은 다음에 해당되는 모든 인원에게 적용된다.
(i) 조직국내·외 생산 및 판매 법인
(ii) 조직자회사 및 손자회사, 합작투자사
(iii) 조직의 협력사 등 비즈니스 파트너

3. 이행 지침

3-1. 뇌물

금전 또는 비금전적 어떠한 형태의 불법적, 비윤리적 이익이나 뇌물을 이해관계자로부터 수수하거나, 제공또는 제공의 약속을 하지 않는다. 뇌물은 금전 또는 비금전적 목적을 획득하기 위해 제공하거나 제공받는 모든 형태의 이익을 말하며, 금전, 서비스, 접대, 선물, 기부금, 지원금, 우대조치, 편의 제공 등을 포함한다.

조직직원 또는 비즈니스 파트너가 직접적인 대가를 지불하는 행위가 부적절하다면 동일한 대가를 간접적으로도 지불해서도 안 된다. 특히, 뇌물 제공 정황을 포착하였음에도 조직에 이익이 된다고 이를 무시해서는 안 된다

3-2. 부정청탁

임직원과 이해관계자 간, 또는 내부 임직원 간 부정한 청탁을 금지한다. 이해관계자에게 업무상 우월적·지배적 지위를 이용하여 부당한 요구를 하거나 대가를 받으면 안 된다. 이해관계자가 회사 또는 협력사와 부당거래를 하도록 알선, 청탁하는 행위를 해서는 안 된다.

특정 거래처나 협력사에 유리한 조건으로 거래하는 행위를 지양한다. 업무상 편의제공 부탁에 대해 명확한 거절 의사를 표현해야 한다. 부정청탁을 받게 된 경우 즉시 상사에게 보고한다.

3-3. 선물 및 접대

사회통념상 인정되는 간소한 수준을 초과하는 기념품과 선물을 받지 않으며, 부득이하게 수취한 경우 선물관리 정책에 따라 조치한다. 직무상 이해관계자에게는 경조사를 공공연히 알리지 않으며, 경조금품은 사회관례상 통상적 수준을 초과하지 않아야 한다.

3-4. 정부 및 정부 공무원에 대한 지불

정부 또는 정부 기관과의 거래에 따른 대가는 해당 정부의 본국에서 지불해야 하며, 본국 외부에서 대가를 지불하는 경우 반드시 사전에 현지 법무 및 컴플라이언스 부서의 서면 동의를 받아야 한다. 제품 및 서비스의 계약, 홍보 또는 마케팅에 관하여 공무원의 식사, 숙박, 교통비 등을 지불하는 경우에는 부정청탁 금지 및 금품 수수에 관한 법률 등 국내외 법령을 준수한다.

3-5. 급행료1

조직은정부 공무원에게 직·간접적으로 소정의 뇌물을 지불하여 일상적인 절차 처리 속도를 높이거나 행정상 지연을 피하고자 하는 행위, 이른바 급행료를 근절하기 위하여 지속적으로 노력한다. 정부 공무원 등이 불법으로 급행료를 요구하는 경우에도 당사의 직원은 급행료 근절을 위하여 이를 거절하고, 즉시 상사에 게 보고해야 한다.

4. 기부 및 후원

자선적인 기부 및 후원은 내부 집행기준과 절차에 따라 공정하게 추진하며, 정치적 목적의 기부 및 후원을 금지한다.

5. 운영

5-1. 모니터링

본 정책을 적용하는 회사는 임직원 및 이해관계자의 접근이 가능한 신고체계를 구축하고, 부패 및 뇌물 리스크를 상시 모니터링 하며 필요시 실사할 수 있는 체계를 구축한다.

5-2. 위반 시 조치

본 정책을 적용하는 조직은 위반사항 발생시 사규에 따라 필요한 조치를 즉각 이행해야 한다. 위반사항 재발 방지를 위해 적절한 방식을 선택해 해당 정보를 공개한다

6. 비상시 대비 및 운영

당사는 반부패사고의 잠재적 발생가능성 파악과 그에 대한 대응, 관련 발생 가능한 반부패사고를 방지하거나 완화시키기 위한 절차를 수립하고 유지하여야 한다.

7. 부적합 시정 및 예방조치

당사는 부적합으로 인해 발생된 안전보건 영향 완화 조치, 시정조치, 예방조치의 개시와 완료에 필요한 책임과 권한을 규정한 절차를 수립하고 유지하여야 한다. 실제적 또는 잠재적 부적합 사항의 원인제거를 위해 취하는 모든 시정조치 또는 예방조치는 문제의 크기와 발생한 반부패사고에 대응하는 적절한 수준으로 하여야 한다.

8. 안전보건경영 내부심사

① 안전보건경영대리인은 다음 각 호의 사항을 결정하기 위하여 정기적으로 내부심사를 실시하여야 한다.

1. 안전보건경영 시스템의 적합 여부
2. 국내 법규나 국제기준에 적합 여부
3. 시스템이 효과적으로 실행·유지되는지 여부

② 각 부서장은 내부심사에서 발견된 부적합 사항에 대해 적시에 시정조치를 하여야 하며, 후속 조치는 취해진 조치의 검증 및 검증결과 보고를 포함하여야 한다.

9. 경영검토

안전보건경영의 지속적인 개선을 위한 경영검토를 하여야 한다.

10. 기록관리

① 각 부서장은 안전보건경영에 필요한 기록을 작성하고 유지하여야 한다.

② 제1항에 따른 기록의 구별, 보관, 보호, 검색, 보존기간 및 폐기처분

에 관한 자세한 사항은 별도 규정에 따른다.

부칙

이 규정은 2022년 1월 1일부터 시행한다.

7. 안전보건경영규정

제1조 (안전보건경영 일반)

① 당사는 국내 법규 및 국제기준에 부합되는 안전보건경영계획을 수립하고 문서화하여 실행·유지하며 지속적으로 개선하여야 한다.

② 당사는 안전보건경영에 필요한 업무절차를 정기적으로 점검하여 그 상호작용, 효과적인 운용관리방법 결정, 모니터링, 측정 및 분석 등을 통하여 개선에 필요한 조치를 실행하여야 한다.

제2조 (안전보건방침)

당사는 경영의 효율성을 높이기 위하여 다음 각 호의 사항을 고려하여 안전보건방침을 수립하고 운용하여야 한다.

1. 당사의 활동, 제품의 특성 등에 대한 안전보건영향
2. 안전보건경영의 지속적인 개선과 안전보건오염 방지에 대한 의지
3. 안전보건관련 법령 등 준수 결의
4. 안전보건목표 및 세부목표 설정을 위한 검토
5. 문서화와 임직원 전달 6. 필요시 고객(이해관계자 포함)에 열람

제3조 (안전보건경영계획)

① 당사는 당사의 조직 및 업무활동이 안전보건에 미치는 영향을 파악하기 위한 절차를 수립하여 실행하여야 하며 그 기록을 유지하여야 한다.

② 중요한 안전보건영향과 관련된 안전보건측면(안전보건과 상호작용을 하는 당사의 업무활동, 당사의 제품 및 서비스의 구성요소를 말한다)을 각 부서의 안전보건목표 설정 시 고려하여야 한다.

제4조 (안전보건목표 및 세부목표)

각 부서장은 안전보건방침에 맞고 문서화된 안전보건목표 및 세부목표를 수립하고 유지하여야 하며, 안전보건목표의 수립 시에는 다음 각 호의 사항을 고려하여야 한다.

1. 관련 법령 및 그 밖의 요건
2. 각 부서의 중요한 안전보건 측면
3. 각 부서의 기술적 대안
4. 각 부서의 운영 및 사업상의 요건
5. 이해관계자의 견해

제5조 (안전보건경영 추진계획)

각 부서장은 주기적으로 안전보건목표 및 세부목표의 달성을 위한 안전보건경영추진계획을 수립하고 관리하여야 한다. 안전보건경영대리인은 각 부서의 안전보건경영추진계획을 감안하여 당사의 안전보건경영추진계획을 수립하여 관리하여야 한다.

안전보건경영추진계획은 다음 각 호의 내용을 포함하여야 한다.

1. 안전보건측면 파악
2. 안전보건방침, 안전보건목표, 세부목표
3. 주요 추진계획(주요사업 및 자원관리에 대한 안전보건경영계획)
4. 추진계획에 대한 이행실적 점검5. 안전보건경영 조직

제6조 (구조 및 책임)

당사는 안전보건경영을 효과적으로 추진하기 위해 책임 및 권한을 규정하고 이를 문서화하여 임직원에게 전달하여야 하며 안전보건경영의 실행과 관리에 필요한 자원을 제공하여야 한다.

제7조 (안전보건경영대리인)

당사는 안전보건경영 업무를 수행하는 안전보건경영대리인을 선임하여

야 한다. 안전보건경영대리인은 모든 영향평가 담당 임직원으로 하며 다음 각 호의 책임과 권한을 갖는다.

1. 안전보건경영에 필요한 업무절차의 수립, 실행 및 유지
2. 안전보건경영의 개선 필요성 및 성과의 보고
3. 안전보건경영운영부서 지정 및 운영

제8조 (훈련, 인식 및 자격)

당사는 안전보건경영과 관련하여 임직원에게 필요한 교육훈련을 실시하고 성과를 평가하여야 하며, 교육훈련에 관한 자세한 사항은 「교육훈련규정」에 따른다.

제9조 (의사소통)

당사는 안전보건경영의 수행과 관련하여 조직내부 및 이해관계자의 요구를 접수하여 회신하는 문서화된 절차를 수립하여 적절한 의사소통이 실현되도록 하여야 한다. 의사소통에 관련된 사항은 별도 규정에 따른다.

제10조 (안전보건경영 문서)

당사는 안전보건경영의 수행에 필요한 다음 각 호의 사항을 문서화하여 관리하여야 한다.

1. 안전보건방침 및 안전보건목표
2. 안전보건경영에서 요구하는 문서화된 절차
3. 안전보건경영의 기획, 운영 및 관리를 보장하기 위한 문서

제11조 (안전보건경영의 운영)

안전보건경영담당부서장은 당사의 안전보건방침, 안전보건목표 및 세부목표에서 검토되는 중요한 안전보건측면을 파악하고 각 부서의 안전보건경영 업무활동을 총괄·관리하여야 한다.

제12조 (비상시 대비 및 운영)

 당사는 사고 및 비상사태의 잠재적 발생가능성 파악과 그에 대한 대응, 관련 발생 가능한 안전보건영향을 방지하거나 완화시키기 위한 절차를 수립하고 유지하여야 한다.

제13조 (측정)

 당사는 안전보건경영에 필요한 모니터링 및 측정을 실시하여야 한다. 감시 장비는 교정·검사되고 적정한 상태로 유지되어야 하며, 이 과정에 대한 기록은 유지되어야 한다.

제14조 (부적합 시정 및 예방조치)

 당사는 부적합으로 인해 발생된 안전보건 영향 완화 조치, 시정조치, 예방조치의 개시와 완료에 필요한 책임과 권한을 규정한 절차를 수립하고 유지하여야 한다.

 실제적 또는 잠재적 부적합 사항의 원인제거를 위해 취하는 모든 시정조치 또는 예방조치는 문제의 크기와 발생한 안전보건영향에 대응하는 적절한 수준으로 하여야 한다.

제15조 (안전보건경영 내부심사)

① 안전보건경영대리인은 다음 각 호의 사항을 결정하기 위하여 정기적으로 내부심사를 실시하여야 한다.

1. 안전보건경영 시스템의 적합 여부
2. 국내 법규나 국제기준에 적합 여부
3. 시스템이 효과적으로 실행·유지되는지 여부

② 각 부서장은 내부심사에서 발견된 부적합 사항에 대해 적시에 시정조치를 하여야 하며, 후속 조치는 취해진 조치의 검증 및 검증결과 보고를 포함하여야 한다.

제16조 (경영검토)

안전보건경영의 지속적인 개선을 위한 경영검토를 하여야 한다.

제17조 (기록관리)

① 각 부서장은 안전보건경영에 필요한 기록을 작성하고 유지하여야 한다.

② 제1항에 따른 기록의 구별, 보관, 보호, 검색, 보존기간 및 폐기처분에 관한 자세한 사항은 별도 규정에 따른다.

부칙

이 규정은 2022년 1월 1일부터 시행한다.

8. 협력사 행동규범 (Supplier Code of Conduct)

1. 개요

가. 행동규범 목적

 전 협력사에게 기업경영 활동에 적용되는 법률 및 규정을 철저히 준수함과 동시에, 윤리, 환경, 노동/인권, 안전/보건, 경영시스템 분야에서 최선의 운영관행을 갖추어 사회로부터 더욱 존경받는 기업으로 성장할 뿐만 아니라, 상호 동반성장할 수 있는 기회가 되기를 기대합니다.

나. 행동규범 대상 : 당사에 재화와 용역을 제공하거나, 기타 거래를 위해 계약을 체결한 모든 협력사는 본 행동규범을 준수해야 합니다.

다. 협력사 책임과 역할: 당사의 모든 협력사는 경영의사결정 및 사업운영과정에 있어 본 행동강령이 제시하는 사항을 고려해야 합니다. 니다.

2. 윤리

가. 투명경영 및 반부패

 협력사 임직원은 사업을 영위하는 각 국가별 최고 수준의 청렴성 기준을 준수해야 합니다. 협력사 임직원은 업무상 우월한 지위를 이용하여 뇌물수수, 공갈, 횡령, 알선, 청탁 등을 해서는 안 되며, 약점이나 흠결 등을 이용하여 부당한 대가를 의도해서도 안 됩니다.

나. 이해상충 방지

협력사는 정해진 업무규정에 따라 책임의식을 가지고 업무를 처리해야 합니다. 협력사 임직원은 부당하거나 부적절한 이익을 목적으로 기타 수단을 약속·제안·허가·제공해서는 안 됩니다.

다. 불공정 거래 방지

협력사는 사업을 영위하는 각 국가별 공정거래 관련 법령 및 기준을 준수해야 합니다. 협력사는 시장지배적 지위를 남용하거나, 거래상 지위를 남용하는 등 불공정한 거래 등을 통해 공정한 경쟁을 저해할 우려가 있는 행위를 해서는 안 됩니다.

라. 위조부품 방지

협력사는 승인되지 않은 원재료 및 부품 등을 생산, 사용해서는 안 되며, 위조된 원재료 및 부품 등을 사용판매해서는 안 됩니다.

마. 수출제한 준수

협력사는 수출제한과 관련한 국가별 법률 및 국제적 규약을 준수해야 합니다. 협력사는 수출제한, 경제 제재에 해당하는 국가, 지역, 개인과 거래해서는 안 됩니다.

바. 정보보호

협력사는 고객사 및 거래업체의 영업비밀이나 보안을 요하는 정보를 무단유출하지 않으며, 업무 수행 시 취득한 정보는 사전허가 및 승인없이 보관 및 사용해서는 안 됩니다.

사. 책임있는 자재 구매

협력사는 제품에 포함된 주석, 텅스텐, 탄탈륨, 금 등 분쟁광물 1 을 포함한 모든 광물 및 원재료의 원산지와 제련소를 확인할 수 있는 프로세스를 구축해야 합니다.

3. 환경

가. 환경경영시스템 구축

협력사는 사업을 영위하는 국가별 환경 관련 법률 및 규제를 준수해야 하며, 사업 운영에 필요한 모든 환경 관련 인허가를 취득·유지해야 합니다. 협력사는 사업 운영에 따른 환경영향을 완화하기 위해 조직, 계획, 절차, 성과점검 등으로 구성된 환경경영시스템을 운영해야 합니다.

나. 에너지 사용 및 온실가스 배출량 관리

협력사는 에너지 사용량 및 온실가스 배출량을 측정할 수 있는 체계를 구축해야 합니다. 협력사는 에너지 소비 및 온실가스 배출량을 감축하기 위해 노력해야 합니다.

다. 수자원 관리

협력사는 수자원 사용량 및 폐수 배출량을 측정할 수 있는 체계를 구축해야 합니다. 협력사는 수자원 사용량 절감 및 재활용량 증대를 위해 노력해야 합니다.

라. 대기오염물질 관리

협력사는 대기오염물질 배출량을 측정할 수 있는 체계를 구축해야 합니다. 협력사는 적절한 방법을 통해서 대기오염물질 배출을 최소화해야 합니다.

마. 폐기물 관리

협력사는 폐기물 배출량을 측정할 수 있는 체계를 구축해야 합니다. 협력사는 적절한 방법을 통해서 매립, 소각되는 폐기물 배출을 최소화해야 합니다. 또한, 폐기물 재사용,재활용을 확대하고, 폐기된 원재료 및 부품 등을 회수하도록 노력해야 합니다.

바. 화학물질 관리

 협력사는 사업 운영 과정에서 취급하는 화학물질이 운송, 보관, 사용, 폐기 시 안전하게 관리될 수 있도록 노력해야 합니다. 또한, 취급하는 화학물질의 위해성 및 유해성을 식별할 수 있는 정보를 표기하거나 공개해야 합니다.

4. 노동/인권

가. 차별 금지

 협력사는 성별, 인종, 민족, 국적, 종교, 장애, 나이, 가족현황, 사회적 신분 및 정치적 견해 등을 이유로 임직원의 고용, 승진, 교육등의 대우에서 차별해서는 안 됩니다.

나. 임금 및 복리후생 제공

 협력사는 사업을 영위하는 국가별 법률 및 제도를 준수하여 임금을 지급해야 합니다. 임금은 정해진 날짜에 지급해야 하며, 임직원이 이해할 수 있는 언어로 작성된 급여명세서 등을 제공해야 합니다.

다. 근로시간 관리

 협력사는 사업을 영위하는 국가별 법정근로시간을 준수해야 하며, 휴식을 포함한 근로시간을 관리해야 합니다.

라. 인도적 대우

 협력사는 임직원의 사생활을 존중하고 근로시간 외 불필요한 업무지시를 자제해야 합니다. 협력사는 임직원의 개인정보를 수집할 때 사전에 고지하며, 자발적 동의를 구해야 합니다.

마. 결사의 자유 보장

 협력사는 임직원의 결사 및 단체교섭의 자유를 보장하며, 정당한 교섭

단체 설립과 운영을 허용해야 합니다. 협력사는 임직원의 대표자와 단체 교섭 사항에 대해 성실히 협의에 임해야 합니다.

바. 아동노동 금지

협력사는 어떠한 형태의 아동노동도 원칙적으로 금지하며, 신분증, 출생증명서 등 합법적 서류를 통해 임직원 및 취업지원자의 나이를 확인해야 합니다.

사. 강제노동 금지

협력사는 사업을 영위하는 국가별 근로기준 법률에 따라 임직원을 작업에 투입해야 하며, 어떠한 형태의 강제노동이나 임직원 의사에 반하는 의무적 근로를 금지해야 합니다.

5. 안전/보건

가. 안전보건경영시스템 구축

협력사는 사업을 영위하는 국가별 안전보건 관련 법률 및 규제를 준수해야 하며, 사업 운영에 필요한 모든 안전보건 관련 인 허가를 취득·유지해야 합니다. 협력사는 안전보건경영시스템5을 운영해야 합니다.

나. 기계·기구·설비의 안전 관리

협력사는 사업장 내 유해하거나 위험한 기계·기구·설비 사용에 따른 안전사고를 예방하기 위해 안전장치, 방호벽, 긴급장치 등을 설치하고 관리해야 합니다.

다. 비상상황 대응

협력사는 자연재해, 집단감염, 화재 및 안전 사고 등 비상상황에 대응할 수 있는 계획을 수립해야 합니다. 또한, 비상상황 발생 시 보고, 대응, 후속조치 등의 내용으로 구성된 매뉴얼을 갖추어야 합니다.

라. 사고 관리

협력사는 산업재해 또는 질병 발생 현황을 측정할 수 있는 체계를 구축해야 합니다.

협력사는 산업재해 또는 중대한 질병 발생 시 즉시 해당 작업을 중지시키고, 임직원을 대피시키는 등 필요한 조치를 실시해야 합니다.

마. 안전 진단

협력사는 사고위험 및 유해인자에 임직원이 노출되고 있는지 확인하기 위한 목적으로 작업공간의 안전 위험성 평가를 정기적으로 실시해야 합니다. 평가결과는 임직원에게 알려야 하며, 평가결과에 따라 기계·기구·설비를 개선해야 합니다.

바. 보건 관리

협력사는 임직원에게 휴게공간, 화장실, 식당 등을 제공할 수 있으며, 해당 시설을 제공하는 경우 청결을 유지하기 위해 노력해야 합니다.

부 칙 (2021. 6. 1)

본 협력사 행동규범은 2021. 6. 1부터 시행한다

9. 품질경영규정

제1조 (품질경영 일반)

당사는 KS A/ISO 9001의 요구사항에 부합되는 품질경영계획을 수립하고 문서화하여 실행·유지하며 지속적으로 개선하여야 한다. 품질경영시스템은 적절한 품질확보를 위해 업무흐름 단계별로 관리·통제함으로써 모든 이해관계자의 만족과 품질에 관련된 성과를 중요시하는 방향으로 추진한다.

제2조 (경영의지)

사장은 품질경영의 실현과 관련하여 법령 파악 및 고객 요구사항의 수렴, 품질방침의 수립, 경영자검토의 수행, 자원 활용 계획 수립 등에 노력하여야 한다.

제3조 (품질방침)

 사장은 당사의 설립목적 등을 고려하여 품질경영의 실천 의지가 표명될 수 있는 품질방침을 수립하여야 한다. 품질방침은 품질목표의 기반을 제공하며, 환경변화에 따라 지속적으로 개선할 수 있어야 한다.

제4조 (품질목표)

각 부서장은 품질방침과 일관성이 유지되고 측정 가능한 품질목표를 수립하여 관리하여야 하며, 품질목표의 수립 및 관리에 대하여 별도 규정에 따른다.

제5조 (책임과 권한)

사장은 품질경영의 효율적 추진을 위해 각 부서의 책임, 권한 및 상호관계를 정하여야 하며, 책임과 권한에 관한 사항은 별도 규정에 따른다.

제6조 (품질경영대리인)

 사장은 품질경영 업무를 수행하는 품질경영대리인을 선임하여야 한다.

제7조 (경영검토)

 사장은 품질경영의 지속적인 개선을 위해 주기적으로 경영검토를 실시하고 그 기록을 유지하여야 한다.

제8조 (자원의 관리)

 사장은 품질경영의 실행, 지속적인 개선 및 고객만족의 증진을 위해 필요한 자원을 관리하여야 한다

제9조 (제품의 설계 및 개발)

 사장은 제품에 대한 설계 및 개발을 위해 필요한 업무절차를 수립하고 관리하여야 한다.

제10조 (외부구매)

외부에서 제품을 구매하고자 하는 부서장은 제품구매 의사결정을 하기 전에 다음 각 호의 사항이 포함된 제품의 품질요건을 확정하여야 한다.

제11조 (생산 및 서비스 제공)

 제품을 생산하는 부서장은 규정 사항을 준수하여 제품을 생산·관리하여야 한다.

제12조 (모니터링 및 측정)

 제품을 생산하는 부서장은 제품의 적합성을 실증하고 품질경영시스템이 적절하고 효과적으로 운영되고 있음을 확인하기 위하여 모니터링과 측정을 실시하여야 한다.

제13조 (내부 및 외부 심사)

 품질경영담당부서장은 품질경영시스템이 효과적으로 운영되는지 확인하기 위하여 주기적으로 내부 또는 외부 심사를 실시하여야 하며 심사의 계획, 실행 및 결과는 문서로 시행하여야 한다.

제14조 (부적합제품의 관리)

 부적합 제품이 발생한 부서장은 이 규정에 따른 요구사항에 적합하지 않은 제품이 업무수행과정에 사용되지 않고 고객에게도 제공되지 않도록 부적합 제품은 별도로 구별하여 관리하여야 한다.

제15조 (시정 및 예방조치)

 시정조치 및 예방조치 통보를 받은 부서장은 부적합 사항의 원인분석과 적절한 조치계획을 작성하여 품질경영담당부서장에게 제출하여야 한다.

제16조 (기록관리)

 각 부서장은 품질경영에 필요한 기록을 작성하고 유지하여야 한다.

부칙

이 규정은 2022년 1월 1일부터 시행한다.

10. 고객만족경영규정

제1조 (임직원의 의무)

임직원은 업무를 수행할 때 항상 고객의 소리에 귀를 기울이고 관련 법령, 규정 등을 숙지하여 고객의 입장에서 신속·정확·친절하게 응대하여야 한다.

제2조 (고객업무 전담조직)

사장은 고객의 요구와 기대를 파악하여 고객만족 증진을 위해 고객관련 업무를 전담하는 조직을 둔다.

제3조 (정의)

1. "고객"이라 함은 당사가 제공하는 상품·서비스 등의 생산 및 판매 활동에 따른 거래관계에 직접적 또는 간접적으로 관련된 모든 외부 이해관계자를 말한다.

제4조 (고객헌장)

고객만족경영담당부서장은 고객헌장을 제정하여 공표하여야 한다. 고객헌장은 고객에 대한 서비스 기준이 되며, 모든 임직원은 해당 내용을 충분히 숙지하여야 한다.

제5조 (제품 및 서비스 기준)

고객만족경영담당부서장은 고객에게 당사가 제공하는 제품 및 서비스의 품질에 관하여 관련업무 담당부서장의 의견을 반영하여 고객관점의 표준안을 수립하여 직원의 업무수행에 기준이 되도록 한다.

제6조 (고객만족경영 추진전략)

고객만족경영담당부서장은 당사의 중장기 경영전략을 바탕으로 중장기 고객만족경영 추진전략을 수립·시행하여야 하며, 변화하는 경영환경에 따라 해당 전략을 보완 또는 재수립 하여야 한다.

제7조 (고객의 소리의 수집 및 처리)

 고객만족경영담당부서장은 고객이 의견을 쉽게 제기할 수 있도록 방문, 전화, 서신, 이메일, 인터넷, 설문 등 다양한 채널을 운영한다.

제8조 (고객의 소리의 분석 및 활용)

 고객만족경영담당부서장은 해당 연도에 수집된 모든 고객의 소리를 매년 12월 말까지 종합 분석하여 결과를 각 부서에 통보하고, 모든 직원이 공유할 수 있도록 하여야 한다.

제9조 (고객만족경영위원회의 설치)

고객만족경영의 원활한 추진을 위하여 본사에 고객만족경영위원회(이하 이 장에서 "위원회"라 한다)를 둔다.

제10조 (고객만족경영 성과관리)

 고객만족경영담당부서장은 당사에 대한 고객의 만족수준 변화 및 고객의견 등을 파악하기 위하여 매년 1회 이상 자체적으로 고객만족도 조사를 실시하여야 한다. 고객만족도 조사 및 고객응대 모니터링 결과는 당사의 경영개선, 고객만족도 향상 및 성과평가 자료로 축적·활용한다.

제11조 (기록관리)

 각 부서장은 품질경영에 필요한 기록을 작성하고 유지하여야 한다.

부칙

이 규정은 2022년 1월 1일부터 시행한다.

글을 마치면서/ESG는 장난이 아니다.

우리나라에서는 환경/기후변화/온실가스/탄소문제를 무슨 패션인양 옷 갈아입듯 하기만 하면 되는 것처럼 쉽게 말하고, 대통령 까지 세계무대에 나서기 좋아하는데 그게 아니다. 정부, 투자자 및 소비자 모두에게 탄소중립은 최대 화두가 됐다. 우리나라는 아직 이에 대한 이해나 대응이 매우 미흡한 편이다. 위정자들을 비롯한 관료, 친 정권교수들, 일부 시민단체 및 일부 돈벌이 나선 언론들만이 호들갑만 떠는 형편이다.

정작 가장 중요한 기업들은 얼떨떨하기만 할 뿐이다.

잘못 말하다 망신당하지 않거나 독박 쓰지 않으려면 국제적인 약속을 함부로 하면 안 된다. 음모론자들의 고언을 따르지 않더라도 우리가 속아 넘어가는 꼴이 되기 때문이다

그러나 우리는 다음과 같은 모든 분야에서 탄소 배출을 줄이는 노력을 게을리 하지 않으면 안된다

Scope 1: 제품 생산단계 시설에서 탄소 배출을
Scope 2: 사용하는 에너지·열·증기 등을 만들기 위해 배출되는 탄소를
Scope 3: 기업의 가치사슬 전후방, 즉 공급사가 재료와 부품을 만드는데 배출되는 탄소와 소비자가 제품을 소비하면서 배출되는 탄소까지 포함하여 줄이도록 노력하여야 한다.
그래야 시장에서 퇴출당하지 않는다.

누가 무어라고 하던 조직의 최고책임지가 절대적인 의지를 갖고 추진하여야 한다.
그렇다. 위정자들도 이미 임기가 끝나 떠났고, 추종자들 모두 떠나고 무거운 짐은 그토록 챙긴다는 국민들만의 몫이 되기 때문이다. 잘못을 저지른 수많은 인사들도 발을 빼고 변명조차 없다.
기업도 마찬가지이다. 일이 잘못되었을 때 잘못 조언하거나 책임을 다하지 않은 임원은 이미 회사를 떠난 후이니 원망해봐야 소용없다.

> 다시 한번 강조한다
> ESG는 조직/기업/개인들의 생존전략임을 잊지 말기 바란다
> ESG 전략 수립 -> 이행 -> 검증/평가 -> 투자로 이어지는 선순환이 되어야 한다. 그렇기 위해서는 기술/지식이 필요하다.
> 결국은 돈 문제다

결국은 중소기업의 몫이고, 서민들만 바가지 쓰게 된다. 정말 나쁜 사태가 우려 된다

이 작은 책자가 ESG에 대해 고민하고 해내야 하는 경영자/실무자들에게 도움이 되고, 지속가능한 세상으로 향하여 수없이 건너야 하는 힘난한 여정에 하나의 작은 디딤돌이 되기만을 바랄 뿐이다.

2022.02.22.

더함세(더불어 함께 사는 세상)**바라기 유영준**

ESG BUS(iness)
에 올라타지 않으면 결코 살아 남지 못할 것이다
세계 최초/실무
ESG 경영 매뉴얼
초판 1쇄 인쇄 2022년 2월   일
초판 1쇄 발행 2022년 2월   일

지은이 유영준
펴낸이 유영준
펴낸 곳 (주)미래인증교육컨설팅
등 록 20 년   월 일 제   -   호
주 소 (04782) 서울시 성동구 아차산로 84, 홍인빌딩 303호
홈페이지 www.mkchaccp.kr
전   화 02-783-9004, 팩스 02-761-9006(책구입 문의,강의/교육/컨설팅요청)
모바일 (저자/유영준박사) 010-5216-2577(책구입 문의,강의/교육/컨설팅요청)
이메일 miraemkc@naver.com
인쇄/제책 제이디 디자인
ISBN

이 책의 저작권은 저자에게 있습니다. 서면에 의한 저자의 허락없이 내용의 일부를 인용하거나 발췌하는 것을 금합니다
책값은 책 뒷면에 있습니다
파본은 구입하신 서점이나 출판사에서 교환해 드립니다

> 책 구입하신 분들에게는
> 유영준박사가 개발한 ESG경영 매뉴얼 및 ESG 관련 규정류 file을 보내드립니다

지금 **ESG BUS**(iness)에 올라타지 않으면
결코 살아남지 못할 것입니다
우선 막연한 ESG에 대한 공포에서 벗어나야 합니다.

ESG는 전략 문제입니다.
경영학박사이며 (기후변화정책 전공)행정학박사인
더함세 바라기 유영준이
이 책에서 제시한
유영준박사의 ESG경영전략과
유영준박사의 ESHG경영 매뉴얼
대로 하기만 하면 됩니다

그렇게 하기 위해서는
진단과 전략 수립이 필요하며
ESG경영 시스템 수립과 운영이 필요합니다.
그래야 다양한 검증/평가에서 좋은 점수를 받고
투자를 받아 살아남을 수 있습니다.
최고경영자의 의지가 절대적이고
임직원들의 교육이 필요합니다

연락주세요.
함께 **ESG BUS**에 올라타서
지속가능한 세상과
더불어 함께 사는 세상을
향해 달려 가시죠

책 구입 문의, 강의/교육/컨설팅 신청
(주)미래인증교육컨설팅 (02)783-9004
유영준박사(010)5216-2577
miraemkc@naver.com